벼랑 끝에 선 종교

CRUCIAL AGE FOR RELIEGION

각 종교 수장에게서 그 답을 듣다

HEAR THE ANSWER
FROM RELIGIOUS LEADERS TODAY

이옥용 지음

엠인터내셔널

벼랑 끝에 선 종교

2016년 3월 16일 초판 인쇄
2016년 3월 19일 초판 발행

지은이 이옥용
펴낸이 이중목
펴낸곳 엠인터내셔널
주 소 서울시 용산구 원효로 83길 21(원효로 1가 70)
등 록 제 2004-000045 호
전 화 02) 702-6177
팩 스 02) 6442-6177
e-mail wrn2991@naver.com

ISBN 978-89-87321-75-2 03200

머리말

욕지전생사 欲知前生事 · 네 전생의 일이 궁금하거든
금생수자시 今生受者是 · 그대가 지금 살고 있는 모습을 보라
욕지내생사 欲知來生事 · 네 내생의 일이 궁금하거든
금생작자시 今生作者是 · 그대가 지금 하고 있는 행위를 보라

불경佛經에 나오는 구절이다.

한 인간에게 있어서 삶과 죽음이 주는 의미는 무엇인가. 유구한 역사를 통해 인류는 이 문제의 해결을 위해 무단히도 몸부림쳐 왔다. 철학 · 사상 · 문학 등의 이성理性에도 화두를 던졌으나 궁국적 해답을 얻지 못하고 종국에는 종교에서 그 해답을 찾고자 했다. 때로는 돈과 권력으로 인생의 근본문제에 맞서보려고 했으나 무모한 도전일 뿐이었다.

한 통계에 따르면 현재 지구상에는 3만개가 넘는 종교가 공존하고 있다고 한다. 해당 종교 모두가 인간의 참된 행복과 더 낳은 미래를 지향하고 있음은 물론이다. 그러나 어느 종교를 막론하고 삶의 갈등 해결은 커녕 죽음과 내세문제 하나조차 속시원히 해결해준 종교가 없다는 게 비교종교 학자들의 담론이다. 시대마다 여러 종교가 우후숙순 처럼 명멸하며 마치 최후의 진리인 것처럼 교리를 내세웠지만 그 교파를 믿는 무리의 신조信條에 불과했을 뿐 전 인류적인 공감대를 형성해 내지 못했다.

종교끼리의 극심한 반목과 배척으로 당대를 풍미했던 종교조차 역사속으로 사라진 사례가 비일비재하다. 어떤 종교는 종단 자체의 내분과

종권 다툼으로 세상을 실망시키면서 세간 법정의 심판대에 오르내림을 반복 하고 있다. 이 같은 종교 간 싸움이 사회적, 국가적으로 확대되면 그것이 곧 전쟁이었다. 종교전쟁이 인류역사에 끼친 해악은 일일이 열거할 수 없을 만큼 허다하다.

일찍이 우리 민족은 토테미즘(Totemism)에 바탕한 자연 신앙을 신봉하면서 순박한 민족성을 선천적으로 타고났다. 삼국시대 때 유입된 유교 · 불교와의 습합과정에서도 별다른 마찰 없이 동화되었다. 숭유억불 崇儒抑佛 정책으로 위태롭게 유지되던 민족종교 · 불교 간의 묵시적 담합은 조선 말기 서양종교가 상륙하는 과정에서 일제히 폭발하고 말았다. 설상가상으로 일제감정기→해방정국→6.25 한국전쟁이란 사회적 격변기를 겪으면서 이 땅에는 세계의 수많은 종교가 난립하게 되었다. 다수의 종교학자들은 오늘의 한국적 종교상황을 일러 '종교백화점'으로 표현하고 있다.

필자는 소싯적부터 종교에 깊은 관심을 갖고 종교와 연관된 일로 평생을 살고 있다. 2009년 오프라인의 범종교신문 창간에 이어 2013년에는 온라인 매체로 매일종교신문을 선보여 다종교 · 다문화 사회속의 한국종교를 집중적으로 조명해 왔다. 짧은 연륜속에서도 종교계 현장을 분주히 누비면서 최고 수장들을 스스럼없이 만났다. 더불어 '화평서신'이란 제하의 논고를 통해 이 시대 종교현실은 물론 발행인으로서 느낀바 소회를 기탄없이 개진해 왔다.

이 책은 그 동안의 기록을 모아 단행본으로 엮은 것이다. 많은 사람들이 '종교백화점'이란 한국적 종교 상황을 염려하고 있지만 필자는 오히려 그 반대의 입장이다. 무엇보다도 우리 민족의 평화심성을 굳게 믿으며 다양한 종교 지도자들 또한 국가 속에서의 종교를 자각하고 하나되기 위한 노력에 열중함을 목격했기 때문이다. 종교가 신神의 영역이긴 하지만 결국 종교는 인간을 위해 존재함을 확신하고 있어서이다. 육신의 실체가 없는 신으로서는 인간을 의지해야 그 뜻을 이룸 또한 하늘의 법도이다.

세계는 지금 종교전쟁 중이다. 중동의 수니파 · 시아파간 숙원으로 빚어진 IS(이슬람국가)의 인명살상, 카슈미르 지역을 놓고 벌이는 인도 · 파키스탄의 국경전쟁, 중국 신장위구르 독립을 둘러싼 중국내 민족분쟁, 아프리카 소수민족의 종족 간 싸움 등 모든 충돌에 종교가 개입 안된 곳은 단 하나도 없다. 한국도 예외는 아니어서 국조 단군상의 목이 잘리고 불교방송국이 이교도의 난입으로 기물이 파괴되는가 하면 가톨릭 교황의 방한訪韓을 개신교가 나서 적극적으로 저지하기도 했다.

> 세상을 구해 놓지도 못하고 구세주, 미륵불이라고 떠드는 자들의
> 선동에 함몰돼 우리 안에 갇혀있는 종교인,
> 계시啓示에 매달려 우리 안에 갇혀있는 종교인,
> 문자文字에 붙들려 우리 안에 갇혀 있는 종교인,
> 누가, 무엇이 우리를 상식이 통하지 않게 하고 로봇,
> 허수아비 종교인으로 만들어 붙드려는가.
> 누가 텅비어 있는 우리를 알곡으로 만들어 주려는가.

이 책을 통해 독자들은 이같은 우려에 대한 해답을 근본적으로 찾을 것이라고 필자는 확신한다. 대담에 응한 종단 지도자들 모두가 그 답을

제시해 주었기 때문이다.

이 책이 출간되기 까지 함께 해 준 신민형 발행인, 이중목 편집국장, 황광현 대기자와 직원들의 노고에 감사드린다. 아울러 협조해 주신 종단 관계자분들께도 감사드린다. 더 좋은 매일종교신문의 발행을 위해 전국 독자들의 아낌없는 질정叱正과 성원을 기대하는 바이다.

2016년 3월

강화 마니산 자락에서

照圓 李沃龍

목 차

화평서신

한국종교인평화회의(대표회장·김영주목사)는 개신교. 불교. 원불교. 천도교. 유교. 천주교. 한국민족종교협의회 등 7대 종단을 회원종단으로 구성된 한국 종교계의 공식적인 연대협력기구입니다. 종교인평화회의는 남북교류, 인권, 환경, 여성, 청년, 종교간대화위원회 등 5개분과를 기초로 남북종교교류 등 대사회문제를 종교적 시각에서 각 교단과의 협력을 통해 해결점을 모색하는 등 가장 실질적인 활동을 벌이고 있습니다. 또한 전국종교인화합대회, 이웃종교화합주간 행사, '이웃종교 스테이' 등 피부에 와 닿는 종교화합행사를 선보이고 있습니다.

한국종교연합(상임대표·박남수 천도교령)은 일상적 종교간 협력을 영구히 증진시키고 종교로 말미암은 폭력을 종식시키며, 지구와 모든 생명체를 위한 평화와 정의 및 치유의 문화를 조성하려는 세계종교연합(United Religion Initiative; URI)의 목적과 헌장 정신을 구현하고 있습니다. 현재 70여 국가에 350여 지부가 설립되어 있고 세계적 전통종교를 비롯해 100여 개의 종교를 포괄하고 있습니다. 한국종교연합에서는 평화포럼 외에 청년문화캠프, 다문화가정캠프, 전국종교인문화한마당 등의 행사와 함께 '종교평화지수' 제정을 진행하고 있습니다.

한국민족종교협의회(회장·한양원)는 민족종교 상호간의 권익과 발전을 도모하고 민족주체사상을 정립해 국가·민족의 융성과 세계평화건설에 기여함을 취지로 창립됐습니다. 천도교, 원불교, 대종교, 태극도, 갱정유도, 증산법종교, 미륵불교, 증산교본부, 수운교, 천존회, 미륵대도, 청우일신회, 한불교 등 13개 교단이 참여하고 있습니다. 각종 세미나 개최 및 각 교단별 도덕성회복운동, 자연보호운동 등을 전개, 민족종교 발전을 통한 사회발전을 꾀하고 있습니다.

이밖에도 불교·원불교·천주교 3개 교단의 여성 성직자들의 모임인 삼소회(三笑會)를 비롯해 종교문화연구원, 한국종교문화연구재단, 한국종교사회연구소 등의 범종교 연구단체가 활동하고 있습니다.

한국의 종교현황에 따르면, 현재 우리나라에는 566개의 종교단체가 있고, 종교를 믿는 사람도 1995년을 기점으로 전체 인구의 절반을 넘어 계속 증가하고 있습니다.

종교인의 수가 늘어갈수록 종교간의 차이를 찾기보다는 공통점을 찾고 모든 종교가 함께 협력해서 일하면서 평화롭게 사는 삶의 자세가 갈수록 중요해지고 있습니다.

가톨릭

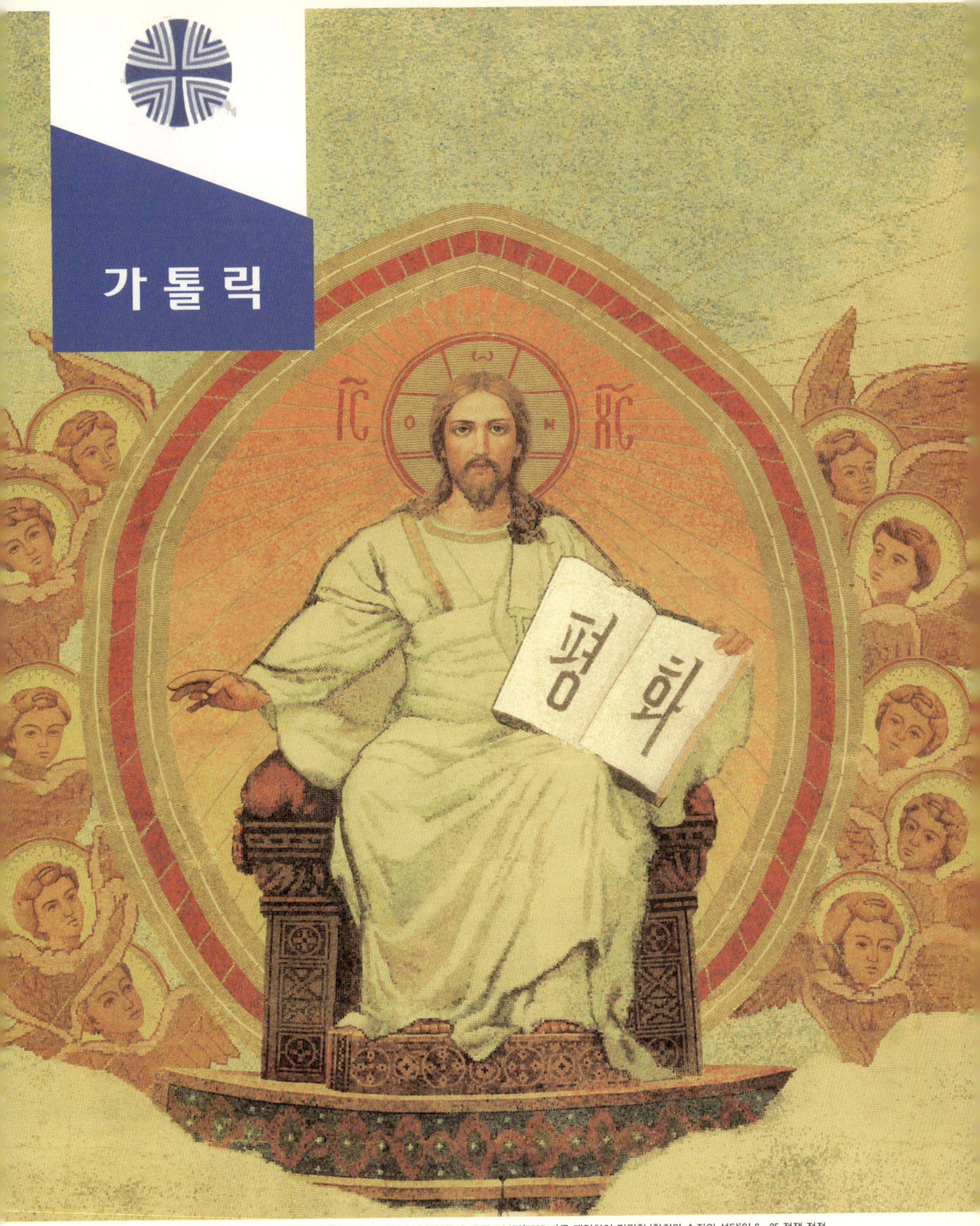

▲ 평화를 위한 성당 봉헌　경기도 파주시 탄현면 성동리 694번지 통일동산 내 종교부지(7580㎡)를 매입하여 건립한 '참회와 속죄의 성당'이 6 · 25 전쟁 정전 60주년인 2015년 11월 25일 봉헌됐다. 이 곳은 고(故) 김수환 추기경이 남북통일을 위해 기도하는 성당이 필요하다는 제안에서 출발됐으며, 성당의 이름도 지었다. 이는 '지은 죄를 서로 함께 참회하고 용서를 구하자'는 뜻을 지녔다. 예수님의 성상(聖像)이 민족의 화해와 일치를 갈망(渴望)하는 모습이다.

▲ 성전 제대 위의 예수님과 남 · 북한 성인(聖人) 8위를 묘사한 모자이크화는 북한 만수대 창작사 벽화창작단 작가 7명에 의해 2007년 중국 단둥(丹東)에서 40일 간 제작했다. 모자이크 위 둥근 천장은 가로 20m 로 7m 규모로, 모자이크에 사용된 손톱만한 유리 알갱이 1.5톤은 원산유리공장에서 만든 제품이다. 그 8위는 예수님의 오른쪽엔 유정률(베드로) 정하상(바오로) 김대건(안드레아) 유대철(베드로), 왼쪽엔 우세 (알렉시오) 고순이(바르바라) 김효임(골룸바) 김효주(아네스) 성인이다.

▲ '참회와 속죄의 성당'은 최초의 남 · 북한 합작으로 건립됐다. 외부는 북한 신의주에 있는 진사동 성당과 같은 모양을 하고 있으며, 내부는 함흥 덕원 베네딕도수도원 대성당 모양이다.

▲ '참회와 속죄의 성당' 봉헌식.

▲ **명동성당** 명동성당 후원에 있는 무염시태 성모상. 1948년 프랑스에서 제작되었다.

▲ 명동성당

▲ 천주교 순교자 현양탑　프란치스코 교황의 방한을 앞두고 순교성지조성사업을 본격화한 서소문공원 천주교성지의 화강암으로 제작된 세 개의 탑은 마치 조선시대 죄인의 목에 걸린 형틀같다. 탑 아래쪽은 유리로 막혀 있고, 물이 흐르고 있다. 유리판은 칼, 물은 생명의 신비를, 고인물 안의 조약돌은 박해로 죽은 천주교 신자들을 상징한다고 한다. 탑 위쪽 구멍에서 흘러내린 일곱 개의 선은 천주교 7대 성사를 의미한다(7대 성사: 세례성사, 견진성사, 성체성사, 고해성사, 혼인성사, 신품성사, 병자성사). 정면의 왼쪽 탑은 서소문 사거리 44위 순교성인의 성명이, 오른쪽 탑은 하느님의 종 27위를 포함한 서소문 사거리 순교자 54위 등 100여 위 성명이 새겨져 있다.

▲ **솔뫼성지** 김대건신부 생가

▲ 미리내성지 안에 조성된 103인의 성인위를 봉안한 기념성당

▲ **고양시 중남미 문화원의 예수상** 중남미 문화원에는 토기관, 석기관, 목기관, 가면관, 민속공예관, 생활관의 6개 주제별 전시실이 있다. 마야 · 잉카제국의 유물 2천여 점을 비롯해 기독교 문명의 자취도 엿볼 수 있다.

▲ **시흥 삼성산 성지의 성모상** 삼성산 성지는 기해박해(1839년)때 순교한 프랑스 선교사 성 라우렌시오 앵베르 범(范) 주교 등 3인의 유해가 모셔진 곳. 성지관할성당인 신림동성당서 매월 21일 미사봉헌을 한다.

▲ 화성 남양성모성지의 예수상　남양 성지는 초대 교회 교우촌이자 처형지이며 우리 나라 유일의 성모 성지로 잘 알려져 있다. 1면에 나온 '십자가의 길'을 비롯해 성모, 예수상이 있다.

▲ 서울 합정동 절두산 성지 성모상　병인양요 이후 1만여 명의 가톨릭 신자들을 처형한 절두산에는 김대건 · 남종삼의 동상, 순교자상, 형구돌, 척화비 등이 있다.

▲ 미사　서울시 중림동 약현성당 신자들이 서소문공원의 '서소문순교성지'에서 미사를 올리고 있다.

▲ 제천 베론성지의 예수상　박해를 피해 교우촌을 이룬 베론성지에는 최초의 서구식 대학인 초가 신학당, 옹기 토굴의 '황사영 백서'를 비롯해 한국 두 번째 신부인 최양업 신부가 묻혀 있다.

▲ **천안 성거산 성지 예수상** 해발 5백 고지의 높은 지대에 위치하고 있는 성거산 성지에는 박해 시 순교자들이 피신해 신앙생활을 영위했던 교우촌이 7개가 산재되어 있다.

▲ **성소피아 성당** 6세기에 지어진 이래 보존상태가 좋아 꼭 방문해야 유적지로, 동로마제국시대에 그리스정교의 본산지인 성당이었다. 지금은 그리스정교와 이슬람교 두 종교가 공존하는 박물관으로 남아 있다.

가톨릭

김희중 대주교

김희중(왼쪽)_천주교 광주대교구장(한국종교인평화회의 대표회장)

하느님은 숫자와 양으로 일하시는 분이 아닙니다.

하느님의 뜻을 충실히 이행하는 소수 영적靈的인 사람이

더욱 중요합니다.

▲ 명동성당 출입문

김희중 대주교(66 · 천주교 광주대교구 교구장)와의 만남은 2013년 6월 27일 대전 한밭 체육관에서 이루어졌다. 김 대주교가 대표 회장으로 있는 한국종교인평화회의(이하 KCRP)의 '이웃종교 화합주간 전국종교인화합대회' 행사장이었다. '다름도 아름답다'를 주제로 열린 이 대회에는 종교 간의 소통과 화합, 평화를 강조하는 각종 경기를 벌였다. '이웃종교의 다름을 인정하며 서로 배려하고 존중하겠다'는 내용의 '종교인 평화선언'을 발표하는 자리이기도 했다.

▲ 김희중 대주교

종교간의 화합과 교류는 매일종교신문이 추구하는 취지와 일치하는 것으로 김 대주교와의 대담의 의미를 크게 부여했다. 종교평화를 두고 종교계 실상을 이야기 나누는 그 이상의 살아있는 현장이었기 때문이다. 현장 분위기를 전달하는 것만으로도 종교지도자와의 대담 이상으로 값어치가 있었다.

변진흥 KCRP 사무총장의 사회로 진행된 대회에선 김 대주교를 비롯해 자승 대한불교조계종 총무원장을 비롯해 김영주 한국기독교교회협의회 총무, 남궁성 원불교 교정원장, 박남수 천도교 교령, 한양원 한국민족종교협의회장, 세계종교평화회의 벤들리 사무총장 등과 1000여 명의 신자들이 참석해 일곱가지 무지개 색깔의 서로 다른 공들을 한데 섞는 퍼포먼스 등을 선보였다.

종단지도자들은 돌아가면서 이 행사의 의미와 종교화합을 강조하는 발언을 하기도 했다. 김 대주교는 "이웃종교를 소중하게 여기고 존중하는 가운데 평화를 위해 함께 손에 손잡고 나아가자"고 했고, 자승 총무원장은 "물과 기름은 서로 섞이지 않지만, 서로 다른 것을 존중하고 배려하고 인정할 때 화합의 의미가 있을 것"이라며 참석자들이 소통, 화합의 구호를 외치게 했다. 김영주 목사는 "우리 사회 전체를 살펴서 종교들이 어떻게 소통하고 화합할 것인가를 생각해 보는 좋은 축제의 장이 됐으면 좋겠다"는 기대를 밝히는 등 7대 종단지도자들 모두 각자의 종교를 초월한 '하나님과 세상과 사람, 모두에게 이로운' 메시지를 들려주었다.

종교평화의 의례적 형식과 구체적 내용의 합일

3~4시간 경기를 지켜보는 것만으로도 본지의 기획특집 '각 종단지도자와의 대담'에서 찾으려는 종교평화의 해법을 발견한 듯 했다.

매일종교신문은 종교평화와 바람직한 종교상 정립을 위해서는 심층종교로 다가서는 개개인의 심성 계발이 가장 중요하다는 것을 강조하고 있다. 그런 의미에서 이러한 행사의 형식이 그 내용의 실천을 확산시키는 계기가 된다고 보고 있다. 그 형식에 종교지도자들이 나섬으로써 사람들의 마음 자세와 분위기 조성에 큰 기여를 해주기 때문이다.

종교평화의 중요한 형식이라 볼 수 있는 이 행사의 중심인물인 김 대주교의 면모 역시 그 내용의 귀감이었다.

김 대주교는 지난 2010년부터 종교의 화합과 공존을 기치로 내세우는 KCRP의 대표로 활동할 뿐만 아니라 2005년 '주교회의 교회일치와 종교간 대화위원회' 위원장, 2007년 '교황청 종교간 대화평의회 위원'을 맡아 현재까지 종교간 대화를 추진해온 고위 성직자라 할 수 있다. 2008년부터는 교황청 그리스도인일치촉진평의회 위원으로 기독교간의 화합과 공존에 관해 활동하고 있다.

김 대주교는 KCRP 대표회장으로서의 종교간 교류 이외에 '주교회의 교회일치와 종교간대화위원회' 위원장으로서도 활발한 활동을 전개하고 있다. 매년 부처님 오신날을 앞두고 불교 사찰을 찾아 교황청 메시지를 전달하고 있는데, 지난 부처님 오신날에는 김천 직지사(조계종 제8교구 본사)를 방문해 교황청의 '불자들에게 전하는 경축메시지'를 전달했다. "가톨릭교회는 여러분의 고귀한 종교 전통을 존중하고 생명 존중과 명상, 침묵, 단순성 등 불교 경전에 표현된 가치에 공감한다"는 내용이었다. 아울러 "신부는 독신으로 살며 명상과 수련을 한다는 점에서 승려와 공통점이 많아 '서양 중'이라면서 "불교와 천주교의 자비심 및 형제애로 우리 사회의 여러 문제를 극복할 수 있다고 본다"는 격의없는 발언을 하여 불자들의 공감을 얻은 바 있다.

"다른 교리를 수용 못하더라도 이해는 해야지요"

오전 경기가 끝나고 참가자들이 불교 측에서 마련한 사찰 음식을 시식하는 동안 한밭체육관 응접실에서 인터뷰를 가졌다.

김수환 추기경과 법정 스님의 교류를 비롯해 김 대주교의 사찰과의 돈독한 관계를 이야기하자 김 대주교는 "불교 뿐만 아니라 모든 이웃종교와의 화해와 교류에도 노력하고 있다"고 말문을 열었다. 각자 종교의 틀이 있기에 부정적, 비판적 시각이 생기는 것은 당연하지만 그 근본적 교리의 의미를 이해하려 노력하고 있다는 것이다.

다만 가톨릭과 불교의 성직자들이 일생동안 기도하고 수행하는 방법에서 공통점이 있다는 것을 부정하지 않았다. 그러면서 신부들의 수행과 기도가 불교 이상으로 엄격함도 강조했다.

"오늘의 행사는 이웃종교의 장점과 소중한 가치를 서로 존중하자는 취지입니다."

이미 오전 행사를 진행하면서 강조된 것이지만, 새삼 정리 · 정돈된 느낌이 전해지는 대화였다.

"이웃집 자식도 내 자식만큼 소중하지요. 적어도 무시하지는 말아야죠. 다른 교리를 수용못하더라도 이해는 해야합니다."

부연되는 구체적이고 평범한 대답이 피부에 와닿았다. 태권도 유단자에다 축구와 탁구 등 각종 구기 종목을 섭렵하고 영어, 프랑스어, 이탈리아어, 라틴어, 그리스어 등 5개 국어를 능통하게 구사하는 비범한 인물로서가 아니라 작은 체구의 온화한 모습에서 우러나오는 한마디 한마디가 신뢰감과 설득력을 더해 주었다.

▲ 팔복교회 천장 팔각으로 된 벽마다 산상수훈의 메시지가 적혀 있다.

부드러운 인상처럼 김 대주교는 격한 정치적 발언을 자제하면서도 정치와 종교의 분리원칙을 존중한다. 종교가 정치 영역을 간섭해선 안되고 정치 역시 종교의 영역을 침범해선 안된다는 주장을 편다.

▲ 겟세마네동산 만민성당

5 · 18민주화운동 기념식에서 '임을 위한 행진곡' 제창을 정부가 거부한 것과 관련해 김 대주교가 강한 비판을 한 것에 대해 묻자, 그 한계선을 분명히 하는 응답을 했다. 광주대교구장으로서의 발언이 아닌 성직자의 자세를 이야기하는 것이었다.

"정치에 관여하는 게 아니라 정치의 윤리 · 도덕적 면을 강조한 것입니다. 정치가 인간의 본성을 말살하는 상황에 이르면 종교가 나서야 된다."면서 "대중의 아픔을 자신의 문제로 여기는 것이 종교의 중요한 역할"이고 "천주교는 1962년 바티칸 공의회 이후 사회참여에 적극적으로 나서고 있다"고 말했다. 그러면서 30여 년 관례적으로 불러온 '임을 위한 행진곡'을 거부하는 것은 인간적인 측면에서 용납되지 않는 일이라고 했다. 그러나 "적극적인 사회참여도 좋지만 정신세계를 가꾸는 종교고유의 영역을 놓치면 의미가 퇴색된다"며 "종교인들이 종교의 본질을 망각하면 사회개혁가와 다를 바 없다"는 지론도 펴내 주목을 끌었다.

교회의 양적 신장보다 영적 성장이 중요

김 대주교는 교회의 양적 신장보다 영적 성장을 중요시 했다.

▲ 이스라엘 주기도문 성당 벽에 한국어 주기도문

대담자가 한국 가톨릭의 성장에 관해 이야기하고 그에 부응하기 위한 가톨릭 교회의 자세를 묻자 즉각적으로 응답했다. 유럽에서는 가톨릭 신자수가 급격히 줄어드는 반면 한국은 신자 500만의 괄목할만한 성장세를 보이고 있는 상황이다.

"하느님은 숫자와 양으로 일하시는 분이 아닙니다. 하느님의 뜻을 충실히 이행하는 소수의 사람이 더욱 중요하지요. 양적 성장이 좋은 현상이지만 해와 악이 될지도 모릅니다."

그는 고故 이태석 신부의 이야기를 꺼냈다. 이 지구상에서 가장 가난하고 신의 버림을 받았다는 아프리카. 그는 수단 톤즈 마을로 들어가 가난과 내전으로 병마에 시달리는 많은 사람들을 보살했다. 사제보다는 의사가 필요함을 느끼고 하루 300여명을 치료하는 의사로 변신한 이태석 신부, 그는 비록 한 사람이지만 수많은 신자를 뛰어넘는 하느님의 뜻을 펼쳤고, 이 세상의 영적 성장에 지대한 영향을 끼쳤다는 것이다. '크다고 좋은 것만은 아니며, 하느님의 진실한 종인 이태석 신부와 같은 행동과 자세가 인간 영혼의 씨앗이 된다'는 것이다.

"개신교 등의 양적 · 물적 세력 확대와 공격적 선교가 오히려 신자 수를 줄어들게 하는 상황이며, 세상의 걱정거리로 등장하고 있다"며 전반적인 종교계에 대한 비판과 충고를 빼놓지 않았다. 그러나 그의 답변자세는 '이웃종교의 장점과 소중한 가치'를 강조하는데서 마무리되었다.

"일부 종교에서 세상의 근심거리를 만들기는 하지만, 거룩하게 사시는 성직자들이 아직도 많습니다. 그 소수자를 통해 하느님은 역사하시는 겁니다."라고 강조하면서 시대의 징표를 읽어야 하는 교회의 사명에 대해서는 분명하게 설파했다. "지역과 시대에 따라서 민중들이 무엇을 기대하는가, 무엇을 필요로 하는가를 알고 이에 부응하는 것이 교회가 할 사명입니다."

▲ 이스라엘 성모성당

김 대주교와의 인터뷰를 마치고 나오면서 얼핏 집히는게 있었다. 한국 기독교계의 하느님과 하나님에 대한 호칭 문제였다.

천주교에서는 하늘에서 가장 높은 분을 뜻하는 하느님으로 부르지만, 개신교에서는 유일신唯一神인 하나라는 개념에 경칭인 '님'자를 붙여 하나님으로 부르고 있다. 국문학계서는 하나, 둘, 셋 하는 수사數詞에 존칭을 붙이면 '두님', '세님'할 수 없다는 사례를 들어 곤란하다는 입장이다. 이 같은 신학적 갈등은 1970년 가톨릭과 개신교가 공동번역 성서를 간행하면서 더욱 구체적인 갈등으

▲ 이스라엘 성모성당 전경

▲ 명동성당 성모마리아상

로 불거진 바 있다.

일찍이 우리나라에서도 '한울님', '하늘님'이란 최고신에 대한 호칭이 있어 왔으나 타종교에서는 큰 혼란이 없다. 전통적으로 우리 조상들은 상제上帝로 일컫는 하늘님을 섬겨 왔기 때문이다 현재도 천도교 등 민족종교에서는 한울님을 숭배하고 있다. 사전적 의미로 하느님은 '천지를 만든 창조자로서 전지전능하고 영원하며 만물을 섭리로써 다스림이라 기록하고 있으나 '신교에서 하느님을 일컫는 말'이라고 명시해 놓았다. 공동번역 성서에는 '야훼 하느님'이라 채택 했으나 개신교 예배에서 이를 따르는 교회는 별로 없다. 현재까지도 개신교에서는 애국가 '하느님이 보우하사'를 '하나님이 보우하사'로 부르고 있다.

▲ 예수시대 등잔(12처녀)

사목의지와 출신지 등 표현

전세계 가톨릭 고위 성직자(주교 이상) 중에는 모자와 십자가, 장식술, 방패 등 그림이 들어가 있는 화려한 무늬의 마크를 하나씩 가지고 있다. 이것을 문장紋章이라고 한다.

너희와 모든 이를 위하여
PRO VOBIS ET PRO MULTIS

▶ 김수환추기경 문장

가톨릭 성직자들의 문장은 어떻게 구별되며, 어떤 뜻이 담겨 있을까. 가톨릭 사제들은 주교로 서품되면 자신이 직접 문장을 만드는 권한을 가진다. 여기에는 기본 틀이 정해져 있다. 예컨대 주교는 녹색모자에 좌우로 10개의 장식술이 들어가고, 대주교는 녹색모자에 좌우로 15개의 장식술이 달린다. 추기경은 모자색상이 붉은 색으로 바뀌고 장식술은 대주교와 같이 15개가 들어가 있다. 교황은 좀 다르다. 모자의 모양이 바뀌고, 베드로의 열쇠가 교차하는 문양을 가지게 된다.

문장에는 상징적 그림이나 언어(라틴어)로 자신의 출신지역이나 좌우명 등을 담게 된다. 지난 2월 전 국민의 애도 속에 선종한 김수환(1922~2009) 추기경의 경우 'pro vobis et pro multis(너희와 모든 이를 위하여)'라는 좌우명이 새겨져 있고, 방패 왼쪽에는 순교자들의 피 위에 세워진 천주교회를 뜻하는 그림이 들어가 있다. 방패 오른쪽에는 알파벳 'V'를 거꾸로 그려놓은 그림이 들어가 있는데, 서울의 상징인 삼각산을 표현했다고 한다. 그는 알게 모르게 우리 얼을 대내외에 드러낸 셈이다.

한국의 유일한 추기경이자 서울대교구장인 정진석 추기경 문장에는 상징물이 많이 들어가 있어 흥미롭다. 방패 왼쪽에는 3개의 별, 빨마(종려나무), 칼, 무궁화 등이 그려져 있는데, 각각 우리나라(나라전체, 남북한)와 순교자의 승리, 불의에 항거하는 정의, 대한민국 등을 상징한다. 또 오른편에는 남색과 녹색의 세모모양, 크고 작은 두 개의 원, 비둘기 등이 그려져 있는데, 이는 하늘 땅 백성, 완전성과 성체, 성령과 평화를 상징하고 있다. 정 추기경 문장에는 'omnibus omnia(모든 이에게 모든 것이 되게 하소서)'라는 자신의 사목 염원이 들어가 있다.

문장의 기원은 12세기 유럽사회로 거슬러 올라간다. 당시 기사들은 전투에 임할 때 투구를 썼는데, 아군과 적군을 식별하기 위해 방패에 문양을 그려넣었던 것이다. 문장이라는 단어가 영어(coat of arms), 독일어(Wappen), 프랑스어(Armoiries)에서 공히 '무기'에서 파생됐음을 보아서도 엿볼 수 있다.

이러한 문장은 왕이나 귀족들의 권위를 상징하는 심벌로 발전하다가 13세기 중기 로마 가톨릭으로까지 확대되기에 이른다. 문장은 14~15세기 대학, 교회, 수도원, 도시, 길드 등 공동체의 심벌로도 쓰였으며, 지금도 유럽의 각 마을이나 도시에는 문장이 하나씩 존재한다.

많은 주교를 배출한 우리나라에서도 문장은 더 이상 생소한 마크가 아니다. 한국 천주교는 조선대목구 초대대목구장을 지낸 소 바르톨로메어(1792~1835) 신부가 처음으로 주교로 서품된 이래 고故 김수환 추기경을 포함해 68명의 주교를 배출했다. 이중 36명은 선종했으며, 8명이 은퇴했고, 현재 24명이 한국교회를 이끌고 있다.

일요일 예배, 크리스마스, 십계명, 독신주의, 결혼제도…

▶ 가톨릭교회는 325년 니케아 공의회에서 유대교를 "신의(神意)로부터 일탈"로 규정하며 반유대주의의 문을 열고 안식일을 토요일에서 일요일로 바꾸었다.

근본적 차이를 보여주는 논리

- 교황무오설: 교황에게는 오류가 없다고 하는 로마교회의 주장으로서 1870년 7월 18일 선포됨.
- 화체설化體設: 1215년 라테란 회의에서 정식으로 채택된 교리로서 성만찬에 쓰여지는 떡과 포도주는 사제가 성별의 말을 하는 즉시 그리스도의 실제 살과 피로 변한다는것.
- 무구회태설: 마리아는 원죄가 없는 상태에서 예수를 잉태하였다.
- 독신주의: 교황 그레고리7세는 모든 성직자는 결혼은 무효라고 선언, 라테란 제1공회 1123년 종규宗規 제XXI조 "성직자들에 대한 우리의 판단은 그 결혼이 마땅히 파기되어야 한다."
- 성경의 결혼제도: (창2:24) "이러므로 남자가 부모를 떠나 그 아내와 연합하여 둘이 한 몸을 이룰 지로다" 하나님께서는 사람이 다른 사람과 올바른 관계를 맺고 안정되고 행복한 삶을 살도록 하기 위하여 결혼제도를 제정하셨다. 결혼제도는 사람이 범죄 하기 이전에 제정한 것이다.

일요일 예배에 대한 논란

일요일 예배는 비 성서적인 배경을 가지고 매우 인위적이면서 이교도적인 방법으로 교회에 들어와 자리를 잡게 되었다. 그리고 당시의 가톨릭화 되어 가는 종교·정치·사회적인 분위기가 조화를 이루면서 마침내 교회에서도 일요일 예배를 합법화시키기 위해 몇 차례의 회의가 있었고 성경의 진리가 아닌 교회 총회를 통해서 결의

되었다.

가톨릭교회는 325년 니케아 공의회에서 유대교를 "신의神意로부터 일탈"로 규정하고 유대인을 이교도로 낙인찍는 선언을 발표함으로써 반유대주의의 문을 열고 안식일을 토요일에서 일요일로 바꾸었다.

크리스마스의 유래에 대한 해석 차이

① 라틴어 Dies natalis solis inviciti=정복할 수 없는 태양의 생일, 12월 25일은 이교도들이 지켜왔으며 대축제는 4세기의 달력 Philocalian Calendar, AD 354년 12월 25일은 정복할 수 없는 자의 생일. 로마 가톨릭교회는 페르샤의 태양신 Mithraism와 견주기 위해서 12월 25일을 택했다. 이것을 그리스도의 탄생을 축하, 로마에서 공식적인 태양신 숭배는 BC 67년 페르샤의 태양신 Mithraism가 소개되면서였다. 로마의 콤모두스 황제가(AD 180~192년) 황실 종교행사로 시작한 것이 오늘날의 크리스마스로 정착된 것이다.

② 12월 25일은 물론 예수께서 탄생하신 날이 아니다. 이날은 로마의 농신農神인 사툰의 제일祭日이었다. 그뿐만 아니라 당시 로마에서 가장 인기 있는 종교였던 미트라(Mithra)교의 예배일인데 그것은 태양을 신으로 숭배하는 유일신교였다. 이 미트라교가 로마에 그렇게 유행하게 된 이유는 로마황제 루시우스 아우렐리아누스(Lucius Aurelianus 재위 270~275)와 관계가 있다.

그는 로마 중흥의 영주로 추앙을 받는 황제인데, 페르시아가 로마에서 독립하려고 전쟁을 일으켰을 때, 페르시아 여왕 제노비아가 그들이 섬기는 태양신을 의지하여 로마를 격파하겠다고 태양신 숭배의 중심지인 에메사를 전장戰場으로 택하고 로마군을 그리로 유도하였다. 그러나 페르시아는 아우렐리아누스 군대에 대패하였다. 그렇게 되자 아우렐리아누스는 페르시아의 태양신이 페르시아를 버리고 로마를 택했다고 공언하면서 황제 자신이 태양신을 숭배하면서 태양신을 로마의 국신으로 받아들인 것이다. 그래서 황제는 지상에서 태양의 대표자라는 사상이 신 피타고라스 철학자들 사이에서 주장되고 이런 사상으로 태양신 숭배는 황제의 권력을 지탱하는 가장 강한 종교적 이념이 된 것이다.

그 태양신 미트라의 생일도 12월 25일이었다. 12월 25일은 동지冬至가 지나고, 이틀이나 사흘 후가 된다. 동지는 낮이 가장 짧은 날이다. 그랬다가 이삼일 후에 낮이 길어지기 시작한다. 그것을 농신 사툰이나 미트라가 새롭게 태어나는 날이라고 믿어서 큰 축제를 벌인 것이다. 이것이 12월 25일의 축제였다. 그런데 기독교가 세상에 널리 퍼지면서 로마의 민심을 사로잡아 기독교를 보편화시키는 도구로, 예수는 의로운 태양이라는 말씀을 빌미로 하여 이날을 예수 탄생일로 만든 것이다.

그러나 이날은 전혀 예수탄생일과 상관없는 태양신교의 유물일 뿐이다. 그것은 일요일을 주일로 한 것과 상관이 있다. 일요일은 미트라 종교의 예배일이었던 것이다. 그런 맥락에서 미트라교가 로마에 널리 퍼져있었는데 그들을 고스란히 기독교로 몰아들일 수 있는 도구가 바로 일요일 주일화 主日化 와 12월 25일 탄생일 제정인 것이다.

그러면 진짜 예수의 탄생일은 언제인가? 솔직히 말하면 모른다. 그러나 예수께서 탄생한 달은 추리할 수 있다. 누가복음을 보면 침례요한의 아버지 사가랴가 분향하는 때에 천사가 나타나서 침례요한 탄생을 예고한다. 그런데 사가랴는 제사장의 순번(반열)으로는 제8반인 아비야 반의 제사장이었다.

원래 아론과 그 아들들로 시작한 제사장은 다윗 시대에 그 수가 아주 많아졌다. 그래서 다윗은 제사장들을 24반으로 나누어 한 반이 반달씩 봉사하도록 반을 짰다. 1반은 1월 1일부터 15일까지, 2반은 1월 16일부터 30일까지, 이렇게 봉사하게 만든 것이다.

그렇더라도 각반의 제사장 수가 많아서 제한된 성전 봉사 자리를 서로 차지하려고 했기 때문에 제비를 뽑아 그 봉사 직임을 맡겼다. 그러므로 제8반인 아비야 반은 4월 후반부에 봉사를 맡게 된다. 유대력 4월 후반은 양력 7월 초순이 된다. 그러므로 침례요한은 양력 7월 초순에 잉태한 것이다. 침례요한이 잉태한 지 여섯 달 후에 천사는 마리아에게 예수 잉태 소식을 전한다. 그러므로 예수께서 잉태된 것은 양력 12월경이다. 예수 탄생은 양력으로 9월~10월쯤이 된다.

이것은 예수 탄생하실 때에 목자들이 밖에서 양떼를 지킨다고 한 말씀과 팔레스타인 지방의 계절과 맞는다. 어떤 사람은 이 시기가 바로 초막절 시기이기 때문에 예수께서는 초막절이 마치는 날인 유대력 7월 22일에 탄생했다고 주장한다. 아무도 단정적으로 말할 수 없지만 초막절이 있는 달에 탄생한 것은 확실한 것 같다.

그러나 우리 주님은 시작한 날이 없으신 분이시기 때문에 이 세상에 사람으로 탄생하신 날도 성경에 기록하지 않도록 하신 것 같다. 그날이 필요하다면 왜 기록하게 하지 않으셨겠는가!

"베들레헴 에브라다야 너는 유다 족속 중에 작을지라도 이스라엘을 다스릴 자가 네게서 내게로 나올 것이라 그의 근본은 상고에, 태초에니라"(미 5:2). "태초에 말씀이 계시니라 이 말씀이 하나님과 함께 계셨으니 이 말씀은 곧 하나님이시니라"(요 1: 1).

크리스마스라는 용어는 그리스도(Christ)의 미사(mass)라는 뜻으로 미사는 로마 가톨릭교회의 제사를 말한다.

주일예배 유입의 역사와 태양신

일요일 예배가 교회 안에 유입된 역사를 보면 영지주의 신학자들의 영향이 작용했음을 발견하게 된다. 당시 그들은, 그리스도교에서 신봉하는 예수는 "의의 태양"(Sol juvictus)이시므로 로마인들의 "불패의 태양"(Sol Invictus)인 미드라와 동신이명同神異名임을 주장하였다. 이러한 논리가 교회의 일요일 예배를 합리화 혹은 정당화한 것이다. 이들로부터 소위 일요일 신성론, 영혼 불멸설 등이 발생되었고 나중에는 크리스마스 경축제와 마리아 숭배 등이 교회로 도입된 것이다. 유명한 교회 역사가 중의 한 사람인 유세비우스도 고대의 일요일 신성론 신학자들처럼 주 예수 그리스도를 "참 빛" 또는 "의의 태양"에 관련시켜서 자주 언급하고 있다.

그래서 "태양의 날"을 상징학적 의미로 해석하여 일요일 준수를 정당화했다. 그는 그의 저술 〈시편 주해〉 (Commentaria in Psalmos, Chap. 92)에서 "이 빛의 날" 곧 첫 번째 날이요. '참 태양의 날에' 우리가 6일을 지낸 후 모두 모이는데 이 날을 우리가 성스럽고 영적인 안식일로 축제한다고 언급하고 있다. 또한 그는, 태양의 그리스도, 그리스도는 바로 태양이신 아폴로의 또 다른 이름이라고 주장하면서 "구주의 날…, 이 명칭은 빛에서부터 파생된 것이며, 또한 그 태양에서부터 파생된 것"이라고 말한다.

일요일(주일)예배, 그것은 일반적으로 생각하고 있는 것처럼 예수님 부활 이후 안식일이 폐지되고 부활을 기념하여 지키기 시작했다고 하는 단순 논리로 해결되는 문제가 아니다. 일요일 예배가 뿌리를 내리고 자리를 잡아 교회의 예배일이 되기까지는 수많은 이교들과 로마의 황제들과 이교적 신학자들의 영향, 태양신과의 관계, 그리고 엄청난 투쟁의 역사를 통해서 이루어진 비성서적인 제도임을 알아야 한다.

옥스포드대학교 교회사 교수였던 스탠리(A.P. Stanley, 1815~1881)는 그의 저서에서 다음과 같이 논증하고 있다.

"고대 태양신에게 부단한 충성심을 바친 자들이 그들의 종교의식 자취를 남겨 놓았다…. 지극히 거룩하며, 우주적인 이 그리스도 교단에서까지 그 흔적을 남겼다. 고대 우상숭배자들이 명명한 태양의 날(dies solis)이라는 칭호의 존속은 대개 우상숭배교와 그리스도교의 절기가 서로 연합함으로 말미암은 것이다."(Lecture on the History of the Eastern Church, 1884, P.184)

*일요일은 권위의 표다. 교회는 성경 위에 있으며 안식일 준수의 변경이 그 사실의 증거다. CATHOLIC RECORD. LONDON. ONTARIO 1923. 9. 1

① 교황은 때를 변개하고, 법을 폐기하고, 모든 것을 심지어는 그리스도의 교훈까지도 삭제할 권세가 있다.(Decretal De Translat Episcop. CAP)

② "성경은 안식일을 거룩히 지키라고 말한다. 그러나 천주교회는 말한다. 아니다, 나는 나의 신성한 권위로서 안식일을 폐하며 주일의 첫날을 거룩하게 지킬 것을 명한다. 보라. 전 문명세계가 거룩한 천주교회의 명령을 공손히 굴복하여 복종한다." 마지막으로 말하노니 교회의 전통은 성경보다 위에 있다고 선포하는 바이다. (신부 서한집 p. 173 1893년 6월)

▲ 이스라엘 바란광야

개신교와 천주교의 십계명 비교

하나님의 십계명(출 20:3–16)

1. 나 외에 다른 신들을 네게 있게 말지니라.
2. 우상을 만들지 말고 그것들을 섬기지 말라.
3. 여호와의 이름을 망령되이 부르지 말라.
4. 안식일을 기억하여 거룩히 지키라.
5. 네 부모를 공경하라.
6. 살인하지 말라.
7. 간음하지 말라.
8. 도적질하지 말라.
9. 거짓 증거하지 말라.
10. 네 이웃의 아내나 소유를 탐내지 말라.

천주교의 십계명

(천주교 요리문답)

1. 하나이신 천주를 만유 위에 공경하여 모시고
2. 천주의 거룩하신 이름을 불러 헛맹세를 발하지 말고
3. 주일을 지키고
4. 부모를 효도하여 공경하고
5. 사람을 죽이지 말고
6. 사음을 행치 말고
7. 도적질을 말고
8. 망령된 증참을 말고
9. 남의 아내를 원치 말고
10. 남의 재물을 탐치 말라

개신교

▲온누리교회 외벽의 세계최대 모자이크 예수상

▲ 예루살렘 전경

▲ 예루살렘 황금문

▲ 겟세마네 동산에 있는 (감람나무) 올리브나무 수령 2000년 이상

▲ 이스라엘 다윗과 골리앗 결전 장소

▲ 세례요한 관련 건물터

▲ 이스라엘 공동묘지

▲ 이스라엘 예수님 당시 유대 회당

▲ 대한예수교 장로회 통합측 영락교회

개신교

나채운 성서학자

나채운(왼쪽)_전 장로회신학대학교 대학원 원장, 대한성서공회 성서번역 개정위원 역임

신도수 자랑보다

하나님 말씀을 제대로 전해야 참된 교회입니다.

▲ 한때 새문안교회를 상징한 종탑

종교 · 종파간 이해와 화합, 그리고 바람직한 종교지도자들의 자세를 모색하는 동시에 고정된 틀에 갇혀 그릇된 종교심으로 미망과 현혹에 빠져드는 사람들에게 올바른 신앙세계를 보여주고자 창간된 매일종교신문과 범종교신문은 그사이 나름의 역할을 위해 부단히 노력해 왔다고 자부한다.

▲ 나채운 성서학자

2013년 7월1일 매일종교신문 창간과 동시에 종교연합단체와 각 종단지도자들과의 대담을 통해 그러한 의미를 총정리하는 기획특집을 마련했다. 7대 종단 모임인 한국종교인평화회의(KCRP)와 한국종교연합을 비롯해 한양원 한국민족종교협의회장, 박남수 천도교령 겸 한국종교연합회장, 김희중 대주교 겸 KCRP 대표회장, 한국이슬람교 이사장 등과 매일종교신문, 범종교신문의 취지에 따르는 주제를 놓고 대담을 나누며 본지에 상세하게 그 내용을 피력했다.

종교지도자들의 메시지에는 공통된 지향점이 있었으며 본지의 취지와 크게 다를 바 없었다.

"세상이 염려하는 종교가 되지 않기 위해선 정직, 질서, 배려정신 등 종교인 의식이 바뀌어야 한다."

"하느님은 숫자와 양으로 일하시는 분이 아니다. 교회의 외형적 신장보다 영적 성장이 중요해졌다."

"모든 종교에 도道가 있다. 사랑을 파는 종교에서 사랑을 나눠주는 종교가 되어야 한다."

"이 세상의 이치는 밥 한그릇의 이치를 아는 데 있다. 종교는 세상, 창생, 세속을 먹고 살아야 한다." 등.

모두가 구구절절 하나님 나라의 평화와 이 세상의 평화를 이룰 수 있게 하는 말씀이었다. 범종교신문 창간4주년 대담 특집으로 개신교계의 종교지도자와의 대담을 마련했다.

종교단체 활동과 목회를 하는 종교지도자가 아닌 원로 성서학자로서 성서의 입장에서 오늘날 종교현실을 해석하며 문제의 해법을 들어보기 위해서였다.

불교계는 현재 조계종 총무원장 선거를 놓고 심한 갈등과 분열을 보이고 있으며, 개신교계는 세계교회협의회(WCC) 세계총회 등을 앞두고 보수교단과 진보교단이 대립되어 있다. 종교계에 대한 일반인의 입장도 많이 달라지고 있다. 대형교회의 세습문제, 초대형교회에 대한 비판, 교계의 금권 · 권력 분쟁 등 종교가 오히려 세상 사람들에 걱정을 끼치는 일들이 많다.

▲ 이스라엘 팔복교회

이러한 문제점들을 이해가 엇갈리는 현장 성직자의 입장에서가 아닌 객관적인 시각으로 냉철하게 바라볼 수 있는 원로 종교학자를 통해 분석하며 나름의 해결방안을 도출하기 위해서이다.

나채운(81) 교수는 성서학자로서

뿐만 아니라 국어학자, 문학가로서 기독교의 가장 근본적인 성경을 연구하고 그 정신을 전파하는데 평생을 바쳐 온 인물이다. 따라서 그 근본정신에 기초한 한국 종교계의 문제점, 교회현실에 대한 관점과 근본적 개선점 등을 아무런 이해 관계없이 자유롭게 말할 수 있다는 게 본지 발행인을 비롯한 기자들의 생각이었다.

나 교수는 평생 가르치고 몸담은 후학 목회자들과 학교, 단체들의 입장을 배려해야하겠지만, 원로 성서학자로서의 자세는 누구보다 자유롭다는 판단에서였다.

성서학자, 국어학자, 문인으로서 사역 펼친 삶 “내게 하나님이 주신 달란트는 목회보다 학문”

나 교수는 다른 종교에 대해선 자신이 왈가왈부할 수 없다고 분명한 선을 그었다. 또한 그는 “나에게 하나님이 주신 능력은 목회보다 학문이다”라며 세간에 거론되고 있는 교회와 목회의 문제점에 대해서도 겸손하고 조심스럽게 답했다. 그리고 평생 신학교육과 성서연구, 종교문학에 전념한 학자답게 온화했다. 영락교회 본당 뒤 벤치, 초가을 햇빛 아래서 대담을 나누는 그의 얼굴은 8순을 넘은 나이에도 불구하고 해맑았다. 마음 편히 대면할 수 있는 성직자 모

▲ 부활절 달걀

습이었다.

그러나 교회의 예배 형식과 성경의 그릇된 해석 등에 대해선 단호했다. '깐깐'할 정도였다.

"목회자들이 공부를 해야 교회가 살아남을 수 있어요. 신자 수를 자랑하는 것보다 하나님의 말씀을 올바르게 전해야 합니다."

그는 '교회의 예배가 엉망진창'이라며 단호하게 지적했다.

▲ 부활 예수님이 마지막 현현한 자리

신약학과 국어학을 전공한 나 교수는 우리말 주기도와 사도신조(나 교수는 '사도신경'이 그릇된 번역임을 강조)에서 각각 20여 곳의 오류를 바로 잡아 1988년 17개 교단의 개정 감수를 거쳐 개정판을 낸 바 있다. 그러나 아직 많은 교회에서 그릇된 기도를 하고 있는 것에 한탄을 쏟아냈다.

이를테면 '주님의 기도'중 "오늘날 우리에게 일용할 양식을 주시고"는 "오늘날 12시에 사무실에서 만납시다."와 같이 틀린 어법인데도 불구하고 그대로 사용하고 있다는 것이다. 사도신조 중 '성령으로 잉태하사'도 마찬가지로 그릇된 것이라고 강조한다. 예수 그리스도의 출생에 있어서, 성모 마리아에게 성령에 의하여 잉태되신 것을 말하므로 '잉태하사'가 아니라 '잉태되사'가 분명하게 옳다는 주장이다. 사도신조로 신앙을 고백하는데 예수님이 임신했다고 하니 예수님을 모독하는 뜻이 된다는 것이다.

그는 잘못된 것 중에 예배 시 축도祝禱에 대해서도 오류를 지적한다. 축도한 예배 마지막 순서에서 목사가 성삼위의 복을 비는 특별한 형식의 기도로서 '축복기도'란 말의 요약형으로 쓰고 있는데, 이 말 자체에 오류가 있다는 지적이다. '축'과 '도'는 유사한 두 글자로써 결국 이 어휘는 목적격 없이 유사한 두 타동사만 중복한 형태로 실제 내용이 없으므로 '축복'으로 해야한다는 지적이다. 또한 축도 본문의 종결절에 쓰이는 '있을지어다'를 비롯해 '교통하심', '너희 무리'등을 '함께하여지이다' '교제하심' '여러 성도들과' 등으로 수정해야 마땅하다고 주장한다. 더욱이 장로가 축도를 하는데 이는 성경에도 안맞는 불필요한 순서라고 강조한다.

그의 이같은 '꼬장꼬장'한 자세만으로는 나 교수를 형식을 중요시 하는 성서학자로서로만 평가할 수도 있다. 아닌게 아니라 그는 스스로도 "국어를 통해 성서를 해석하며 나에게 주어진 직분을 다하는 것이 하나님 앞에 감사하다"고 항상 말하고 있다.

▲ 베들레헴 예수님이 탄생한 자리

그는 초등학교 6학년 때 해방을 맞았는데 당시 최현배 선생의 '우리말본'을 독학으로 익힌 이야기를 하나님과의 인연이라고 누누히 강조한다.

그의 시 '아무것도 아닙니다'에서 그의 사역 정신과 자세를 읽을 수 있다.

(상략)
광복 후
최현배의 '우리 말본'
남들이 어렵다 했던
그 복잡한 문법
참 쉽고 재미있었습니다.
그 공부 자습으로 해서
먼 훗날 성경 바로잡고
주기도 사도신경 바로잡고
찬송가 가사도 바로 잡았습니다.

한국 교회사에
큰 획을 그었다고들 하지만
진실로 아무것도
내가 한 것 아닙니다.

하나님이
질그릇 같은 나에게
바른 말 찾아주는 혜안 주시고
내 손가락 움직여 주신 것뿐
나는 아무것도 아닙니다.

▲ 예수님 십자가의 길

"십일조는 구약시대의 개념"
교회의 문제점들은 기본 공부로 풀어나가야

▲ 예수님 승천교회

나 교수는 스스로 '나는 아무것도 아니다'라며 겸손해 하지만 그는 장로회신학대학(이하 장신대)의 교수를 맡기 전에 7년여 동안 대구에서 목회활동을 한 바 있으며, 미국 유학중에도 한인교회에서 목회를 한 경력이 있다. 목회의 실상을 알고 접근한 성서연구였기에 나름의 현실진단을 분명히 할 수가 있었다고 회고 했다.

십일조에 대한 그의 견해가 바로 그것이다.

'십일조' 개념은 구약시대에 이미 끝났다고 보는 것이 그 중의 하나이다. 지금은 '십일조' 시대가 아니며 "십일조 안하면 하나님 것을 도둑질 하는 것"이라는 등 위협식 헌금은 헌금이 아니라는 것이다. 없으면 하지 않아도 되는 것이 헌금이며 재산이 많은 사람들은 10의 2, 3, 4조까지 내도 된다는 지론이다. 최근 한 교단에서 '십일조를 내지 않는 교인들에 대해서는 교인 자격을 정지하겠다'고 선언한 것은 어불성설이며 가난한 교인에 대한 협박이라는 것이다.

서구 유럽에서는 시민 혁명으로 교회가 국가와 분리 되면서 십일조 항목은 유럽의 교회와 사회에서 폐지된 바 있는데도 불구하고 유독 우리나라에서만 십일조를 강조하는 것은 성경을 공부하지 않은 동시에 구습을 벗어나지 못하는 우리의 교회현실이라고 꼬집었다.

▲ 베들레헴 교회

그는 현재 개신교계의 현안인 'WCC 총회에 대한 보수교단과 진보교단의 대립'을 비롯해 메가처치(대형교회), 교회세습, 교권금권다툼에 대한 성서학자로서의 입장을 이야기해 달라고 하자 대단히 조심스럽게 말문을 열었다.

"WCC에 대한 비판의 이유도 있다"면서도 '보수保守'란 개념은 '진리를 수호하는 것'이지 구습을 답습하는 것이 아니라고 넌지시 의견을 드러냈다. 메가처치, 교회세습, 교권 · 금권 다툼에 대해서도 신중하게 대답했다. 구체적으로 거론하기를 삼가면서 '성서의 입장에서 당연한 해답이 나와 있는 것 아니냐'고 말했다.

교회의 지도자로서 기본공부만 하면 곧 깨우칠 문제이기 때문에 시시콜콜 거론하기조차 마땅치 않다는 자세였다. 그리고 '다른 종교에 대해선 말할 수 있는 입장이 아니다'라고 했지만 이러한 기본 공부에 대한 충고는 개신교뿐만 아니라 모든 종교의 지도자에게 적용할 수 있을 것이라는 암시를 주었다.

자서전 ‘천생바보의 독보인생’에 그려진 나채운 교수의 삶과 인생여정

나 교수는 장로회신학대학 대학원장을 역임하는 등 후학양성 뿐만 아니라 대한성서공회의 성서번역에 관여해 왔다. 찬송가 가사를 국어학 기술에 맞게 정리하는 작업에도 참여해 지난 2008년에는 한국찬송가작가총연합회 공동회장을 역임했다. 우리말 주기도와 사도신경 개정안을 총회에서 채택해 7쇄를 인쇄한 바 있다.

범종교신문 창간 때부터 연재되었던 ‘성경의 난제해석’은 현대의 불신자들이 가장 많이 제기하고, 그리스도인들까지 당혹하게 하는 난제들을 다루어 독자들의 궁금증을 시원스럽게 해소해 주었다. 미국의 저명한 신학자로서 ‘무디 성서학원’ 창설자중 1인인 토리(Reuden Archer Torrey) 박사(1856~1928)의 책을 번역한 것이다. 나 교수는 1967년 이 책을 발견하고 성경의 난제들이 어느 정도 풀릴 것 같아 번역했는데 “성경난제 해석의 한 가지 가능성을 제시하는 것”이 목적이었다고 밝혔다.

▲ 이스라엘 마가의 다락방

그는 기독교문학에서도 독보적인 업적을 쌓았는데 그가 1970년대에 펴낸 소설 ‘초가집’은 베스트셀러가 되었다. ‘초가집’은 이광수의 ‘무정’이나 이

기영의 '고향', 심훈의 '상록수'가 지향하고자 하는 유토피아적 세계를 그렸다는 문단의 평가를 받았다. '여기 거룩한 곳에서' '실개천의 노래' 등 다섯 권의 시집도 펴냈다.

'시조로 읊어낸 신 · 구약 성경' 역시 그의 독보적 작품이라 할 수 있다. 서양의 전통 속에서 탄생하고 발전해온 성경을 우리 민족의 전통적 문학양식인 시조에 담아 놓은 것이다. 이 책에는 성경 66권을 요약한 66수, 신약의 각 장별 주제를 잠은 260수, 성경에 등장하는 주요인물과 주기도문 사도신경 십계명을 읊은 39수 등 365수의 시조가 실려 책 제목을 '365 시조 성경'이라 했다.

한편 그는 1997년 장신대를 정년퇴임하면서 자신의 전재산이나 다름없는 퇴직금 전액 1억 7천만 원을 장신대의 장학기금으로 내놓았다. 우리 사회에서 가진 자의 사회적 · 도덕적 책무, 즉 '노블리스 오블리주'를 실천에 옮겨 청빈한 생활을 고수하고 있다. 장학기금을 내놓을 당시 그의 신조는 "최소한의 생활만 하는 것으로 만족하고 물질에 대한 별다른 욕심이 없다"는 것이었다. 또한 3남매에게도 자력으로 살게 할 것, 장신대 학생, 교수생활 30년에 대한 감사, 대한성서공회 겸직에 대한 은혜 갚음 등을 기부의 이유로 들었다.

▲ 베드로가 예수님이 그리스도라고 증거한 현장

그의 아들 이강엽 교수도 미

국 웨스트민스터 칼리지에서 대를 이어 성서학자로서 활동하고 있다. 그는 장녀 은신씨를 2009년 잃는 아픔을 겪었는데, 방송언론인으로 살았던 딸의 죽음을 가슴에 품고 있으면서도 신앙으로 극복해내는 삶을 살고 있다.

나채운 교수가 관여한 주님의 기도와 사도신조의 개정내용은 다음과 같다

▲ 이스라엘 주기도문 성당 벽에 한국어 주기도문(가톨릭 주기도문과 다름)

〈가톨릭과 개신교의 공동 주기도문〉

하늘에 계신 우리 아버지
아버지의 이름을 거룩히 받들게 하시며,
아버지의 나라가 오게 하시며,
아버지의 뜻이 하늘에서와 같이
땅에서도 이루어지게 하소서.
오늘 우리에게 일용할 양식을 주시고,
우리에게 잘못한 이를 우리가 용서하오니
우리 죄를 용서하여 주시고,
우리를 유혹에 빠지지 않게 하시고,
악에서 건져 주소서.
나라와 권능과 영광이
영원히 아버지의 것이옵니다. 아멘.

어휘, 문법, 구문, 문체로 바로 잡은 사도신경(안)

나는 천지를 창조하신, 전능하신 아버지 하나님을 믿습니다.

나는 그의 유일하신 아들 우리 주 예수 그리스도를 믿습니다.
그는 성령으로 잉태되시어 동정녀 마리아에게 나시고,
본디오 빌라도에게 고난을 받으셔서 십자가에 못박혀 죽으시고,
장사된 지 사흘만에 죽은 자 가운데서 다시 살아나셔서,
하늘에 오르시어 전능하신 아버지 하나님 우편에 앉아 계시다가,
거리로부터 살아 있는 자와 죽은 자를 심판하러 오십니다.
나는 성령을 믿으며,
거룩한 공교회 및 성도의 사귐과,
죄를 사함 받는 것과,
몸이 다시 살아나는 것과,
영원히 사는 것을 믿습니다. 아멘.

시조 주기도
하늘에 높이 계신 우리의 아버지여
그 이름 거룩하니 찬양을 받으시고
이 세상 사람이 잘 받들게 하소서

하나님 그 나라를 이땅에 세우소서
이 세상 모든 교회 복음을 전파하여
영원한 하나님 나라 이뤄지게 하소서
온 세상 복음 전해 만민이 구원되면
하나님 거룩한 뜻 하늘에 이뤄지듯
땅에도 이루어져서 찬양하게 하소서

지난 날 지은 죄를 낱낱이 아뢰오니
우리에게 죄짓는 자 우리가 용서하듯
하나님 우리 죄를 용서하여 주소서

앞날의 시험에는 들지도 않게 하고
시험에 든 때에는 악에서 구하소서
나라와 권세와 영광이 아버지께 영원히.

장신대長神大는 대한예수교장로회 통합측(이하 통합측)의 교단 신학대학이다. 통합측의 총회신학대학교, 한국기독교장로회(이하 기장측)의 한신대학교, 대한예수교장로회 고신측(이하 고신측)의 고려신학대학교와

▼ 이스라엘 옛 길

▲ 예루살렘의 통곡의 벽

▲ 이스라엘 아브라함 시대 우물

더불어 장로교의 4대 신학대학교 가운데 하나이다.

보수(합동측 · 고신측) 신앙과 진보(통합측 · 기장측)신앙을 대변하며 숱한 신학자들을 양성해내고 있다. 그 밖에도 개신교 각 교단을 대표하는 신학대학교 및 신학교가 많아 서로 다른 교단 사역자를 배출하고 있다 기독교대한감리회(기감)의 감신대학교, 기독교대한성결교회(기성)의 서울신학대학교, 기독교대한침례회(기침)의 침신대학교, 구세군대한본영(구세군)의 구세군사관학교가 대표적이다.

그 밖에도 군소 교단들의 신학교가 숱하게 난립되있어 유일신 하나님을 믿는 교단신학 노선에 장애가 되고 있다는 성서학자들의 지적이 많다.

신을 향한 간절한 염원…못박힌 예수

예루살렘에서 그리스도교가 처음 시작돼 사도들이 이를 세상에 전했는데, 라틴문화권에서 생성된 교회가 로만가톨릭이고, 희랍문화권에서 성장한 교회가 정교회正教會다. 정교회의 온전한 명칭은 '동방정교회'다. '정교(orthodox)'는 '바른 믿음'을 뜻한다. 두 교회는 본래 하나였는 데, 4세기초부터 동방과 서방이라는 상이한 토양에서 각기 성장하다가 1054년 성소피아성당에서 상호 파문 조치를 계기로 결별하기에 이른다.

그렇다면 러시아 정교회는 뭐고, 그리스 정교회는 또 뭔가. 이것은 종파가 다른 것이 아니다. 종파명은 정교회다. 가톨릭이 한국에 있으면 한국 천주교, 로마에 있으면 로마 천주교라고 부르는 격이다. 보통 교구가 있는 지역명을 붙여 부른다. 그리스교구에 있는 정교회는 그리스정교회, 러시아교구에 있는 정교회는 러시아정교회가 되는 것이다.

러시아를 여행하거나 엽서 속 아름다운 모스크바 성바실리성당을 보면 양파머리 지붕 쿠폴(kupol)과 그 위에 세워진 십자가를 눈여겨 볼 수 있다. 러시아는 동방정교회를 받아들여 988년 정식 국교로 공인했으나, 1453년 동로마 제국이 멸망하자 러시아정교회로서 독자적 노선을 걸었다. 이 때문에 정교회 건축물은 아름다운 비잔틴 양식을 따르고 있다.

타오르는 촛불 형상인 쿠폴은 신에 대한 간절한 염원을 상징한다. 그 간절한 기도가 타오르는 대지의 촛불로 표출된 것이다. 촛불은 자신을 정화하고 온전히 불태우는 지고지순의 희생으로 상징화된다. 쿠폴 위에는 하늘을 향한 십자가가 있다. 이른바 '슬라브 십자가'다. 일반적으로 십자가는 가로막대가 하나인데, 슬라브 십자가는

▲ 1972년 새로 건립한 새문안교회 전통 완자 무늬를 가미한 한국적 모더니즘 양식으로 조선 왕조 마지막 황세손 이구가 설계했다.

위, 중간, 아래 등 가로막대가 3개가 있다. 십자가는 그리스도가 매달린 육신을 상징적으로 표현한다. 십자가 맨 위의 작은 횡목은 그리스도의 머리요, 중간의 긴 가로막대는 못 박힌 그리스도의 두 팔이다. 맨 아래 횡목은 그리스도의 두 발을 상징한다.

맨 아래 가로막대는 사선으로 붙어있어 눈길을 끈다. 여기에는 다양한 설이 있다. 두 발이 포개져 있었으므로 한 쪽 발이 다른 발보다 더 높은 위치에 있음을 나타낸다거나, 그리스도를 믿는 이들은 새로운 삶을 살고 불신자들은 죽음을 맞는다는 의미로도 받아들인다. 또는 예수와 함께 처형될 때 좌우에 매달린 두 강도의 처지를 반영한 것이라고 한다. 그리스도를 인정해 천국에 올라간 강도는 오른쪽 올라간 쪽이고, 부정해 나락에 떨어진 강도는 처진 왼쪽을 상징한다는 것이다. 고대 신화 구조에서 오른쪽은 긍정을, 왼쪽은 부정을 나타낸 것도 이와 무관치 않아 보인다. 러시아어에서도 오른쪽을 의미하는 '쁘라비'는 '옳은' '정당한'이라는 뜻을 가지고 있다.

러시아정교회의 한국 선교는 1897년 니콜라이 2세 황제의 인준으로 막이 올랐다. 1902년 서울 정동 22번지(현 경향신문 자리)에 성니콜라스 성당이 설립됐다. 한국인 최초의 사제는 김희준이다. 이후 세계사의 회오리에서 소속 교구가 일본정교회, 그리스정교회 남북미 관구 등으로 이전됐다. 사실상 한국전쟁 이후 관할권이 러시아정교회에서 그리스정교회 총본산인 '세계 총대주교청'으로 넘어간 것이다. 1956년 성니콜라스 성당을 매각해 1968년 마포구 아현동 424-1번지에 새로 건물을 지어 성니콜라스 대성당이란 이름을 붙였다.

한국정교회는 1997년 강원도 삼척시 근덕면 용화리 451-1 성바울로촌으로 본부를 이전했다.

한국정교회는 2004년 독립된 교구를 갖고 첫 외국인 교구장을 맞았으며 2008년 7월 그리스 출신 아리스토텔리스 암브로시오스 조그라포스 대주교가 제2대 교구장으로 착좌했다. 한국정교회는 올해 선교 110주년을 맞으며 교인수는 3500명에 이르지만, 아직 한국인 교구장은 배출되지 않고 있다.

대종교

▲ 단군천진

개국조 단군영정

발해국의 시조 대조영의 친동생 반안군왕 대야발大野勃이 지은 단기고사檀奇古史에, "기자조선 제1세 기자桓西余 12년에 단군조선 1세 개국조 단군왕검의 단군전을 평양에 세우고 단군의 화상畫像을 봉안 했다"고 한다. 또 "기자조선 제26대 아갑阿甲임금 13년에 후단군조 사절 고유선高維先이 단군의 화상과 단군실기檀君實記를 임금님께 드렸다"고 했다. 아마도 이것이 단군영정影幀: 天眞이라고도 함)에 관한 최초의 기록이라 하겠다.

동사유고東事類考에서는 신라 진흥임금 때 솔거率居라는 화가가 꿈에 나타난 신인단군神人檀君을 그린 단군어진檀君御眞이 유명했다고 했고, 고려 때 학자 이규보李奎報는 집집마다 단군천진을 모셨다고 했으니 온 겨레의 단군 숭봉은 대단했던 것 같다.

솔거의 이 단군영정을 본뜬 그림을 황해도 구월산의 삼성사三聖祠에 모셨고, 또 이것을 본뜬 것이 세상에 널리 퍼졌던 것이다.

1910년 경술합방이 되던 해의 3월15일 한밤중이었는데 대종교大倧敎를 중광重光한 홍암나철弘巖羅喆 대종사를 찾아온 노인이 있었다. 강원도 명주군 석병산(해발 1054m)에서 왔다고 했다. 성명은 고상식高上植인데 부르기는 공공진인空空眞人이라 한다는 것이다. 그는 황금비단에 싼 아주 오래된 초상화 한 폭을 전해주면서 "내 집에서 대대로 모셔온 단군대황조의 천진이오. 이 천진은 신라의 명공 솔거가 그려서 오늘까지 전해온 유일본이니 잘 모시도록 하시오" 하고는 일어나 집을 나갔다고 한다.

▲ 신라의 솔거가 그려 전해진 전통 단군영정

홍암대종사는 그 후 지백련池白蓮화백에게 부탁하여 다시 그린 것을 합방의 국치일 바로 전날인 8월21일 단군천진을 봉안했다. 이것이 근세 최초의 공식적인 단군 봉안이다. 오늘날 널리 보급 되어 있는 단군영정은 실로 이로부터 비롯된 것이다.

민족혼의 상징인 단군에 대해 말살정책을 펴던 일제치하에선 몰래 숨겨서 모셨고, 혹은 가슴에 품고 다니면서 단군성조를 지켜왔다. 이로 인해 때론 많은 피를 흘렸고 목숨까지 잃었던 것이니 눈물겹고 처절하다.

광복이 되자 대한민국 정부가 수립되고, 1949년 제헌국회에서 이 영정을 국조성상으로 공인했다.

1976년 6월14일자로 당시 문화공보부 장관으로부터 '문화 1740-8790호'로 대종교의 단군천진이 '국조 단군 표준성상'으로 심사 승인 되었으며, 또 1976년 12월28일에는 '문화 1740-19226호'로 '대종교 총본사에서 제작한 것만을 존중하기로 확인함'이라는 단국 국조성상 제작 확인까지 받은바 있다.

그러나 이듬해 8월, 정부는 현정회顯正會의 것을 또 다시 정부 표준영정으로 승인해 주었다(확인번호 78-21호, 심의번호 77-27호). 이 현정회의 영정은 1969년 초상화가 김종래씨의 단군 성상을 참고로 불교조각가 신상근씨가 동상을 제작했는데 그것을 기준으로 홍석창 화백이 8개월에 걸쳐 완성한 것이다.

이 영정은 솔거로부터 전통을 이은 대종교의 것과는 모양이 전혀 달라 항상 논란의 소지를 지니고 있다.

당시 정부가 내세운 이유는 현정회의 것은 종교를 초월해 '경모의 대상'으로, 대종교의 것은 '신앙의 대상'으로 삼는다는 것이었다.

한마디로 어처구니가 없다. 결국 두 분의 국조를 만든 셈이니 말이다. 국조를 마구 만드는 나라인가. 불상이나 예수상이 제작자에 의해 약간씩 다를 순 있다. 하지만 그 기본 틀은 변함이 없는 것이다. 그러나 현정회와 대종교의 단군영정은 근본적으로 기본 틀에서부터 너무 모양이 다르다는 데에 문제의 심각성이 있는 것이다.

북한의 단군릉에도 솔거로부터 전해진 전통 단군영정이 봉안되어 있다.

특히 개국조 단군영정은 우리겨레가 조상 대대로 모셔온 전통이 중요하다. 역사와 전통이 유구한 우리 배달민족이 모셔온 개국조 단군왕검은 남북의 겨레가 이 앞에서 하나 될 수 있는 구심점이기도 하다.

한데, 실제상황은 어떠한가. 국가 공식 문서나 일부 교과서엔 현정회의 것을, 민족종교나 일반 사회단체에선 솔거의 전통 영정을 사용하고 있는 실정이다. 이는 국민을 혼란스럽게 하고, 국론분열의 원인 제공이 될 수 있다. 사실 절대다수의 국민들은 현정회의 것을 사용하지 않으며 솔거로부터 전해지는 전통 단군영정을 봉안하고 숭봉한다. 사실상 전 국민이 사용하지 않고 있는 현정회의 것은 국조 영정으로서 가치가 없는 것이다. 우리 민족 모두가 마음으로부터 공감하고 숭봉하는 국조 단군영정이라야 한다.

국민 대통합의 구심점 회복이 시급한 때에 이제라도 두 가지로 만들어진 국조 단군 영정부터 통일해야 하지 않을까.

▲ 1976년 당시 문화공보부 장관으로부터 심사승인 받은 '국조 단군 표준성상'

▲ 북한의 단군릉　평양시 강동군 문흥리 대박산 해발 78m 봉우리 부지면적 45정보 피라미드형 길이 50m 높이 22m.
1994개의 화강석을 다듬어 9단으로 쌓아 놓음

▲ 북한의 개천절 시작을 알리는 나팔수

▲ **2003년 단군릉에서 대종교주최개천절 공동행사후 평양국립 예술단 의공연** 1994년 10월 11일에 개건된 단군릉은 18층 건물에 해당하는 70m 높이에 아랫부분은 한 번이 50m, 높이는 22m인 9층의 계단식 무덤으로 1994년 준공된 것을 기념해 총 1994개의 화강암으로 구성된 피라미드형이다.

▲ 평양시내 대종교 숭령전에 모셔있는 단군의 천진　단군릉은 평양시에서 1시간거리 숭령전은 시내복판에 있으며 관료 등 시민이 참배할 수 있다.

단군의 출생, 성장

단군은 B.C. 30세기초에 평양에서 밝달종족이 주도한 종족연합사회의 마지막 추장인 환웅의 아들로 태어났다.

평양지방은 유리한 자연지리적조건으로 하여 일찍부터 인류의 발상지, 고대문화발상지의 하나이며 남먼저 원시시대를 끝장내고 국가를 세운 고조선의 중심지이다.

평양지방은 예로부터 산이 아름답고 물이 맑아 사람들이 살아가기에는 아주 좋은 지대였다.

그래서 태고적부터 평양지방에는 많은 사람들이 모여 살았다.

단군의 아버지와 어머니도 이 지역에서 살았다.

아버지는 하늘신을 조상으로 숭배하는 밝달(배달)종족연합체의 추장이었고 어머니는 곰신을 조상으로 숭배하는 종족추장의 딸이었다.

단군은 청년시절에 일련의 심각한 사회적 문제들인 일부 공동체성원들이 채무노예로 전략되는 현상, 씨족적 귀족들에 대한 공동체성원들과 노예들의 반감으로 인한 《범죄》 등 사회가 그러안고 있는 모순을 해결하기 위한 출로를 탐색하였다.

아버지 환웅이 죽은 뒤 종족평의회에서 새 추장으로 선출된 단군은 이러한 문제들을 해결하기 위해 원시적인 정치기구대신 강력한 권력기루를 내와야 하겠다고 생각하고 그 준비를 추진시켰다.

단군관계 옛 기록들

단군을 신화적 인물로 전한 도서들로서는 『삼국유사』와 『삼국사기』, 『제왕운기』, 『세종실록』 지리지 등이 있다.

이 책들에는 편찬자에 따라 일부 내용들이 좀 다르나 대체적 내용은 다음과 같은 신화가 있다.

환웅(단군의 아버지)이 무려 3,000을 거느리고 태백산꼭대기 신탄수아래로 내려오니 이를 신시라 이르고 환웅천왕이라고 일렀다.

그는 풍백, 우사, 운사를 데리고 곡식과 생명, 병과 형벌, 선과 악 등 인간살이의 360여가지의 일을 주관하면서 세상을 다스리고 교화하였다.

때마침 곰 한마리와 범 한마리가 있어 같이 굴에서 살면서 신인 웅에게 사람으로 변하도록 해달라고 늘 빌었다.

이때에 신이 쑥 한타래와 마늘 스무개를 주면서 말하기를 "너희들이 이걸 먹고 백날동안 햇빛을 보지 않으면 쉽사리 사람의 모양으로 될 수 있으리라."고 하였다.

그것을 얻어 먹고 스무하루동안 기다려 곰은 여인의 몸으로 되었으나 범은 기다리지 못해서 사람의 몸으로 되지 못하였다.

곰 여인은 혼인할 자리가 없었으므로 신단수 아래에서 애기를 배게 해 달라고 빌었다. 웅이 이에 잠시 사람으로 변하여 그와 혼인하여 애기를 배게 하여 아들을 낳으니 부르기를 단군왕검이라고 하였다.

경인년에 평양성에 도읍하고 비로소 조선이라 칭하였다. 다시 도읍을 백악산 아사달로 옮기였는데 그것을 또한 궁홀산이라고도 하고 금미달이라고도 한다. 나라를 1,500년 동안 다스렸다.

후에 아사달에 숨어서 산신이 되었는데 나이는 1,908살 이었다고 한다.

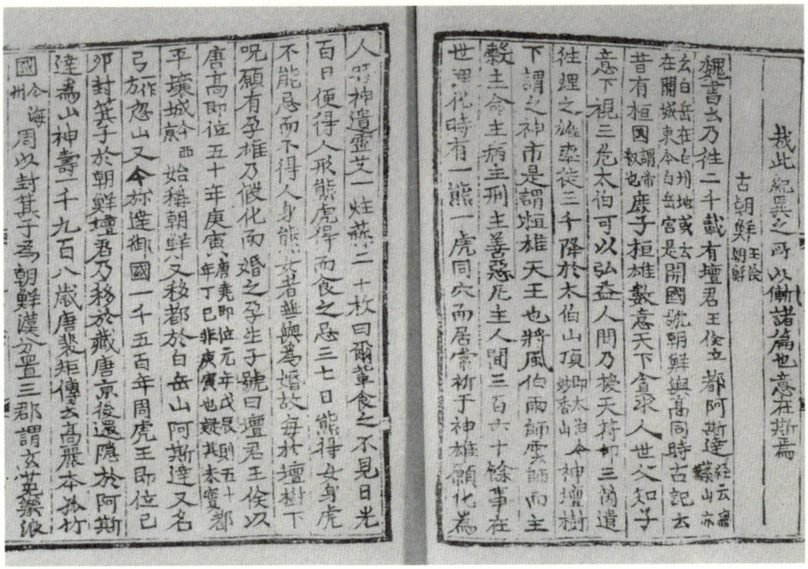

哉此紀異之所以漸諸篇也意在斯焉

古朝鮮(王儉朝鮮)

魏書云乃往二千載有壇君王儉立都阿斯達(經云無葉山亦云白岳在白州地或云在開城東今白岳宮是)開國號朝鮮與高同時古記云昔有桓因(謂帝釋也)庶子桓雄數意天下貪求人世父知子意下視三危太伯可以弘益人間乃授天符印三箇遣往理之雄率徒三千降於太伯山頂(即太伯今妙香山)神壇樹下謂之神市是謂桓雄天王也將風伯雨師雲師而主穀主命主病主刑主善惡凡主人間三百六十餘事在世理化時有一熊一虎同穴而居常祈于神雄願化為人時神遺靈艾一炷蒜二十枚曰爾輩食之不見日光百日便得人形熊虎得而食之忌三七日熊得女身虎不能忌而不得人身熊女者無與為婚故每於壇樹下呪願有孕雄乃假化而婚之孕生子號曰壇君王儉以唐高即位五十年庚寅(唐堯即位元年戊辰則五十年丁巳非庚寅也疑其未實)都平壤城(今西京)始稱朝鮮又移都於白岳山阿斯達又名弓(一作方)忽山又今彌達御國一千五百年周虎王即位己卯封箕子於朝鮮壇君乃移於藏唐京後還隱於阿斯達為山神壽一千九百八歲唐裴矩傳云高麗本孤竹國(今海州)周以封箕子為朝鮮漢分置三郡謂玄菟樂浪

▲ 성천지 「성천지」는 1640년에 발간되었다.
여기에는 당시 성천의 정치, 경제, 문화, 자연지리적 자료들이 구체적으로 서술되어 있다.
「성천지」는 「성주읍도록」과 함께 단군조선역사연구에서 귀중한 자료가 되고 있다.

▲ 성주읍도록 1018년 이전의 성천의 모습을 보여주는 「성주읍도록」은 원래 고려시기에 나온 「고려질류전」이라는 책에 있던 것을 1905년에 옮겨 그린 지도이다. 길이 33cm, 너비 42cm인 이 지도는 닥나무종이에 붓으로 그림 부감도형식의 지도이다. 지도에는 옛 성천과 그 주변의 지형지물들이 상세하게 그려져 있다. 대동강과 단군릉이 자리 잡고 있는 대박산이 그려져 있는 지도에는 역대 고조선왕들의 이름과 국가관리기구의 이름들로 표기된 지명들도 있다.

▲ 원구단은 세조 3년(1464년)부터 433년 동안 중국 천제에 빼앗겼다가 1897년(고종 34년) 황제 즉위식과 함께 되찾은 하늘에 올리는 제사를 지낼 수 있도록 축조된 것이다. 옛 남별궁 터에 둥근 원형의 단을 만들어 단지를 조성했다. 그러나 일제시대 천제는 일본 천황만이 지낼 수 있다며 원구단이 헐리는 수난을 겪었다. 그 자리에는 철도호텔(현 조선호텔)이 들어섰고 이제 롯데, 프레지던트 호텔 등의 호텔 빌딩에 둘러 싸이게 된 것이다.

국가주도의 단군관련 제례에 관한 자세한 기록은 없다. 민간신앙이 전하는 문헌에는 10월3일이라는 날짜가 적시돼 있다. 19세기 '무당내력(巫堂來歷)'은 "상원갑자 10월3일에 신인(神人) 단군이 태백산에 내려와 신교를 세우고 백성을 가르쳤다"고 썼다. 백성들이 근본을 잊지 않게 하려고 매년 10월이면 단군이 무녀를 시켜 치성을 들이게 했다고 한다. 조선후기 평안도에서 활동한 김염백의 단군신교 교단도 10월3일과 3월15일에 제례를 올렸는데, 단군의 탄생일과 선거일(仙去日)이다.

개천절은 영고 · 동맹 · 무천 · 상달제 등에 근원을 두고 있으나 명칭의 역사적 흐름은 정확하지 않다. 구한말 대종교 중광의 근거가 되는 '단군교포명서'의 서두에는 "오늘은 우리 대황조단군성신(大皇祖檀君聖神)의 4237회 개극입도지경절야(開極立道之慶節也)라. 우형(愚兄) 등 13인이 백두산 대숭전에서 … 우리 동포형제자매에게 삼가 고하노니"라고 적혀 있다. 포명일자를 '단군개극입도 4237년(1904) 10월3일'이라고 끝에 명기했다.

근대 개천절의 기원은 대종교에서 찾을 수 있다. 홍암대종사(나철)가 단군교포명서의 '단군개극입도 4237년 10월3일'을 계승해 1910년 9월27일 교명(敎命)으로 의식규례를 정하면서 제3항에 '개천절은 강세일(降世日)과 개국일이 동시 10월3일이라 경일(慶日)을 합칭(合稱)함'이라고 분명히 했다.

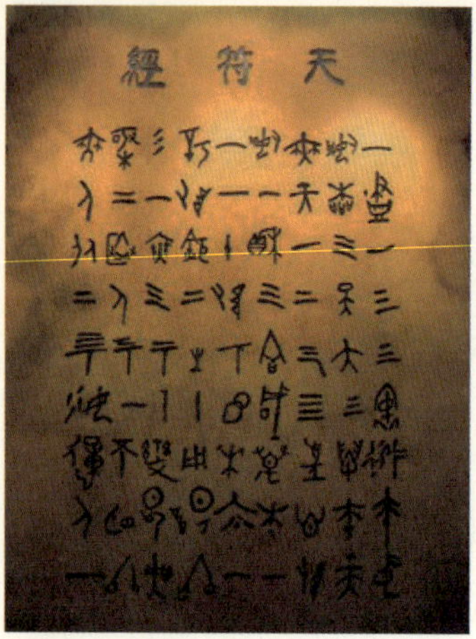

▲ 성경 · 불경 · 유경 儒經　쿠란 등 방대한 양의 기록과는 달리 가장 적은 글자 수로 구성된 경전은 『천부경』이라 할 수 있다.

유사 이래 수많은 책이 사람에 의해 만들어졌지만 인류문화에 기여한 책들을 들라면 역경易經과 성경聖經 · 불경佛經 · 유경儒經 · 쿠란 등이라 할 것이다. 불경은 팔만사천법문이요, 유경은 사서삼경, 쿠란은 무함마드 사도가 메카와 메디나에서 가브리엘 천사로부터 받은 계시 내용을 기록한 경전으로 114장 6,182절로 구성 되어 있다. 불경은 석가모니와 여러 불보살과 선승대덕들이, 유경은 공자를 비롯한 성현들이 깨친 진리를 기록한 경전이다.

기독교의 성경은 세계적으로 가장 많이 보급되어 있는데 솔로몬 · 모세 · 예수 · 바울을 거치면서 한데 엮어진 이 경전은 구약 39권 신약 27권 합해서 66권이다. 좀 더 구체적으로 알아보면, 장수는 구약이 929장, 신약이 260장으로 모두 1,189장이고, 절수는 구약이 2만 3,214절 신약이 7,957절로서 합 3만 1,171절이며, 마디 수는 구약 59만 2,439마디, 신약 18만 1,253마디 합해서 77만 3,692마디이다. 글자 수를 모두 헤아려 보면 구약 272만 8,110자, 신약 83만 8,380자로 총 356만 6,490자로 되어 있다.

이처럼 방대한 양의 기록과는 달리 가장 적은 글자 수로 구성된 경전이 있으니 『천부경』이다. 『천부경』은 천 · 지 · 인의 우주적 진리를 함축해 단 81자로 표현해 놓았는데 이 세상에 현존하는 경전 가운데 가장 짧은 문장의 경전이라 하겠다. 또한 모든 종교가 출현하기 이전의 원천적 경전이라 할 것이다.

그런가 하면 문장이 아닌 부호로 표현된 가장 짧은 경전은 역경이다. 이는 우리 동이東夷 조상 태호복희太昊伏羲가 맨 처음 지어낸 이 8괘卦의 이치로 우주와 자연의 순환원리를 말해 주고 있다. 역경의 부호는 자연의 글자다. 안토니우스가 '자연이 바로 하나님이 써 놓은 글'이라고 말한 것과 같다. 하늘이 정한 부호가 인간이 만든 글자 이전에 이미 있었다는 말이다. 둥그런 지구가 남반구南半球와 북반구北半球로 구분 되어 있는 것은 인간이 있기 전 하늘이 정한 것이다. 하늘이 남과 북, 어둠과 밝음, 추움과 더움을 정한 것은 하늘과 인간과 자연이 서로 소통하는 최초의 부호문자가 아니겠는가.

한데, 이 역경과 성경이 매우 비슷한 내용이 많음도 주목된다. 예를 들면, 홍수심판 후 노아의 여덟 가족만 살아남았는데 이를 역경의 8괘에서 부(건) · 모(곤)와 장남 · 중남 · 소남 그리고 장녀 · 중녀 · 소녀의 여덟 가족을 이루는 괘와 같다. 이 같은 예는 이 밖에도 많다. 하나님의 섭리를 성경은 역사적으로 전개했고, 역경은 부호로써 표현했다고 본다.

그런데 현존하는 경전들을 세 가지로 분류한다면 계시경전 · 도통경전 · 교훈경전을 들 수 있다. 계시경전은 하나님이 어느 선지자나 영통인에게 말씀을 내리어 받아쓰게 한 것으로 기독교의 성경이나 이슬람의 쿠란이 그렇다. 도통경전은 각고의 수도 끝에 도통한 또는 대각한 성현의 진리 말씀을 기록한 경전으로 불교경전, 유교경전 등이다.

우주의 진리 단 81자로 표현

계시종교나 도통종교는, 사람마다 받은 계시 내용이 다르고, 깨친 내용도 사람마다 달리 표현 되고 있다. 여기에서 여러 다른 종교들이 출현하게 되었다. 자칫 자기 종교의 도그마에 빠지게 되어 그로 인해 타 종교에 대한 배타와 독선, 편협에서 벗어나지 못하고 있는 것도 오늘 종교계의 문제이다.

그러나 계시를 받아 적었거나 또는 도통하거나 깨쳐서 기록했다거나 하지 않은 경전이 바로 『천부경』이다. 이 천부경이 바로 교훈경전에 속한다. 이를 하나님의 직접 하교경전이라고도 한다. 하나님 나라에서 한웅이 오실 때 아버지 하나님이 직접 주신 경전이므로 계시나 도통에 의한 경전이 아니며, 그대로 훈교경訓教經이라 할 것이다三國遺事, 蘇塗經典本訓, 三聖記.

하늘 글을 문자로 표현한 것이 천부경이요, 부호로 표현한 것이 역경의 8괘이다.

▲ 백두산

대종교총본사▶

▲ 흥암대종사 나철

▲ 북한 단군릉에서 대종교 안호상총전교와 통일광복민주회의 김선적 의장 조선천도교회 중앙지도위원회 류미영 위원장

▲ 사직공원에서 개천절행사 선의식 의전 장면

▲ 사직공원에서 개천절 행사 선의식 의전

대종교

원영진 총전교

원영진(왼쪽)_대종교 제19대 총전교

대종교는 단군을 교조로 민족고유의 하나님을 신앙하는 종교입니다.

대종교총본사

대종교大倧教의 수장 원영진(62) 총전교는 연로한 다른 민족종교지도자와는 달리 젊었다. 반만년 역사(4471년)의 가장 오래된 종교의 수장으로서 그는 위엄이나 권위를 내세우지 않고 대외적인 활동도 적극적이다. 그래서 대종교 일각에서는 그의 소탈한 행동에 관해 비판을 하기도 하지만 그가 쌓아온 경력상 오히려 그의 활동이 위축된 대종교의 장래를 밝게 해주리라고 기대를 하는 사람들도 많다.

▲ 원영진 대종교 제19대 총전교

"단군을 교조로 민족고유의 하나님을 신앙하는 종교"

그는 1978년 대종교에 입교한 이래 일본과 중국, 북한 선교에 적극적이었으며 이를 위해 해외동포연구소, 예절연구소, 인성개발연구소 등의 개인활동을 꾸준히 해왔다. 중국 목단강 인근 경박호에 200만 평의 소목장 사업을 펼치기도 했다. 북한과 조선족 사람들에게 도움을 주는, 그러한 모임과 사업이 장기적으로는 대종교의 큰 뜻을 전파하는데 도움이 되리라 믿었던 것이다. '단군정신선양회'를 통해 탈북자에 대한 특강도 많이 해 왔다.

2012년 김문겸 총전교가 77세의 나이로 조천(朝天 · 타계)하고 제 19대 총전교로 선임된 이후에도 그가 이끌어왔던 '단군정신선양회'의 회장을 계속 맡고 있다. 대종교의 수장으로서 내려 놓아야 할 자리라는 비난도

▲ **마니산 참성단** 단군 왕검이 단기 54년 하늘에 제사를 올리기 위해 쌓은 제단이라고 알려져 있다. 고려 원종 11년(1270)에 보수했으며, 조선 인조 17년(1639)과 숙종 26년(1700)에도 고쳐 쌓았다고 한다. 제단은 자연석으로 둥글게 깎은 하단과 네모반듯하게 쌓은 상단으로 구성되어 있다. 둥근 하단은 하늘, 네모난 상단은 땅을 상징한다고 한다. 이런 모습은 경주의 첨성대와 비슷하다. 고려와 조선시대에는 때때로 이곳에서 도교식 제사를 거행하기도 했다. 조선 후기에는 단군에 대한 관심이 높아지면서 참성단을 단군시대의 종교와 관련시키기도 했다. 일제시대에 단군을 숭배하는 대종교가 생긴 이후엔 민족의 성지로 주목받게 됐다.

있지만, 그는 모두가 대종교의 융성을 위해 필요한 것이라 생각한다. 하나님의 말씀과 민족의 뿌리를 찾는 내부적인 운동이라 생각하기 때문이다.

그는 가톨릭 단체에서 신부와 수녀들을 대상으로 강의도 했다. "대종교는 단군을 교조로 모시며 민족고유의 하늘님을 신앙하는 종교"라는 것을 강조한 것이다. 예수를 통해 하나님을 경배하듯이 대종교의 경전을 통해 단군을 가르치는 것이 아니라 하나님을 알린 것이다. 단군신앙을 미신, 우상으로 치부하던 그들에게 기독교가 말하는 것과 다를 바 없는 우리민족의 경천敬天 사상을 알리고 만물의 주관자인 하나님을 공경하는 것이라고 역설했다. 단군신앙이 그저 '곰 이야기'를 거론하는 신화나 미신이 아님을 인식시킨 것이다. 단군이 '하나님의 메신저'라는 논리와 '한얼님과 하늘님, 하나님이 같은 분'이라는데 공감을 산 것이다.

▲ 대종교의 마니산 개천절 행사 장면

가톨릭의 한 수녀는 그에게 다가와 "같은 하나님을 믿는다면 저도 대종교 교인이 될 걸 그랬다"는 농담반, 진담반의 속시원한 말도 건넸다고 밝힌다.

"예수는 서양의 구세주, 홍암 대종사는 동양의 구세주"

원영진 총전교의 형님은 개신교 장로이고, 동서는 목사이다. 그러나 서로 화목하게 지내고 있다. '단군상 훼손'이나 '제사 거부' 같은 불상사가 안 생긴다. 그는 경천敬天, 숭조崇祖, 애인愛人, 애물愛物 사상을 기본적으로 가지고 있는 한, '종교는 바꿀 수 있다'고 믿는다. 그의 주변엔 개신교 목사 10여명이 단군을 연구하며 내면적으로 교류하고 있다. 스님 30여 명도 단군사상을 연구하고 있다는 것이다.

애초에는 원 총전교도 독실한 개신교인이었다. 당시 삼각산 기도원에

▲ 대종교 본당에서 원형진 총전교와 필자

서 백일기도를 올릴 때 "민족을 위해 제단을 쌓아라"는 계시를 받았다고 한다. 1977년 7월 7일 전농동 자택에 '민족제단'이라는 현판을 걸고 20년간 '자시子時 기도' 계획을 세웠고 실천했다. 그리고 '불생不生 불멸不滅의 참된 마음'인 천진天眞을 얻기 위해 1978년 대종교에 입교하게 되었다.

모든 종교를 포용할 수 있는 조화원리를 갖춘 범세계적 종교로서의 대종교로 개종하게 된 것이다. 개신교인이었을 때는 미신 우상으로 여겼던 단군과 대종교가 보편적-합리적 종교로 받아들여진 것이다. 기독교에서 풀리지 못한 응어리가 풀어진 느낌이었다고 한다. 그는 신학공부를 한 가수이자 화가인 조영남이 "예수는 서양의 구세주, 홍암 나철 대종사는 동양의 구세주"라고 한 말에 공감한다고 말했다.

다만 그는 "개인적으로 종교를 바꿀 수 있으나 조상은 바꿀 수 없다."는 신념이 투철하다. 따라서 "우리민족이 가져야 할 얼을 찾아야 한다"며 그 얼을 국조인 한인桓因 · 한웅桓雄 · 단군왕검檀君王儉의 '세검 한몸三神一體에서 찾고 있는 것이다. 대종교의 기본 경전인 「삼일신고三一神誥」와 「신사기神事記」, 「신리대전神理大全」 등에 따르면 시공성時空性을 초월한 유일무이한 절대적인 신神인 한얼이 바로 신앙의 대상이다.

일제강점기 30만 교인의 확산과 위축

대종교는 1909년 1월 15일(음력) 홍암 나철(1863~1916) 대종사가 중광한 민족종교이다.

그러나 그 맥은 단군 교조로 출발해 나철 교조에 이르는 반만년 역사 속에서 교명敎名이나 의식의 여러차례 변화에도 불구하고 연면히 흐르고 있다.

단군시대에는 강화도 마니산 정상에 제천단을 마련해 하늘의 뜻을 일깨웠다. 부여(BC 2세기 경~AD494)에서는 교명을 대천代天이라 하고 음력 10월에 영고迎鼓의 제례를 거행했다. 삼한에서는 계음禊飮의 의식을 통해 신교 전통을 지켰다. 고구려에서는 경청敬天이라는 교명으로 동맹東盟의 제례를 거행했으며 신라에서는 숭천崇天, 백제에서는 교천郊天. 발해에서는 진종대도眞倧大道 라는 이름으로 교맥이 이어졌다. 고려 때에도 왕검교 王儉敎 로 동맹의 전통을 이은 팔관 八關 을 거행했다. 산신, 용왕 등 민속신앙의 밑바닥에도 그 맥이 흐른다고 할 수 있다.

몽고의 침략 이후 700년 동안 끊긴 교맥은 나철 대종사의 중광重光 · 부활의 의미)으로 맥을 잇게 된다. 그래서 개천 4343년, 서기 1909년 음력 1월 15일은 중광절中鑛節로 대종교의 4대 경절 중 하나가 되었다.

종교로서보다는 항일구국, 독립운동에 더 많은 공헌을 한 대종교는 시교始敎한 지 1년 만에 2만여 명의 교도로 불어났으며, 교명을 대종교로 개칭했다. 한편 만주 북간도에 지사를 설치했다가 1914년에는 본사를 백두산 북쪽 산밑 청파호青坡湖 근방으로 옮겨 국내와 만주지역에 포교를 함으로써 30만 명의 교세로 확장돼 나갔다.

이에 위협을 느낀 일본은 1915년 10월 '종교통제안'을 공포하여 탄압을 강화했고, 교단의 존폐위기에 봉착한 나철은 이듬해 8월 15일 구월산九月山 삼성사三聖祠에서 일본의 폭정을 통탄하는 동시에 인류 구제를 위한 간절한 뜻을 남기며 자결했다. 이후 대종교는 숱한 핍박에도 불구하고 독립운동의 확대를 통해 포교활동과 그 정신의 맥을 이어나갔다.

1945년 8월 광복을 맞게 되자 총본사가 부활되었고, 1946년 2월 환국하여 서울에 설치되었다. 미군정 때 대종교는 유교, 불교, 천도교, 기독교 등과 함께 5대 종단의 일원으로 등록되었으며, 대한민국 정부가 수립된 뒤에는 초대 문교부(현재의 교육부)장관인 안호상의 노력으로 천주교를 포함한 6대 종교 가운데 제1호 종단으로 등록되었고, 개천절을 국경일로 제정하는데 크게 기여했다. 초대 정부 국무위원에 대종교인이 이시형 부통령, 이범석 장관 등 7명에 이를 정도로 그 위세는 막강했다. 당시 이시형 부통령은 경복궁에 대종교 총본사를 들어서게 한다는 포부도 갖고 있었다고 한다.

민족자주와 항일독립정신을 이을 새로운 목표 찾아야

원영진 총전교에게는 이제 단군의 '홍익인간 이화세계弘益人間 理化世界' 정신을 확산시킬 대종교의 중흥을 이루어야 할 중대한 과제가 놓여 있다.

역대 정부의 정책에 밀려 미신, 우상으로 인식되는 단군교를 '민족고유의 하나님을 신앙하는 종교'로 알려야 되며 '나 중심에서 해야한다'는 각 종교와 사회의 갈등을 '홍익인간 이화세계' 정신으로 풀어나가며 융화시킬 책임이 있다. 다종교다문화시대에 접어든 우리 나라에서 기왕의 민족자주와 항일독립정신을 계승해 나갈 새로운 정신인 것이다.

그에게는 정통민족종교로서의 위상을 세워야할 막중한 책임도 있다. 반만년 이어졌다가 700년 끊어졌던 단군교의 맥을 이은 대종교로서 민족신앙과 종교 전체를 아우를 수 있는 지도력이 요구된다.

현재 단군을 숭배하는 신앙인은 300만에 이를 것으로 추산하고 있다. 그러나 대종교를 중심으로 한다기보다는 각종 유사단체가 난립돼 있다. 선불교를 비롯해 한얼교, 우주종교, 단군교 등이 모두 단군을 뿌리로 하고 있으며 무속, 산신신앙 등 우리 민족의 고유신앙 역시 단군신앙을 근간으로 하고 있다. 대종교 총본사가 직접 관여하는 곳은 도道본사 4곳, 시교당施敎堂은 100여 곳이 존재하고 있다.

원영진 총전교는 "기독교가 수백 개의 교파가 생겨 하나님의 뜻을 전하듯이 대종교도 여러 종파로 나뉘어 한얼님의 뜻을 전파한다고 보면 된다"고 말했다. 한편으론 '계시받았다'고 주장하는 사람들이 개인적으로 난립하는 것에 대해서도 우려가 크다. "진리로 하나되지 않았기 때문에 진경眞經을 보고 고쳐야 된다"는 신념이다.

그는 삼청공원에 단군상을 설치하려다가 미군정의 반대로, 88서울올림픽 때 남산 1300여 평에 단군신전을 지으려다 개신교 등의 결사반대로 무산된 것에 대한 아쉬움이 크다. 민족종교를 폄하하는 정부정책에 대한 서운함도 있다. 북한이 단군릉을 발굴해 최대성전으로 꾸미고 민족정신을 기리는 것과 비교되기도 한다.

무엇보다 1960년대 대종교에서 무속교화원을 설치, 5000명의 무속인을 교육시켰는데 당시 대종교 내에서 '무당교'에 대한 반론이 컸던 것에 대한 안타까움이 크다. "단군의 경천사상이 뿌리깊었던 우리 민족은 민속신앙뿐 아니라 불교, 기독교의 유입이 세계 어느나라보다 급속히 이루어졌다"며 "5색인종이 한 가족 한 형제라는 대종교의 기본정신을 갖고 다른 신앙도 같이 봤어야 한다"고 강조한다. 대종교의 근본주의가 무속인들을 포용하지 못했다는 것이다.

300만 단군 신앙인과 모든 종교 포용하는 종교로

원영진 총전교는 개신교가 근본주의, 교조주의, 배타주의를 거부하듯이 대종교의 그러한 태도도 단호히 거부하고 있다.

1990년대 한 민족종교 단체가 기독교의 '하느님'이란 명호를 도용해선 안된다는 소송을 제기한 사례가 있다. 현재 이슬람국가인 말레이시아에서 성경에 '알라'의 명칭을 쓰지 못하게 하는 것과 같은 현상이다. 중국에서 'god'를 '상제上帝'라고 한 것에 반해 한국 기독교에서 '하느님'이란 호칭을 쓴 것은 민족자주성의 거부이며, 한민족 역사의 뿌리를 변질시킬 우려가 있다는 것이었다. 우리 고유의 한얼님을 이방의 신神인 여호와, 알라, 브라흐만 등으로 대입代入해 참칭해서는 안된다는 것이다.

그는 이런 상황에 대해 일리가 있다고 평가하면서도 그렇게 중요한 문제로 여기지 않고 있다. "한얼님과 하늘님, 하나님은 같은 분"이란 신념이 더욱 크게 자리잡고 있기 때문이다.

대종교가 300만 단군 신앙인을 포용하기 위해서도 대종교의 근본주의, 교조주의, 배타주의에서 벗어나야 한다는 생각이고, 그것이 대종교의 기본정신이라 확신하고 있다.

2014년 2월 14일(음력 1월 15일)에는 제105주년 중광절重光節을 맞아 서대문구 홍은동에 있는 대종교 총본사 천궁에서 기념식을 봉행했다. 교세와 위상이 낮아진 만큼 천제의식은 화려하지 않았다. 그러나 "대종교는 단군을 교조로 민족고유의 하나님을 신앙하는 종교"로서 '홍익인간 이화세계'의 듯을 펼칠 마음가짐에는 변함이 없었다. 현재 미약하더라도 그 정신이 이어지는 한 창대하게 뻗어나갈 것이라고 원영진 총전교는 믿고 있다. 그가 개신교에서 대종교로 개종하여 수장이 되었듯이 언젠가는 대종교가 말 그대로 으뜸 종교로 자리잡을 것을 굳게 믿고 있는 것이다.

홍암 대종사가 대종교를 창시한 중광절의 의미를 뛰어 넘어 세상 사람들에게 우주탄신을 알리는 개천절(음력 10월 3일)의 의미를 전달할 날을 기약하고 있다. 우주, 종교, 문명, 나라가 열린 최대 · 최고의 축제일이 되어가는 과정에 자신의 소탈하고 적극적인 행보를 바치겠다는 마음이었을 것이다.

단군이 세상에 강림한 지 216년 만에 다시 하늘에 오른 날인 어천절御天節: 음력 3월 15일), 민족의 명절은 가경절嘉慶節: 음력8월 보름날) 등 대종교 경절도 언젠가는 만인이 경배하고 기리는 축제가 될 날이 올 것이란 확신이 자리잡고 있었다.

▲ 삼성사

대종교의 핵심교리와 개천절의 변천... 〈교리의 근간은

三一神 사상〉

대종교의 근본 교리는 성性 · 명命 · 정精의 삼진귀일三眞歸一과 지止 · 조調 · 금禁의 3법이다. 교리의 근간根幹은 삼일신三一神 사상이다. 「신리대전」의 <大倧之理三一而已(대종교의 이치는 셋과 하나일 뿐)>은 곧 <한얼은 한님과 한웅과 한검이시니>의 삼신일체三神一體, 세검 한몸)의 한배검天祖神 교리와 상통하며 한배검은 바로 대종교의 신앙대상이기도 하다.

삼신설 외에도 삼진설三眞設에 기반을 둔 삼철설三夙說과 삼망설三忘設 · 삼도설三途設 · 삼법설三法設 · 삼아설三我設 및 천궁삼부설天宮三府設 등은 모두 이 삼일의 원리三一之理에 바탕을 두고 있다.

구원관救援觀은 인간은 누구나 삼진三眞을 받고 태어나 자라면서 삼망三妄을 받게 되므로, 삼법三法으로써 삼도三途를 닦아 원래의 삼진 상태로 돌아가면 바로 일신一神에 귀일歸一하게 된다는 것이다. 이것이 반망즉진返妄卽眞 · 삼진귀일三眞歸一의 교리이다.

경전은 계시경전啓示經典과 도통경전道通經典으로 나누어진다. 계시경전은 '삼일신고三一神誥', '천부경天符經', '팔리훈八理訓', '신사기' 등으로서 대종교 중광重光 이전에 한배검의 계시에 의해 만들어진 것이고, 도통경전은 '신리대전', '회삼경會三經', '삼법회통三法會通', '신단실기神檀實記' 등으로써, 계시경전을 기본으로 하여 여러 종사宗師들이 교리를 해설 · 주석한 것이다. 대종교의 교리를 살펴보면 유 · 불 · 도교의 외래종교사상을 취사선택해 묶어 놓은 혼합 교리임을 알 수가 있다.

대종교의 구원론은 자력적 방법과 타력적 방법의 두 가지로 인간의 구제를 말하고 있다. 「삼일신고」의 진리훈眞理訓과 「신사기」의 교화기敎

化紀에 의하면 사람과 만물은 모두 삼진三眞을 받고 태어나는데, 세 가지란 성품性과 목숨命과 정기精로서 이것이 사람의 본바탕이다. 그러나 육체를 지니고 삶을 이어나가는 동안에 삼망三妄이 생기게 되는데, 삼망이란 마음心 · 기氣 · 신身을 이른다. 삼진은 삼망에 의하여 흐려져서 욕심이 생기고 병이 나고 죄를 짓게 되어 괴로움에 빠지게 되는데, 스스로의 힘으로 삼망을 억누르고 삼진으로 돌아가는 것이 자력적인 방법다. 반면 어떤 초월적인 힘을 빌려 삼진으로 돌아가려는 것이 타력적인 방법이다.

자력적인 방법은 진과 망이 맞서서 세 길 감感 · 식息 · 촉觸이 만들어지는데 이 때 지감止感하고, 조식調息하며, 금촉禁觸하여 절제하고 금욕주의적 수행을 한다면 망을 돌이켜 진으로 들어가게 되어 성이 트이고 공을 완전하게 한다性通功完는 것이다.

▲ 홍은동 대종교 총본사에 있는 홍은단

개천절 유일하게 참석한 전두환 전 대통령

개천절은 1900년 대종교를 중광하면서부터 경축하기 시작했다. 대한민국 임시정부는 발족 첫 해인 1919년부터 국무원 주최로 음력 10월 3일에 '대황조성탄 급 건국기원절 축하식大皇祖聖誕 及 建國紀元節 祝賀式'을 거행했다.

광복 후인 1948년 정부 수립 후에도 이를 계승해 개천절을 국경일로 정식 제정해 국가적으로 기념하기 시작했으며 1949년부터 양력 10월 3일로 바꾸어 거행하게 됐다. 단기연호 사용도 5.16 혁명정부에 의해 폐지되었고 1962년 1월 1일를 기하여 서력기원을 사용하기 시작했다. 이로써 반만년 역사 가운데 얼마 안되는 독자적 연호를 쓴 짧은 시간은 역사속으로 사라졌으며 개천절의 의미도 희석되어 왔다. 역대 대통령 가운데 개천절 행사에 참석한 것은 전두환 전 대통령이 유일하다.

▲ 지난해 개천절을 앞두고 단기연호 병기사용 법제화 추진위원회 회원이 여의도 국회 앞에서 단군 복장을 착용하고 현재 국회 안전행정위원회에 회부돼 있는 연호에 관한 법률 개정 법률안 통과를 촉구하는 1인 시위를 하고 있는 모습

철학적-天地人, 신학적-神人物 상징

대종교는 한민족의 시조인 단군檀君을 받드는 한국 고유종교다. 상징물로 '천신교기天神教旗·일명 천기)'라는 심볼마크가 있다. 천기의 원방각(○□△) 문양은, 철학적으로 하늘·땅·사람天地人을 나타내고, 신학적으로 신·인간·물질神人物을 상징한다. 천기는 1909년 중광 초기에 청색 원에 흰 글씨로 '신神'자를 도형화한 신자기를 사용했는데, 2대 도사교 무원종사가 흰 바탕에 '원방각 삼극장' 문양의 기를 고안했다고 전해진다. 1926년 만주 영안현 제4차 교의회에서 개정·결의됐으나, 일제의 포교금지령으로 인해 1935년부터 본격 사용했다고 한다.

일제강점기 대종교만큼 항일운동에 투철했던 종교도 드물 것이다. 그럴 것이, 대종교는 일본 제국주의와 싸우기 위해 강력한 민족종교로서 선택됐다고해도 과언이 아니다.

전남 보성 출신의 애국지사 나철羅喆·1863~1916)은 일제의 탄압이 날로 심해지자 이를 항의하고자 3차에 걸쳐 도일했으나, 뜻을 이루지 못하고 귀국한다. 그는 이때 구국운동이 몇 사람의 애국 충정만으로는 이룩될 수 없음을 절실히 깨닫고, 국가기틀을 튼튼히 하고 민족 부흥을 위한 동력 찾기에 부심한다. 나철은 그 원동력이 민족의식을 일깨우는 데 있다고 자각하고 1909년에 동지 오기호 등 10명과 함께 서울 종로구 재동에서 '단군대황조신위檀君大皇祖神位'를 모시고 '단군교 포명서檀君教佈明書'를 공포한다. 몽골 침략 이후 700년간 단절되었던 국조 단군 신앙을 복원하는 순간이었다.

단군교는 이듬해인 1909년 대종교大倧教로 교명이 변경된다. 따라서 대종교 교맥은 단군조선시대의 신교神教로 올라간다. 그 맥은 부여의 대천교代天教, 고구려 경천교敬天教, 신라 숭천교崇天教, 백제 수두蘇塗, 발해 진종교眞倧教로 이어졌고, 고려 때는 왕검교王儉教, 만주에서는 주신교主神教, 다른 곳에서는 신교 또는 천신교로 불렸다. 단군신앙은 역대로 교명을 달리하면서도 교맥이 하나로 계승됐으며, 근세 나철에 의해 대종교로 중광重光·부활)한 것이다.

대종교는 중광초기부터 독립운동 단체로 간주돼 일제의 극심한 핍박을 받았다. 그 와중에도 3·1운동 이후 만주로 들어가는 동포들을 포섭해 항일 구국운동에 앞장섰다. 실례로 1920년 일본군을 크게 무찌른 청산리전투의 주역이었던 북로군정서의 장병 대부분이 대종교인이었다. 1948년에는 한국·만주·노령·중국 본토 등에는 48개의 시교당施敎堂이 존재했다. 대종교인 가운데는 이동녕, 홍범도, 김좌진, 신채호, 박은식, 정인보 등 걸출한 민족운동가와 민족사학자가 많이 배출됐다. 군정당시 민정장관 안재홍, 초대 정부에 참여했던 부통령 이시영, 국무총리 이범석, 문교장관 안호상도 모두 대종교인이다.

대종교의 '대종大倧'은 '천신天神, 하느님)'을 뜻한다. 종단의 구현 목표는 진종대도眞倧大道·한얼 이치의 진리) 곧, '홍익인간弘益人間 이화세계理化世界'다. 대종교는 조화造化·교화敎化·치화治化의 삼신일체 신관을 갖추고 있으며, 경전으로는 '천부경' '삼일신고' '팔리훈' 등 계시경전과 나철 대종사를 비롯해 김교헌, 서일, 윤세복 등 여러 종사들이 해설하거나 주석해 놓은 도통경전이 있다. 대종교는 성性·명命·정精의 삼진귀일三眞歸一과 지감止感·참선)·조식調息·도인)·금촉禁觸·극기수양)의 3법을 근본교리로 삼는다. 따라서 대종교 천기에는 민족의 정통사상과 생명철학이 오롯이 담겨있다 하겠다. 대종교는 광복이후 교단발전이 정지돼 있지만, 종단이 가진 홍익인간·이화세계의 숭고한 뜻은 종교와 민족을 넘어 지구촌 평화 사상으로 날로 주목받고 있다. 재기의 발판을 마련할 날을 기대해 본다.

민족종교

▲ 한양원 민족종교 협의회 회장

▲ 2015 6월 615기념사

▲ 1991 법인설립 첫 이사회

▲ 사진 왼쪽부터 교황 바오로 2세 한양원 회장 김수환 추기경

▲ 2012 로마교황청방문

▲ 1997 3월 한국종교지도자협의회 창립

▲ 2007 민족종교지도자대회

▲ 협의회 창립30주년 축하떡자르기

▲ 협의회 창립30주년 감사패

▲ 30주년기념 만세삼창

▲ 19회 종교문화축제

민족종교

한양원 회장

한양원(오른쪽)_한국민족종교협의회 회장

모든 종교에는 도道가 있습니다.

이제는 사랑을 파는 종교에서 사랑을 나누어 주는

종교가 되어야 합니다

동방의 등불

▲ 라빈드라나트 타고르(Rabindranath Tagore 1861.5.7.-1941.8.7.)시인

일찍이 아시아의 황금 시기에
빛나던 등불의 하나였던 코리아
그 등불 다시 한 번 켜지는 날에
너는 동방의 밝은 빛이 되리라 .

마음에는 두려움이 없고
머리는 높이 쳐들린 곳.
자식은 자유스럽고
좁다란 담벽으로 세계가 조각조각 갈라지지 않는 곳 .

진실의 깊은 곳에서 말씀이 솟아나는 곳.
끊임없는 노력이 완성을 향하여 팔을 벌리는 곳

지성의 맑은 흐름이
굳어진 습관의 모래벌판에 길 잃지 않는 곳 .

무한히 퍼져 나가는 생각과 행동으로
우리들의 마음이 인도되는 곳

그러한 자유의 천국으로
내 마음의 조국 코리아여 깨어나소서

한국민족종교협의회 한양원 회장은 3시간 가량 이어진 대담 동안 9순의 나이임에도 불구하고 검버섯이 없는 맑은 혈색으로 기운차고 논리정연하게 대화를 이끌어나갔다. 장수비결을 묻자 필자에게 한 회장은 '과로過勞 · 과민過敏 · 과식過食을 피하며 아침마다 도인체조를 하는 것이 비결'이라고 했다. 하지만, 그의 종교적 수양과 열정적 활동이야말로 심신의 건강을 지켜주고 있다는 느낌을 받았다.

▲ 한양원 회장

한 회장은 흩어진 민족종교들의 협의체를 1985년 창립해 30년 이끌어왔을 뿐만 아니라 한국종교인협의회(KCRP), 한국종교지도자협의회 등을 통해 종교간 화합을 위해 힘쓰고 있다. 비록 민족종교의 교세가 약하지만 그의 흰 수염에 갓을 쓴 두루마기 차림은 국내 민족 종교계의 상징처럼 보인다. 스스로의 마음자세를 다스리는 방편으로 갖춘 의관에서 한 회장의 기개가 엿보이기 때문일 것이다.

내 종교보다 타 종교 이해와 화합이 중요

한 회장은 지금도 청학동에서 의관을 갖추고 「사서삼경四書三經」을 낭독하며 사는 갱정유도회更正儒道會의 도정道正 · 최고지도자)이기도 하다. 갱정유도회는 1945년 도조道祖 3교 강대성이 유불선儒佛仙을 아우르며 예를 되찾기 위해 세웠다.

그러나 한 회장은 민족종교협의회가 창립되고 나서 30년 동안 기자들과 갱정유도회에 관해선 한마디도 안했다고 한다. 협의회 회장으로서 자신의 종교를 포교한다는 오해의 소지도 있지만 모든 교리가 '지상낙원, 인류평화와 상생'를 지향하는 것이며, 그에 대한 공감대가 우선한다는 철학 때문이었다.

한 회장은 종교의 기본정신인 인류행복을 위해선 자기 교리만 내세우면 안된다는 소신을 갖고 있다. 또한 비판도 삼가해 왔다. 이야기가 진행되다보니 은연중 '외래종교는 전도와 교세확장이 우선이며 겨레사랑은 두 번째'라는 속마음을 드러냈지만, 곧 '오프 더 레코드(off the record: 비공개를 전재로 발설)'를 요구했다. 자신의 종교적 신념은 갖되 '다름의 아름다움'을 인정하는 태도를 견지하고 싶었기 때문일 것이다.

그러면서 공자와 노자의 일화를 들려주었다.

공자와 노자의 제자들은 서로 자기 선생만 옳다며 서로 비판했다. 이에 두 분을 모셔 놓고 승부를 가리는 자리를 마련했다. 공자의 제자들은 '노자가 깨질 것'이라 장담했고 노자의 제자들은 '공자가 박터질 것'이라 호언했다.

그러나 두분이 함께한 자리에선 온종일 웃음소리가 떠나지 않았다. 제자들이 이상하게 여겨 자리가 파한 뒤 스승에게 물었다.

공자가 대답했다. "도를 닦으려고 주유천하했는데 노자처럼 도를 가진 사람은 없었다." 노자는 "천하의 대성大成을 봤다"고 칭찬했다.

종교간 대화는 이렇게 이루어진다는 것이 「사서삼경」과 「주역」을 배워 도를 닦은 한 회장의 생각이다.

겨레얼 살려 통일과 상생의 평화시대 열어야

한 회장의 직함은 많지만 그가 지니고 있는 명함은 한국민족종교협회장, 갱정유도회 도정이 새겨진 것이 아니라 '겨레얼살리기 국민운동본부'의 것이다. 이 단체는 2004년 "평화운동으로 우리 겨레의 유구한 정신문화를 계승 · 발전시키며 인류평화 증진에 이바지한다"는 취지로 창립됐다. 우리 민족이 일제 36년, 해방 후 60 여년 등 100년 동안 외래문물의 홍수 속에 겨레얼이 다 죽어 없어지고 남의 정신으로 살아가고 있는 것이 안타까워 팔순의 나이에 창립했다는 것이다.

지난 6월에는 윷문화를 주제로 한 최초의 본격적인 학술세미나를 주최했는데 이 역시 겨레얼 되살리기의 일환이다. 우리 겨레의 생활사에 있어 세계에 자랑할 수 있는 3대 발명이 있다. 주택에는 온돌, 음식에는 김치, 놀이에는 윷이라는 것. 윷을 유네스코 세계문화유산에 등재시키는 운동도 전개해 겨레얼을 고취시킬 계획이다.

그밖에도 한 회장은 각급 학교 · 단체 등을 대상으로 겨레얼 살리기를 위한 전국 순회강연과 해외강연을 지속해 왔다. "우리는 평화민족으로서 상극相克의 시대를 물리치고 상생相生의 평화세계를 건설해야 할 책무가 있으며 통일도 겨레얼로 해야 한다"는 게 강연의 요지이다.

한 회장의 이러한 지론은 청년시절부터 이어져 왔다.

박정희 대통령 시절인 1965년 현충일에 갱정유도회원 500명을 서울로 불러 올려 '원미소용遠美蘇慂 화남북민和南北民'이라는 전단지를 뿌리며 시위하다 반공법 위반으로 구금됐었다. '미국 · 소련의 꾀임을 멀리하고 남북민이 화합하자'는 내용인데 민족도의民族道義로서 통일독립統

▲ 민족종교협의회 이사회

一獨立을 해야한다는 주장이 담겨 있다.

관계기관에 연행된 그는 '미국을 멀리 하고 소련을 활용하자'는 내용이라며 올가미가 씌여 92일간 구금생활을 해야했다. 그러나 김팔봉 · 박종홍 · 유달영 선생 등의 권면으로 풀려났고 석방 뒤 박 대통령의 저녁초대를 받기도 했다고 한다. 학교에 다닐 때 쑥죽을 싼 도시락을 메고 30리 길을 가서 도시락을 열어보면 쑥건더기와 밥알 몇알밖에 없었는데 이를 지켜본 선생님이 몇 년동안 도시락을 싸줘 공부했다며 그 때 "우리나라가 어떻게든 보릿고개를 넘어야 한다는 각오를 했다"는 것이다. 사범학교를 나온 자신이 '원미소용 화남북민'의 뜻을 모를 리 없었으나 갓 쓰고 두루마기 걸친 선비를 과감히 구금함으로써 구태를 탈피해 보자는 의도였다는 말도 했다.

50년 세월이 2013년 3월 그는 한국종교지도자협의회 공동의장 7명의 한 사람으로 청와대의 오찬해 초정돼 박근혜 대통령에게 이러한 일화를 들려주자 박 대통령 역시 감회에 젖었다고 한다.

한 회장은 지난 5월 이웃종교 체험의 일환으로 러시아 정교회를 방문했다. 고려인이 운영하는 한민족학교를 방문하는 동시에 러시아 종교지도자들에게 "한민족을 미국과 소련이 갈라 놓았다. 그러나 이제와서 시치미를 떼고 있으니 정치인들에게 '결자해지'를 하라고 하라"는 충고를 했다고 한다.

손양원 목사 등 사랑을 나눠준 진정한 종교인들

한 회장은 많은 비화를 들려 주면서 처음 공개하는 내용임을 강조했다. 타 종교와 인물 평가에 대해선 조심스러운 가운데 허심탄회한 자리의 분위기를 깨고 싶지 않았기 때문이었을 것이다.

이를테면 민족종교에 관해 논하면서 '과연 통일교(세계평화통일가정연합)도 민족종교에 들어가느냐?'는 질문에 '민족적 기독교'라고 분명히 말하면서 그에 얽힌 일화는 남겨진 이야기로 묻어 두자고 요청했다. 다만 통일교가 창교創敎하기 이전인 세계기독교통일신령협회 때 문선명 총재와 그의 제자 유효원 씨가 한 회장의 강의를 듣고 주역의 음양원리와 기독교 성경을 조화시켜 핵심교리서 「원리강론」을 저술했다는 것은 스스럼없이 이야기했다.

또한 문선명 총재의 장례식 때에도 경기도 가평의 천정궁에 1조 원이 넘게 들었다는 자랑스런 이야기를 듣고, "그 돈을 빈민을 구제하는데 쓰고 자신은 검소하게 거처했으면 얼마나 칭송을 받았겠느냐"는 말을 해 주었다는 말도 털어 놓았다.

종교계의 산 증인으로서 한 회장이 쏟아내는 비화는 무궁무진했다. 일제시대 민족종교와 교주에 얽힌 이야기에서부터 그가 비서로 일했던 유교의 수장, 심산 김창숙 선생에 관한 이야기며, 그가 접한 한국의 종교와 정치계를 이끌던 지도자에 대한 평가 등이 흥미진진했다.

그는 종교인 가운데 귀감으로 꼽는 인물 가운데 하나는 손양원 목사였다. 손 목사는 1940년 신사참배를 거부하다 여수경찰서에 구금되었다. 한센병 환자들을 위한 요양소였던 여수 애양원에 설치된 애양원교회에서 구호활동과 봉사활동을 펼치고, 한국전쟁 때 북한군에 의하여 총살된 인물로 '진짜 사랑을 베푼 진짜 목사'라는 평가였다. 오늘날 '사랑을 파는 종교'가 아닌 '사랑을 나누는 종교'를 몸소 실천했기 때문이다.

새문안교회의 강신명 목사에 대해서는 설교에서 기독교를 초월해 사서삼경과 불경을 인용해 진리를 깨우쳐 주었다는 평가를 했다.

불교계에서는 효봉, 경봉스님에서 도를 느꼈으며 유교에서는 심산 김창숙 선생에게서 선비의 참정신을 배웠다. 천주교의 노기남 대주교, 김수환 추기경에게선 항상 힘없는 사람들의 편에 선 사랑을 보았다고 했다.

참정치인의 귀감으로는 셋집에 살았던 변영태 전 국무총리, 노동운동가였던 전진한 초대 보사부장관, 일제 강점기의 언론인이자 독립운동가였던 김준연 초대 국회의원을 꼽았다. 현대사의 살아있는 증인이자 전설적 도인으로 다가왔다.

한 회장과 세시간 동안 진행한 인터뷰 내용은 책 한권으로도 부족하다. 또한 일일이 밝힐 수 없는 비화도 많다. 또한 타종교와 사람에 대한 비판을 삼간다는 소신을 지키켜야 했다.

그는 서울 중랑구 면목동 서일대大 앞 사거리에 있는 사무실 옆 시골

보리밥집으로 안내하기 전에 인터뷰 질문에 대한 답을 꼼꼼하면서도 완곡하게 정리해 주었다.

'종교 · 정치지도자에 들려주고 싶은 말씀을 묻는 질문에 대한 답변으로 "옛 성인의 말씀에 선善이나 참은 아무리 적어도 취하고, 악이나 거짓은 아무리 커도 버리라는 말씀대로 진실한 마음으로 진실한 미래를 가꾸는데 매진하시기를 다짐하시라"고 했다.

5년째 발행하고 있는 범종교신문의 자매지로 7월 창간된 매일종교신문에는 "남이 버린 곳에서 찾을 것이 있고, 남이 지난 곳에서 얻을 것이 있다는 진리대로 남이 버린 어둡고 허약한 곳을 밝혀주는 등불이 되어 주길 바란다."고 당부했다.

한국민족종교협의회의 창립과 그에 얽힌 비화
– 단군전 건설에 대한 기독교 반대에 대응

한국민족종교협의회는 1991년 12월 18일 창립된 문화체육관광부 소속의 사단법인이다. 민족종교 상호간의 화합과 유대를 증진시키며, 민족종교의 근본이념을 바탕으로 올바른 가치관을 제시하고, 문족문화의 창달과 민족정신의 선양을 목적으로 한다. 주요사업으로는 ▶회원교단 상호간의 유대와 이해증진 및 발전 ▶민족주체사상의 확립과 도덕사회 구현 ▶민족종교 사상의 학술연구 ▶사회복지 및 구호사업 등이 있다.

다음은 한 회장이 밝히는 한국민족종교협의회의 창립비화이다.

1980년대 염보현 서울시장이 당시 24억을 주겠으니 안호상 박사를 중심하여 민족단체들이 모여서 사직공원에 개국시조를 모실 단군전을 세우라고 하여 준비할 때 개신교 유호준 목사를 비롯해 많은 목사들이 결사반대하여 무산되었던 일이 있었다. 이에 대항하여 민족종교 10여 종단들이 친목단체를 구성하여 5년간 지속하다가 1985년 협의회로 발족한 것이다.

과거 해방 직후 유동열 장군이 민족종교 대표들을 모아 통정원을 운영하다가 6.25 전쟁 때 유 장군이 납북되면서 해체된 바 있다. 5.16직후 박정희 대통령이 천도교인인 부산노조 이찬영 씨에게 지시하여 민족종교를 모두 모아 단일운영단체 하나를 구성하라고 해 그때 민족종교의 거두들이 몇 차례 모였었다.

이때 이찬영 씨는 동학회로 하자고 하였으나 주로 전라도에 있는 대표들은 갑오동학농민혁명으로 전라도에서는 너무 많은 사람들이 희생을 당해서 동학하면 거부감이 남아있다하여 민족신앙총연맹으로 창립하여 2~3년간 운영했다. 그러나 이찬영 씨가 동도교로 개칭하면서 해산되고 말았다. 결국 민족종교 친목회가 통정원, 민족신앙총연맹 등으로 두 번이나 실패했으나 세 번째로 민족종교협의회를 창립하여 어언 30년이 된 것이다.

겨레얼살리기운동본부의 설립동기
– 우리 역사, 우리 문화, 우리 이념을 우뚝 세운다

2003년 5월 겨레얼지키기 국민운동본부로 출범해 2004년 겨레얼살리기 운동본부로 개칭해 2005년 6월 사단법인으로 설립했다. 상생사상과 평화운동으로 우리 겨레의 유구한 정신문화를 계승 · 발전시키며, 인류평화 증진에 이바지 한다는 취지를 갖고 탄생했다.

다음은 한 회장이 밝히는 겨레얼살리기운동본부의 설립동기이다.

▲ 1965년 6월 6일 갱정유도 도인 500여 명이 서울 남대문 근처에서 민족통일을 촉구하며 거리행진을 했던 역사의 현장. 정범태 사진. 갱정유도 제공

우리나라는 동방의 예의 바른 군자들이 사는 나라요, 또 976번이나 외침을 당하면서도 단 한번도 고의적으로 남의 나라를 침략해보지 않고 오직 평화적으로 해결하려 노력해온 평화민족이다. 그리고 유구한 역사, 찬란한 문화, 위대한 건국이념이 있다.

현 국가의 형세는 우리역사, 우리문화, 우리이념이 우뚝 서 있어야할 자리에 온통 외래역사, 외래문화, 외래이념이 자리를 차지하고 있다. 우리국민 특히 장래 이 나라의 주인이 될 청소년들이 우리의 것이 어떤 것인지 분별을 못하고 있다. 이대로 통일이 되면 꼼짝없이 제2의 식민지국가로 전락하고 말겠구나 하는 위험을 느끼고 이 겨레얼을 살려야 되겠구나해서 시작한 지 벌써 10년이 되었다.

나라가 이렇게 된 것은 일제가 우리 강토를 강점하여 우리말과 글을 못배우고 못쓰게 하여 성명마저 못쓰게 하면서 완전히 일본화시켰다. 이

무렵 미국이 일본 땅에 원자폭탄으로 일본천황을 항복시킴으로서 우리는 어부지리로 해방을 맞이했다. 일본총독부가 물러간 자리에 바로 미군정이 들어서서 소련과 결탁하여 냉전이라는 미명하에 죄없는 우리 땅을 갈라놓고, 불쌍한 우리민족을 갈기갈기 찢어 놓았다. 이제라도 우리민족이 우리 정신을 우리가 찾고 우리의 힘을 우리 스스로 모아 통일을 이루어야 한다.

그러려면 이제 빼앗긴 역사 · 문화 · 이념 · 우리 얼을 하루속히 찾아야 한다.

일문일답 전문

- 종교평화에 대한 철학과 종교의 역할, 방향을 말씀해주십시오. 한국 종교계의 화합을 위해선 보수, 진보로 나뉘어 갈등을 보이고 있는 개신교계의 화합이 우선되어야 한다는 주장이 제기되고 있습니다. 종교화합의 최대 걸림돌이 개신교라는 겁니다. 민족종교를 보는 개신교계의 시각을 어떻게 평가하십니까?

남의 종교를 평가한다는 것은 종교인의 한사람으로서 어려운 일인데 상호조언을 한다면, 예수님이 가르치신 사랑으로 회귀하는 일입니다. 사랑은 먼저 주는 것이지 먼저 받는 것이 아닙니다. 우주원리는 먼저 주고 뒤에 받도록 되어 있습니다. 그런데 오늘날 이 원리를 어기고 사랑을 강조하면서도 먼저 받으려고만 하고 먼저 주려고 하지 않기 때문에 사랑이 단절되고 온갖 병폐가 생기는 것이죠.

- 민족종교를 탄압하기 위해 일제 강점기에 씌운 민족종교에 대한 폄하가 해방 이후에도 '유사종교', '사이비종교'라는 낙인으로 작용하고 있습니다. 현재에도 이런 영향을 받은 기성 종교들에 의해 그런 평가가 없지 않습니다. 이에 대

한 민족종교의 대응자세는 어떠해야 합니까?

일제가 36년간 우리나라를 통치하면서 외래종교인 개신교, 불교, 유교, 천주교 이 4개종교만 종교라 하고 우리나라에서 자생한 민족종교를 모두 '사교'라 하였습니다. 그 이유는 3.1운동과 임시정부를 주도했을 뿐만 아니라, 만주 땅에 11개 학교를 건립하였으며, 많은 독립자금을 임시정부에 보냈기 때문입니다. 해방 후에도 일제에 참여했던 관료들과 학자들이 계속 활동하며 선두에서 역시 우리 민족종교를 사교시 하였습니다. 옛 말씀에 잘난 사람은 '악惡7선善3', 못난 사람은 '선7악3'이라 했는데, 민족종교는 모든 면에서 기성종교보다 부족함이 많고 세력도 부족합니다. 종교의 본질대로 하느님의 가르침대로만 가면 이것이 진실한 종교인의 본분이라고 생각합니다.

- 현재 민족종교의 종단은 200여개에 달한다고 합니다. 민족종교협의회 안에는 10여개 이사 종단이 활동하고 있는데 아직 민족종교의 위상이 높지 않은 상황에서 한 회장님의 지도력이 큰 역할을 하고 있다는 견해가 많습니다.

민족종교의 위상이나 내가 하고 있는 역할 같은 것을 계산하기 이전에 현재 우리사회의 각 분야가 본질대로 가지 못하고 이탈해 혼돈과 혼란에 빠져 헤매고 있는 상황입니다. 이러한 때에 어떻게 하면 우리 민족종교만이라도, 또 나혼자만이라도 우주원리의 순환과정에 왔다가 가는 순간에 우주원리대로 수행할 것인가에만 몰입하고 있습니다. 민족종교인 모두가 우주원리를 교화하신 교조님의 가르침대로, 순리대로 가자는 생각 이외에는 없습니다.

- 민족종교의 공통점은 후천선경後天仙境의 건설에 있고, 우리 민족이 그 주역主役을 담당하고 한반도가 그 중심에 서게 된다는 것입니다. 이러한 사상이 타 종교의 이념과 배치되는 면은 없을까요?

순환무단循環無斷한 우주원리는 서양의 숙살지운肅殺之運 때문에 세계가 상극과 전쟁, 황금만능으로 혼돈에 빠졌습니다. 세상 만사는 운運이 아님이 없다고 합니다. 그 운이 서양에서 춘생하장春生夏長하는 동양으로, 동양에서도 한반도로 돌아와 상생과 평화 도덕문명으로 한반도가 세계의 중심이 되어 이끌고 가게 됩니다. 우주원리가 그러하거늘 어찌 다른 종교들이라고 해서 인위적으로 천리天理를 거역할 수 있겠습니까? 오직 인간은 천리를 따를 수밖에 없는 일이지요. 한 회장의 '문명의 이동사관'은 이어졌다.

"다만 격암 남사고 선생은 500년 전에 '만국인이 우리 마당에 와서 벌거숭이로 춤을 추면 천하대운이 우리나라로 온다'고 했습니다. 올림픽이 열린 1988년 무진년을 원년으로 볼 수 있습니다. 4320년 전 무진년은 단군께서 이 나라를 연 개국의 해였습니다. 동의보감에도 나타나지만 하루는 24시간, 1년은 365일이듯이 천지도수는 4320년마다 변화가 옵니다."

한 회장은 "남사고 선생이 남긴 「격암유록」에선 중국은 50개국으로 나뉘고, 일본은 물속으로 가라앉는다고 예언돼 있습니다. 한국은 1천 번의 외침을 받고도 남을 침략하지 않은 나라입니다. 하늘이 그런 나라에 상생 평화시대의 대임을 맡긴다는 것입니다."

- 통일교 「원리강론」에는 음양이론이 들어있는데, 한때 통일교에서 주역강의를 하셨습니다. 그런 의미에서 통일교 역시 기독교라기보다는 기독교 교리를 융합한 민족종교라 보면 어떤지요. 저희 신문에선 통일교나 원불교를 민족종교로 분류하고 있습니다.

통일교가 창교하기 이전인 세계기독교통일신령협회 때 돌아가신 문교주님과 그의 제자 유효원 씨와 오랜 기간 주역에 대한 논지답지가 있었습니다. 그 후에 주역의 음양원리와 기독교 성경을 조화시켜 원리강론을 저술한 일이 있지요. 그래서 그 뒤에 통일교는 민족적 기독교라고 일부에서 말하곤 했지요. 그리고 어떤 종교라도 교주가 우리 민족이고 교리가 우주원리에 입각하고 미래가 우주진리 그대로라면 민족종교로 간주되어야 합니다.

- 1965년 현충일에 '원미소용, 화남북민遠美蘇遡, 和南北民'이란 전단지를 뿌려 옥고를 치르신 적이 있는데 이에 대한 소신은 여전히 갖고 계시는지요? 그리고 남북평화통일과 국가 비전에 대해 말씀해 주십시오.

1965년 6월 6일 현충일에 전국에서 갓을 쓰고 도포를 입은 갱정유도회 도인 500여명이 서울에 모여 미국과 '소련의 종용을 물리치고 遠美蘇遡 남북민이 화합하자和南北民, 민족도의民族道義라야 통일독립統一獨立 된다'는 전단 30만 매를 시경 뒤편 청구인쇄소에서 인쇄했습니다. 당시 9개구에 500명이 분산하여 시민들에게 나눠주는데 박정희 대통령이 국립묘지 행사에 다녀오시면서 도포를 입고 갓을 쓴 사람들이 길가에서 오가는 사람들에게 무슨 삐라를 전한 것을 보았습니다. 청와대로 돌아와서 길가에 나가 무슨 전단인지 가져오라 하시고 주모자를 데려오라 하시니 그때 주동자로 나를 청와대로 끌고가서 따라갔지요.

박전대통령이 계시고 청와대관계자들 몇 분이 있는 데에서 전단을 읽어보라고 해서 "원미소용 화남북민"–'미국과 소련의 종용을 멀리하고 남북민이 화합하자'고 읽으니 대통령은 "뭐라고? 미국은 멀리하고 소련에는 종용당해주자는 말이냐"고 하시면서 끌고 가라고 하시어 구속되었습니다. 92일 만에 김팔봉, 안호상, 조경한, 유달영, 함석헌 선생들이 나서주셔서 석방되었지요. 석방 된 지 15일 만에 다시 청와대로 오라는 연락이 있어서 갔더니 그때에는 대통령이 현관에 나오셔서 "어서 오시오"하며 악수를 청하시면서 "안으로 갑시다" 하시기에 따라 들어가니 밥상을 차려놓고 식사를 권하셨습니다. 그 자리에서 "내가 오해하였으니 이해하시고 앞으로 힘을 합하여 국가를 발전시키자"라고 하시며 따뜻한 말과 정을 주신 것이 지금도 생생합니다.

▲ 한양원 회장

그리고 그 당시 외쳤던 소신은 지금도 변함이 없습니다. 지금도 북한 사람들을 만날 때면 언제 우리 민족이 나라를 갈라놓고 민족을 찢어왔는가? 강대국들이 냉전이란 말로 강토를 갈라놓고 민족을 갈기갈기 찢어놨으니 하루속히 정신 차리고 유구한 우리역사, 찬란한 우리문화, 위대한 우리건국이념, 이 아름다운 민족도의를 앞세우고, 통일은 우리민족의 통일이지 강대국들의 통일이 아니니 하루속히 민족의 원수가 아니고 같은 형제, 오직 한민족으로서 통일을 이루어야 한다고 강조합니다.

– 지난 6월엔 민족종교협의회 주최로 윷문화주제 세미나를 개최하셨습니다. '윷엔 고대 천문학과 우주관이 담겨있다'고 하셨는데, 겨레얼 살리기 차원에서 윷의 의미를 듣고 싶습니다.

윷 속에는 오행의 우주원리가 들어있고, 하늘의 운행도수와 역법이 들어 있습니다. 동방의 작은 나라 '코리아'에서 전해진 윷판과 윷가락을 보고 외국사람 컬린은 '인류 놀이의 원형'이라고 주장했습니다. 그의 한마디 말은 우리에게 깊은 반성을 하게 해주면서 공감과 영감을 줍니다. 도대체 우리는 윷에 대해 무엇을 했었나요? 조선시대는 아이나 부녀자들의 놀이로 무시하지 않았던가요? 바둑이나 장기는 즐겨 두면서, 윷이 지닌 오랜 역사나 깊은 의미에 대해 관심을 가져본 적이 없었던 것입니다.

그러나 우리의 선각자들은 100여년 전부터 윷에 대해 그 깊은 의미를 탐구해서 민족을 구원할 도리를 윷판에서 찾았습니다. 민족종교의 교리를 보면, 그 속에는 당시 고난에 허덕이던 우리 민족의 앞길을 여는 이치를 밝혀놓고 있습니다.

오늘날 사라져가는 윷문화를 복원하는 일이 겨레얼을 되찾는 일입니다. 윷의 세계화를 하기에 앞서 우리가 먼저 할일이 너무도 많습니다. 앞으로 갈 길이 멉니다만, 이제부터 한걸음 한걸음 윷문화의 계승과 보급을 위해 힘써야할 것입니다. 이것을 밑걸음으로 삼아 유네스코(UNESCO: 국제연합교육과학문화기구) 세계문화유산 등재운동도 전개할 계획입니다.

- 주역의 대가로서 역대 대통령을 다 만나보셨고 많은 종교계 지도자들과도 교류하셨는데 이분들에 대한 나름대로 평가와 들려주고 싶으신 일화를 말씀해 주십시오.

물론 초대 이승만 대통령부터 역대 대통령들 모두 만나고 모시고 살아왔지만 다 장단점이 있습니다.

짧은시간에 다 말할 순 없고 명색이 종교인으로서 우선 불교계 효봉 스님, 경봉 스님을 높이 사게 됩니다. 여러차례 모시고 배울 때 마음을 다 비우고 하시는 설법과 실행 그리고 크신 학덕은 지금도 생각하면 '그것이 도道였구나'라고 느끼게 됩니다.

기독교계에는 여수 소록도에서 나환자들과 같이 먹고 자고 생활하다가 결국 나환자가 되어 돌아가신 손양원 목사를 잊을 수 없습니다. 몇 번 뵙는 가운데 그분이 아무 말씀을 안하셔도 그 행동에서 자연히 '아, 저것이 사랑이로구나'하는 생각이 들었습니다. 새문안교회 강신명 목사의 설교를 들으면서 '저분이 정말 기독교 목사가 맞는가?' 할 정도로 모든 종교를 초월해 말씀하셔서 감명받았습니다. 기독교 성경 뿐 아니라 사서삼경, 불교서적에서 박문박식일 뿐 아니라 각 경전을 모두 인용해 설교를 하시는 모습을 보며 '아, 저것이 진리구나'라고 감탄하던 것이 지금도 생생히 떠오릅니다.

그리고 천주교에 노기남 대주교, 김수환 추기경이 항상 힘없는 사람들 편에 서서 힘이 되어주고 대변해주신 것을 보고 '아, 저게 사랑이로구나' 하는 생각을 했습니다. 또 유교에선 김창숙 선생을 꼽습니다. 독립운동하시다가 15년 옥고를 치루시면서 한쪽 다리가 썩어서 상실하고도 불의를 보면 파사현정의 정신으로 앞장서신 것을 보면 '아 선비의 참정신이 저것이로구나' 하고 생각이 듭니다.

그 밖에도 훌륭한 종교지도자가 많지만 시간관계상 생략하고 독립운동가 한분을 소개하고자 합니다. 백강 조경한 선생의 비화가 많지만 한 예만 들겠습니다.

제가 이 분을 30여 년간 가까이 모셨는데, 하루는 저희 집으로 전화를 하시면서 자동차 한 대를 빌려오면 좋겠다는 부탁을 받고 그 때 막 출시된 포니차를 친지 한사람에게 부탁해 함께 끌고 간 적이 있습니다.

중곡동에 있던 선생님댁으로 가보니 방범대원이 마루에 앉아 있었는데 그 차를 4인이 동승해 안성의 시골마을 외딴 집에 도착했습니다. 방 한칸에 부엌 한칸집인데 방 앞에는 마루도 없고 부엌문에 가마니를 걸어놓은 아주 초라한 집이었습니다. 사람은 하나도 없으니 같이 간 방범대원에게 마침 늦은 가을이라서 앞집에 가서 볏짐 한 단만 얻어오라고 해서 방 앞 흙마당에 깔고 앉았습니다.

이 때가 늦은 가을 오후 5시경이 되었는데, 선생님 눈에 눈물이 돌면서 하시는 말씀이 "이 집이 나의 둘째 자식놈 집이네"하는 것이었습니다. 당신이 임시정부에 가서 일을 할 때 국내 있는 가족들을 일제가 잡아다가 두들겨 패서 정신병자가 됐는데, 이놈이 돌아다니면서 민폐를 끼친다기에 데리고 가서 정신병원에 넣어두려고 데리러 왔다고 하셨습니다.

날이 어두워지니까 그 아들은 집에 왔고, 들어오자마자 차에 태우고 중곡동 정신병원에 입원시키고 하신 말씀이 "나라를 위한다는 것이 결과가 이렇다"고 하셨습니다. 그 때 '애국이 바로 이러한 것이구나' 하고 느꼈습니다.

정치 쪽에 위대한 세 분만 말씀드린다면 자유당 때 고려대 교수를 하시다가 국무총리를 지내신 변영태 선생입니다. 영어를 배우지 않고도 논어를 영역하였으니, 가서 책을 보려고 북아현동 세집에 살고계신 곳을 찾아 갔습니다. 그때 친구와 같이 갔는데 '아무 동지에게 준다'는 사인을 하시려고 연필을 깎으시는데 연필대를 내리 깎으시는 것이 아니고 끝에서부터 위로 비켜 올려시는 것이었습니다. 이에 "제가 깎아드리겠습니다" 하니, "이 연필은 다른 사람은 못 깎고 나만이 깎는 연필이야. 이 속의 흑연이 수입이야. 수입해 온 이 흑연을 반 이상 깎아버릴 수 없지 않은가? 글씨는 내 뜻을 전달하면 돼" 하시는 말씀을 듣고 애국이 바로 이런 작은 것부터 시작하는 것이란 것을 배웠습니다.

우리나라 초대 보사부장관이셨던 전진한 선생은 노동운동가이신데 이분을 존경하고 따라다니면서 보면, 일류 신사이시면서 당신이 입은 양복이 몸에 딱 조일 뿐 아니라 소매는 팔만 들어가고 바지는 홀대바지여서 품위가 없었습니다. "선생님, 옷을 좀 품위가 있게 하시면 어떠실까요?"하면, "이 사람들아, 이 양복기지가 다 수입품인데, 이를 간소화하면 국민 두 사람이 입는다"는 말씀을 들으면서 '아, 이것이 애국이로구나'고 생각했습니다.

우리나라 국회에서 제일 학벌이 좋다고 하시던 낭산 김준연 선생이 고향 영암에서 출마하셨는데, 이때 선거사무장이 제 선배로서 선거운동을 도와달라고 하시기에 가서 도와드린 적이 있습니다. 그때 초등학교 교정에서 합동유세를 마치고 나오시는데 학생들 100여명이 선생님에게로 몰려와 에워싸면서 선생님에게 "학교 정문 앞에 다리 보이지요.저 다리가 목木다리로서 비만 오면 떠내려가고 그러면 학교를 못 옵니다. 그러니 선생님 회灰다리 하나 놔 주세요" 하는 것이었습니다. 선생님은 "그래라" 하지 않고 "아가들아, 저 다리는 면장님이나 군수님이 놓는 것이지 국회의원이 놓은 것이 아니니 너희 부형들이 면장님이나 군수님을 찾아가서 얘기하라"하고 사무실로 돌아오셨습니다.

우리 선거원들은 아이들에게 '그래라' 한 말씀만 했으면 200표는 얻는데 표를 쫓고 어떻게 당선되겠느냐고 원망을 하였습니다. 이에 선생님은 "한 사람 당선이 중요한가? 장차 이 나라를 책임지고 나갈 저 애들이 바르게 배우는 것에 중요한가? 저 아이들을 바로 가르쳐야 나라의 장래가 희망이 있는 것 아니냐?"는 말씀에 또 한번 애국의 진리를 배웠습니다.

- 이 시대의 종교지도자, 정치인들에게 들려주고 싶은 말씀이 있다면 어떤 내용일까요.

모든 분야의 지도자나 정치인에게 굳이 한 말씀 드린다면 옛 성인의 말씀에 선善이나 참은 아무리 적어도 취하고, 악이나 거짓은 아무리 커도 버리라는 말씀이 있습니다. 진실한 마음으로 진실한 미래를 가꾸는데 매진하시기를 다짐 하자는 것입니다.

- 끝으로 각 종교의 진정성을 두루 살펴 보고 이해함으로써 각 종교와 사회의 화평과 상생, 조화를 이룬다는 취지를 갖고 있는 범종교신문에 바라는 말씀을 듣고 싶습니다.

아무쪼록 바라옵건대 남이 버린 곳에서 찾을 것이 있고, 남이 지난 곳에서 얻을 것이 있다는 진리대로 남이 버린 어둡고 허약한 곳을 밝혀주는 등불이 되어 주시기를 간절히 바랍니다.

'변화만이 恒久하다'는 세상이치 일깨워

한국민족종교협의회 회원교단 중에 갱정유도更定儒道가 있다. 도포와 갓이 트레이드마크인 한양원 회장이 바로 갱정유도 대표인 도정道正이다. 유명한 지리산 청학동 마을도 갱정유도에 기반하고 있다. 갱정유도 도원道員들은 언제나 우리의 전통 의관인 도포와 갓을 착용하고 나들이를 한다. 서양문물의 유입으로 우리 의관이 완전히 멸실되는가 했는데, 이들 갱정유도 도원들에 의해 맥이 이어지고 있다. 이들은 외국에 나가서도 의관을 통해 저절로 한국문화를 알리고 있다.

갱정유도는 전북 남원시 도통동 303번지에 본부가 있으며, 신도는 5만명을 추산한다. 도원들은 현대식 교육을 받으면서도 자체 서당에서 한문을 공부한다. 현재 남원 본부를 비롯해 순천, 논산 등 전국 30여 곳에서 수백명의 학생이 한문공부에 열중하고 있다. 한문공부를 잘하면 예의범절禮儀凡節에 민감하므로 범법행위를 피할 수 있다고 한다.

한국사회는 19세기 후반 유교적 지배질서가 무너지면서 새로운 사상을 목마르게 찾고 있었다. 이 무렵 서구에서 전래된 천주교가 조선사회를 한바탕 소용돌이쳤고, 뒤이어 여러 신종교들이 등장했다. 그 시발점이 동학이다. 신종교 중에는 기독교나 불교적 세계관을 핵심사상으로 취하는 곳도 있지만, 한민족에 뿌리를 둔 주체적인 민족종교도 있다. 이 범주에 속한 것이 갱정유도다. 교단의 명칭에서도 알 수 있듯이 갱정유도는 유도儒道를 중심으로 갱정해서 유불선을 비롯한 모든 종교를 합일하겠다는 창교주의 의지가 담겨 있다.

갱정유도의 상징물인 도기道旗는 1945년에 제작한 수화기제水火旣濟 태극기다. 우리나라 국기인 태극기의 태극무늬 중앙에 주역의 마지막 64괘인 수화기제를 넣어 제작한 형국이다. 이때 도기의 태극무늬는 태극기와는 달리 청색이 위에 올라가 있으며, 청과 적을 구분하는 곡선도 위로 올라갔다가 아래로 내려온다. 수화기제는 중中, 정正, 응應

이 모두 맞는 가장 이상적인 괘다. 인생을 살다보면 변화무쌍한 일이 벌어진다. 초년부터 호의호식한다고 해서 좋은 것도 못되고, 초년에 심하게 고생을 한다고 불행한 일도 아니니다. 세상일은 언제나 변하기 때문이다. 수화기제는 인생의 다양한 변화를 말하며, 변화하는 것만이 항구恒久하다는 진리를 일깨워 준다.

갱정유도는 1929년 영신당 강대성姜大成, 1890~1954)이 창교했다. 영신당은 부인과 아들을 대동하고 수련을 하던 중 1924년 이후 인간의 길흉과 산리山理까지 걸림없이 아는 경지에 이르게 됐고, 순창 회문산에 속한 승강산 금강암에 초가 3칸을 짓고 본격 정진수련했다. 부부자夫婦子 3인은 1929년 7월 어느날 도통道通을 이룬다. 당시 영신당은 하늘로 올라가 부부자 3인이 함께 광제창생廣濟蒼生하라는 대임을 받고 내려왔다고 한다.

여기에는 천도적天道的인 사연이 있다. 부부자 3인이 천황씨, 지황씨, 인황씨가 되어 일을 분담하게 되었는데, 부인 문씨(지황씨)는 인간들에게 쌓인 죄악을 천상으로 보내는 방법으로 자신의 목숨을 내놓아야 했다. 천지공사를 완수하기 위해서는 살리고 죽이고, 죽이고 살리는 생사교역生死交易 없이는 불가능한 것이었다. 부부자 3인은 서로 위로하며 붙들고 울고 또 울기를 3일간을 지속해 그 눈물이 수건을 적실 정도로 흥건했으니, 이것이 '누건수도리淚巾水道理'이다.

이후 영신당은 전국을 떠돌며 병을 치료해 주거나 동서양간 전쟁, 청일전쟁 등을 예언하기도 했다. 영신당은 1934년 기본경전인 '해인경海印經'을 내놓았고, 1942년에는 순창 회문산 도령동으로 가서 최초의 성당을 짓고 제자들을 가르쳤다. 영신당은 이어 본부를 남원을 거쳐 1951년 다시 김제 학당리로 옮긴 뒤 '시운기화유불선동서학합일대도대명다경대길유도갱정교화일심時運氣和儒佛仙東西學合一大道大明多慶大吉儒道更定敎化一心'이라는 28자로 된 교단 명칭을 정한다. 이때부터 본격 종교단체로 세상에 나왔다.

갱정유도에서는 일년에 15일 혹은 100일씩 기한을 정해 한두 차례 특별수련을 갖는다. 일단 수련이 시작되면 독방에서 일체 묵언수행하며 의사소통은 필답으로 나눈다. 도원들이 전통 한복을 고수하는 것은 다가올 세상은 한국이 중심이요 부모국가로서 한복이 세계인의 복장이 된다고 믿기 때문이다. 또 한 가지는 의관을 정제하면 함부로 행동할 수 없어 수양에 도움이 된다고 한다. 갱정유도는 스스로 '시대의 아픔을 해결하고 현실사회에 참여하는 종교'라고 역설한다. 현대인에게 좀 더 가깝게 다가가려면 경전을 쉽게 풀이하는 등 적극적인 홍보가 요청된다.

불교

▲ 스님이 미륵대불 앞마당을 청소하고 있다. 마음도 닦아내는 모습이 엿보였다. 속리산에는 법주사에서 세심정까지 2km 구간의 계곡을 2017년 2월 28일까지 출입을 금지시켰다. 환경보호이자 속리산 '마음을 닦는'(洗心) 것으로 느껴졌다.

▲ 룸비니 공원에 있는 마야 데비 사원과 연못

▲ 마야 데비 사원 옆에 서있는 아소카 대왕의 석주

▲ 마야왕비가 무우수 가지를 잡고 있고, 고오타마 싯다르타는 탄생 직후 칠보를 행하는 장면

▲ 마야왕비가 코끼리가 몸속으로 들어오는 태몽을 꾸는 장면으로 간다라에서 제작(2-3세기CE)

◀ 사위성 기원정사에 있었던 부처의 토굴 물라간다쿠티(Mulagandhakuti)유적

▲ 고타마 붓다가 19안거를 보낸 기원정사 경내모습

▲ 아난다 존자가 주로 머물렀던 보리수로 기원정사 경내에 있다

▲ 고타마 붓다의 대 후원자였던 아나타핀다카의 스투파

▲ 산카사에 보존된 아소카 석주의 코끼리 주두

▲ 도리천(忉利天)에서 아비달마를 설하고 있는 고타마 붓다

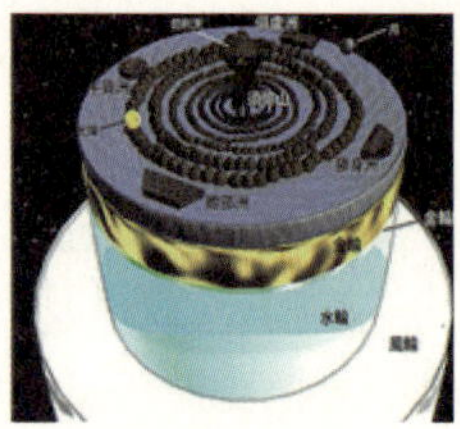

▲ 불교의 우주론을 설명하는 그림

▲ 고타마 붓다가 마지막 잠든 터에 세운 열반당

▲ 쿠시나가르 열반당에 모셔진 부처의 열반상

▲ 그레코(그리스)의 영향을 받은 간다라(2-3세기 CE)에서 조각한 부처의 반열반상

▲ 인도 아잔타 석굴에 있는 부처의 열반상

▲ 고타마 붓다의 법신(法身)을 화장한 곳에 서있는 스투파(탑)

◀ 기원 후 1세기경 제작된 그레코-간다라 불상

▲ 고타마 붓다가 최후를 맞이하고 장례식이 봉행된 승원과 탑이 있던 유적

▲ 고타마 붓다의 치아사리가 봉안된 캔디 왕궁사원

▲ 파키스탄의 폐샤와르 카니슈카 탑에서 나온 고타마 붓다의 사리, 버마 만달레이의 한 사원에 봉안되어 있다

▲ 태국 상가라자(승왕)가 봉안하고 있는 고타마 붓다의 사리

◀ 고타마 붓다의 족적(足跡) 간다라(기원후 1세기)

▲ 모든 중생이 부처로 태어납시다　연등의 의미는 무명으로 가득 찬 어두운 마음이 부처님의 지혜처럼 밝아져 온 세상이 부처님의 자비와 지혜로 충만토록 하자는 것이다. 석탄일을 앞두고 조계사에도 내 마음의 등불을 밝혀 모든 중생이 부처로 태어나도록 하는 연등이 하늘을 수놓았다.

▲ **자비의 석가탑등 밝혀**　26일 오후 7시 서울 시청 광장에 전통한지로 제작된 15m 높이 자비의 석가탑등에 대한불교조계종 총무원장 자승 스님을 중심으로 점등했다. 이는 돌아오는 불기 2555년 석가탄일(음력 사월 초파일, 5월 10일)까지 밝힌다. 이어서 불자들과 같이 탑(塔) 돌이 하면서 중생(衆生)들의 화평을 기원했다.

▲ **신촌 봉원사** 공기가 맑고 아늑한 서울 신촌 봉원사에 가을 빛이 살포시 내려앉고 있다.

▲ 가섭암지 마애삼존불상 보물 제530호

▲ 태고종 영산재보존회 총재 구해 스님과 총무원장 인공 스님이 식당작법을 진행하고 있다.

▲ 영산재 시연 장면.

▲ 태고종 종정 혜초 스님(왼쪽)과 조계종 원로 고(故) 석주 스님이 영산재 식당작법에서 나란히 발우 공양을 하고 있다.

▲ 하이디 할머니　봉원사 '기도삼매' 프랑스 할머니보살

▲ 봉은사 미륵대불 기도하는 사람들이 늘 떠나지 않는다.

불교

황진경 큰스님

황진경(오른쪽)_조계종 전 총무원장

성직자는 겸소하고 역사를 두려워 하라

▲ 조계종 총본사 조계사

역사는 흥미진진하다.

▲ 新興庵 조실 黃軫經 큰스님

우리나라에 불교가 처음으로 전래된 것은 전진(前秦 · 중국의 고대 국가)의 승려 순도順道 ?~?)화상이 한반도에 입국하면서부터 비롯된다. 순도는 중국 본토인이 아닌 호승胡僧이 었으며 고구려 소수림왕 2년(372) 6월 전진의 왕 부견符堅의 어명으로 사신을 따라 불상과 불경을 갖고 고구려에 입국했다. 제17대 소수림왕(?~384)은 예를 갖추어 순도화상을 영접했고 그에게 왕자 교육을 위탁했다. 서기375년 성문사省門寺 · 뒤에 興國寺로개칭함)를 창건해 순도를 주석하게 했는데 이것이 고구려 불교의 시초이다.

이후 고구려 불교는 백제와 신라를 거쳐 일본으로 전래되며 동북아시아 여러 국가에서 불교문화를 꽃피웠다. 그러나 고구려에는 순도의 입국 이전에 불교를 포교한 승려가 있었으니 바로 아도阿道 ?~?)화상이다. 아도는 신라 제13대 미추왕 2년(263) 경주에 가서 불교 포교를 시도했으나 왕족들의 반대로 무산됐다. 그로부터 수년 후에 불치병에 걸린 성국공주를 아도가 치료해 주면서 그 공로로 전도를 허가 받았다. 아도는 흥륜사를 지어 신라 불교를 융성시켰다.

아도가 젊은 시절 한반도 전역을 구도기행 하던 중 계룡산 속 깊고 깊은 심산유곡에서 하룻밤을 노숙하게 되었다. 얼핏 잠결에 주변을 환하게 비추는 불빛이 있어 눈을 떠 보니 산중턱의 기이하게 생긴 바위였다. 천신만고 끝에 올라가 바위를 살펴 본 아도는 깜짝 놀랐다. 오색 영롱한 부처님의 진신사리가 바윗속에 봉안돼 있었기 때문이다. 아도는 진시사리 앞에 108배拜를 올리면서 속세에 찌든 108가지의 번뇌를 남김없이 씻어 버렸다. 아도가 그 자리에 절을 지어 새 가람을 여니 오늘날의 신흥암新興庵 · 충남 공주시 계룡면 중장리 47-1)이다.

일찍이 종교 역사 가운데는 과학적으로 설명이 불가능한 기적과 신비가 허다하다. 인간이 조성한 세계 도처의 성모 마리아상이 눈물을 흘리고, 천 년된 불상의 틈에서 우담바라 꽃이 피는가하면, 십자가의 치유 · 은사 이적이 일어나 세상을 놀라게 한 적이 한두 번이 아니다. 1989년 로마교황 요한 바오로 2세가 한국을 방문해 대구에서 미사를 집전할 적엔 청명한 하늘에 해맑은 무지개가 떠 가톨릭 신자는 물론 국민들을 감동시키기도 했다.

천진보탑으로 불리는 신흥암의 바위사리탑은 불현듯 방광放光하여 한밤 중의 계룡산을 환하게 밝힌다. 방광은 불교의 신앙대상물에서 빛을 내쏘는 신비의 현상으로 기적 같은 영험력을 수반한다. 천진보탑(국가문화재 자료 제68호 지정)의 찬란한 방광 장면은 6 · 25전쟁 직후 계룡산에 주둔하던 한 미군 병사의 라이카 카메라에 잡혀 국내는 물론 외국에까지 널리 알려지게 되었다. 10여 년 전 가을 어둠이 내린 저녁에도 천진보탑이 방광해 산불이 난 줄 알고 소방차가 출동하는 소동까지 빚어졌다고 한다.

예로부터 인류는 인간보다 우월하다고 여기는 자연을 찾아 숭배 하고 신이 있다고 믿으며 내생來生을 의탁하려 했다. 신흥암은 불법佛法전래 이전의 사찰이란 역사성과 함께 천진보탑의 신비한 영험도량으로 소문이 나면서 국내 신도는 물론 외국 관광객들의 순례 행렬까지 끊이지 않고 있다. 20여 년 전부터는 설문雪聞 황진경黃軫經 큰 스님이 신흥암에 주석하면서 인생의 길을 묻고자하는 각계 인사들이 소리소문 없이 찾고 있다. 진경스님은 신흥암의 조실祖室로 한국 불교의 장자종단인 대한불교조계종 총무원장과 종회의장, 종립 동국대학교 이사장 등 요직을 두루 역임한 불교계의 큰 어른이시다. 진경스님을 친견하러 가는 날엔 두 달 넘는 가뭄 끝에 단비가 흠뻑 내려 대지가 활기에 넘쳤고 중동호흡기 증후군 메르스(MERS)로 앓던 이 땅의 고난도 진정돼 마음이 편안했다. 스님은 법당 댓돌 마루까지 나와 친히 맞아 주었다.

▲ 황진경 큰 스님과 필자

– 큰 스님을 친견코자 새벽길을 달려 왔습니다. 법체法體 건강은 평안하신지요?

"웬걸요, 나이가 80객이다 보니 온전할 리가 있나요. 어서 이 남루한 육신의 옷을 벗어버려야 할텐데…. 아직까지도 사바세계에 인연의 끝자락이 남아있나 봅니다. 역사에 보탬되는 일을 하고 사회에 폐를 끼치지 않으려면 먼저 건강해야 됩니다. 건전한 사고 능력과 판단력은 건강한 육신과 마음에서 비롯되니까요"

- 그래도 사람은 금생에 대한 미련이 많아 100세를 목전에 앞두고도 생의 욕망을 거두지 않습니다. 산자를 끊임없이 혼돈 시키는 그 욕망의 정체는 무엇일까요?

"불가에서는 탐貪 진瞋 치痴를 삼독심三毒心이라 하여 가장 크게 경계합니다. 남의 것을 탐내면 그것을 소유하기 위해 눈을 부릅떠 성내게 되고 그러다보니 어리석어지는 거지요. 영靈 · 마음과 육肉 · 몸이 합쳐져 하나의 개체 동물로 형성된 것이 인간이니 모름지기 사람은 마음을 다스릴 줄 알아야 합니다. 사람은 마음에 따라 몸이 움직입니다."

손수 끓여낸 작설차를 권하는 스님의 시선이 운무에 휩싸인 신흥암 도량 밖으로 향했다. 요즘 사회 풍조가 순간적 충동을 억제하지 못해 야기되는 불상사가 많은데 하찮은 일도 인내하지 못하는 그 마음의 정체가 무엇이냐고 물었다. 스님은 법당 밖 먼 산봉우리를 가리키더니 경허鏡虛 · 1849~1912 대선사의 일화를 담담히 소개했다. 경허는 허공을 뚫는 참선수행과 기상천외의 기행으로 구한말 한국 불교에 선풍禪風을 진작시킨 유 · 불 · 선가의 큰 선승이다.

어느 더운 여름 날 경허가 어린 동자승과 함께 먼 길을 가고 있었다. 허기와 더위에 지친 동자승이 자꾸만 쉬어가자고 졸라댔다. 경허는 대꾸도 없이 더욱 잰 걸음으로 앞서 갔다. 동자승은 더 이상 못가겠다고 털썩 주저 앉았다.

때마침 가까이에 아기를 업은 아낙이 새참을 머리에 이고 논매는 일꾼들에게 가고 있었다. 경허가 갑자기 달려들어 아낙을 껴안았다. 새참 그릇은 나뒹굴었고 젖먹이는 울어댔다. "사람 살려!"라는 비명을 들은 일꾼들이 낫과 호미를 들고 경허와 동자승을 뒤쫓았다. 당시는 승려들의 도성 출입이 금지됐던 때라, 무례한 걸승 하나는 죽여도 죄를 묻지 않던 시기다.

▲ 계룡산중의 깊고 깊은 심산유곡에 신라시대 세워진 신흥암에 옅은 운무가 드리웠다.

둘은 죽을 힘을 다해 뛰었다. 다리 아파 못가겠다던 동자승이 경허를 앞질러 고갯 마루에 먼저 당도한 후 "큰스님! 빨리 오세요! 잘못하면 죽어요!"라며 소리쳤다. 둘은 일꾼들의 추적권에서 벗어나자 시원한 나무 그늘에 앉았다. 경허가 동자승에게 물었다.

"네 이놈! 지금도 배 고프고 다리가 아프냐!"

동자승이 벌떡 일어나 경허에게 큰 절을 하며 울먹였다.

"큰 스님! 이제야 알겠습니다."

한동안 법당안에 침묵이 흘렀다. 진경스님은 12살 적 어머니 손잡고 절간에 공부하러 간다고 집을 나선 것이 그대로 입산 길이 되어 동시에 출가하게 되었다며 지긋이 눈을 감았다. 80이 넘은 세속 나이에도 속가의 부모님 생각이 날 때가 있느냐고 물었더니 취재수첩에 '무부무군불여금수無父無君不如禽獸라고 친필로 적어 주며 '아버지도 모르고 임금도 모르면 짐승만도 못한 것이라고 부연 설명을 한다. 인연법과 윤회법에 관해 물으니 스님은 사람과 물의 관계를 들어 풀어냈다.

"인간의 몸은 70% 이상이 물로 형성돼 있어 탈수가 되면 죽습니다. 인간의 탄생 자체도 부모의 체액에서 비롯되며 죽을 때 마지막 넘기는게 물 한 모금입니다. 이 물은 배설을 통해 대자연에 머물다가 다시 인간과

▲ 수시로 방광하는 신흥암 천신보탑

만나게 됩니다. 동식물에 흡수 되었다가도 결국엔 만물의 영장인 인간과 다시 만나게 되는 거지요. 만나는 것은 인연이고 돌고 도는 것을 윤회라고 부를 따름이죠. 인간의 생로병사도 이와 같이 인연법과 윤회법에 따라 생각하면 두려울 것이 무엇이며 거칠것이 없습니다. 경허선사와 동행했던 동자승의 깨우침처럼 내 마음에서 일어나 좌지우지되는 일체유심조 一切唯心造 가 아니겠습니까. 마음을 다스려야지요."

- 유구한 인류 역사를 통해 지구상에는 여러 종교들이 일어났다 스러지는 명멸을 거듭했고 숱한 성인聖人들과 선지자도 출현해 시대마다 갈 길을 제시해 왔습니다. 그러나 세상은 날이 갈수록 혼탁해지고 인심은 험악해지고 있습니다. 설상가상으로 세상의 등불이 되고 세인의 존경을 받아야 할 성직자들이 오히려 빈축을 사고 지탄받는 지경에 이르렀습니다. 오늘의 시대 상황에 맞는 종교의 바른 역할은 무엇이며 올바른 성직자상은 어떻게 재조명돼야 합니까?

"불교에서는 길 섶의 돌 한 조각에도 불성佛性이 있다고 설파합니다. 수행하여 깨달으면 누구나 부처가 될 수 있다는 가르침이지요. 이미 세상이 달라져서 신도가 성직자의 지식을 앞지르고 가진 것도 많아졌습니다. 마치 성직자의 일거수일투족에 영험이나 능력이 부여된 것처럼 드러내려다 추락하는 현실이 안타까운 것이지요. 이런 때 일수록 신도님네들의 자각과 동참이 절실 합니다. 이 세상은 나보다 못난 사람이 없고 나보다 나은 사람도 없다는 천상천하유아독존天上天下唯我獨尊의 자세로 동질성과 균형감각을 찾아가는 것입니다.

– 세상을 바로 이끄는 가장 큰 지혜가 있다면 무엇이겠습니까.?

"덕德이라고 생각합니다. 옛 가르침에 조정막여작朝廷莫如爵 · 조정에서 행세하려면 벼슬만한 게 없고) 향당막여치鄕黨莫如齒 · 고향에선 동갑 내기처럼 친숙한 사이가 없고) 보세장민막여덕輔世長民莫如德 · 세상을 건지고 백성을 돕는 데는 덕 만한 것이 없다)이라 했습니다. 동 · 서양의 전쟁사를 섭렵해도 지장智將의 후손은 귀해도 덕장德將은 자손이 융성합니다. 인간에게 가장 흐뭇한 축복은 뭐니 뭐니 해도 후대의 번창 아니겠습니까?"

해동 선필禪筆로 유명한 진경스님의 필적이라서 백지에 친필을 요청하니 선뜻 내려 주신다. 오후에는 부산에서 조계종이 아닌 타 종단사찰 여신도 30여명이 진경 스님을 친견하고 천진보탑을 참배하고자 빗속을 걸어 신흥암에 도착했다. 조계종 제6교구 본사 마곡사의 말사인 갑사를 우측에 끼고 오르는 신흥암 길은 좋은 날씨에도 가파르고 험해 빠른 걸음으로도 1시간 이상 걸린다. 이런 깊은 산속의 고찰에 정계 · 재계 · 문화계는 물론 각계 각층의 국내 저명인사들이 스님의 고견을 듣고자 줄지어 면담을 신청해 놓고 있다. 필자와의 인터뷰도 스님 일정과 건강 관계로 3개월 만에 성사되었다.

80이 넘어 보이는 노老보살이 법문 도중 불쑥 질문을 했다.

- 큰스님께 감히 한 말씀 여쭙고자 왔습니다. 사람이 나고 죽는 이승은 무엇이고 저승은 무엇인지요?

"스님은 욕지전생사欲知前生事 · 전생의 일이 궁금하거든) 금생수자시今生受者是 · 지금살고 있는 자신의 모습을 보라) 욕지내생사欲知來生事 · 죽은 후 다음 생의 일이 궁금하거든) 금생작자시今生作者是 · 지금 자신이 짓고 있는 행위를 돌아보라)라고 화답했다.

한참 불경을 읽을때 감동 받았던 가르침으로 아직도 뇌리 속에 각인된 경구다. 순간 좌중은 물을 끼얹은 듯이 조용해 졌다. 그러면서 스님은 "부처님께서도 생사문제에 의구심을 갖고 출가하게 되었다"고 덧붙였다.

세차게 내리던 비가 잠시 멈추더니 햇살이 얼굴을 내 밀었다. 스님이 경내를 둘러보자며 법당 뒤의 산신각에 올랐다. 대웅전 뒤의 삼불봉, 좌측의 미타봉, 우측의 수정봉, 앞 쪽의 수정봉 모두가 대웅전을 향해 읍揖을 하는 형국으로 분지를 이루고 있다. 구름도 쉬어 넘을 이 첩첩 산중에 무슨 조화로 신흥암 자리만 명석처럼 편안히 가라 앉았는가. 문득 나한전 뒤의 천진보탑(바위사리탑)을 보니 그 기세가 압도적이다.

천진보탑과 진신사리에 얽힌 유래를 알고 나면 불법의 진수가 어디까지인지 오히려 미궁에 빠지고 만다. 석가모니 부처가 열반에 든 후 인도의 아쇼카왕은 쿠시나가라국國에 있는 사리탑에서 8말4되(당시 인도의 도량형)의 진신사리를 발견했다. 이를 시방十方 세계로 나누면서 북방을 담당한 비사문천왕을 한반도 계룡산에 보내 봉안토록 한 것이다. 이 땅에 불교가 들어오기 훨씬 전의 일로 아도화상이 그 진신사리를 찾아 내 오늘에 이르고 있는 것이다.

- 흔히 불교를 말하면서는 '어려운 종교'라는 선입견을 갖게 되는데 쉽게 함축하면 어떤 종교라고 정의할 수 있을까요.

"유네스코 세계문화유산으로 지정된 팔만대장경판을 비롯한 모든 불경들이 한문으로 쓰여져 있어 어렵게 느껴지겠지만 실상은 누구나가 접근할 수 있는 쉬운 종교입니다. 불교는 어떤 누구를 믿는게 아니라 자기 마음을 바로 세워 마음의 정체를 탐구하는 수행 종교지요. 서양 종교를 예로 들면 하나님이 우주만물을 창조했다면 그 하나님은 누가 창조 했는가를 찾아가는 과정이겠지요."

- 일부 종교에서는 사찰에 봉안된 불상을 우상숭배라며 모욕적 발언과 파괴 행동까지 서슴지 않고 있습니다.

"세상의 어떤 종교든 상징물이 없는 종교는 존재하지 않습니다. 그렇다면 유교의 공자상, 가톨릭의 성모마리아상, 개신교의 십자가상, 원불교의 일원상 모두가 우상숭배란 말입니까?그런 논리로 비약하다가는 돌아가신 부모님이 그리워 사진을 꺼내보는 것도 우상숭배가 되고 맙니다. 자기 종교가 귀하면 남의 종교도 존중할 줄 알아야지 까닭없이 함부로 비방하고 폄하하다가는 여론의 뭇매를 맞고 쇠잔해 버리고 맙니다. 불교는 우상을 숭배하는 종교가 결코 아닙니다.

- 인간의 헛된 욕망과 명예욕을 털어버릴 수는 없을까요?

"역사에서 배우고 깨달음을 얻어야 합니다. 연산군 · 임사홍 · 이이첨 · 장녹수를 비롯해 일제 강점기의 이완용 · 송병준 · 배정자 등을 우리는 기억합니다. 그들은 실패한 폭군이고 간신이며 나라를 팔아먹은 매

▲ 신륵사 다층석탑

국노들입니다. 당사자야 한 시대를 잘 누렸겠지만 그들의 후손과 가문이 어찌 되었습니까? 국민들은 다 압니다. 우리가 살고 있는 이 시대의 충신이 누구이고 간신이 누구인지를-. 닭 벼슬만도 못한 명예를 위해 권모술수를 남발하고 위장애국하는 졸부가 누구인지도 모두 가려내는 것이지요. 역사는 무서운 교훈입니다."

- 작금도 새로운 종교가 창교되며 말세를 부르짖고 자신을 따라야만 천당에 갈 수 있다고 외쳐대고 있습니다. 인류의 전쟁사만 살펴보더라도 종교적 신념이 다른 국가 간 대립으로 숱한 인명이 살상됐고 국권마저 수탈한 사례가 허다합니다. 해법은 무엇이겠습니까?

"국민들이 바른 역사 교육을 받고 미래를 내다보는 거시적인 안목에서 처신해야지요. 어차피 인간은 이승에 한 번 왔다가 다시 저승으로 갑니다. 부귀빈천을 가릴 것 없이 어느 누구도 피할 수 없는 숙명인데 국가 · 민족 · 역사를 위해 뭔가 하나 쯤은 보탬되고 떠나야지요. 남을 괴롭히고 착취해 자신의 부富에만 탐닉해 본들 그도 결국 죽습니다. 종교도 마찬가지여서 감언이설로 불꽃같이 일어났다가 자취없이 사라져서야 되겠습니까?"

불교에서 금기시하는 살생의 한계와 의미에 관해 묻자 스님은 무학(1327~1405) 대사와 서산 간월암에 얽힌 설화를 들려 주었다. 무학은 조선 왕조를 개창한 태조 이성계의 왕사로서 수도를 서울로 정도定都 하는 등 조선 개국에 기여한 공이 지대했다.

어느 해 섣달 초하루. 간월암 토굴에 머물던 무학이 손수 딴 간월도 굴을 소금에 절여 저녁 공양을 하고 있는데 남루한 차림의 걸승이 찾아와 말을 걸었다.

"그 굴은 살았는가, 죽었는가?"

무학이 노승을 바라보며 맞받았다. "세 치나 긴 손톱을 자르는게 살생인가, 몸 단장인가."

노승이 짓푸른 바닷물을 가리키며 다시 물었다. "그렇다면 지금까지 그대 무학이 걸을 때 발 밑에서 밟혀 죽은 미물들은 다 무엇인고!"

무학이 깜짝 놀라 노승을 찾았으나 온데간데 없었고 천수만 하늘 위에 초승달만 외로이 떠 있었다.

- 원래 사찰에서는 새벽 불공으로 일찍 기상하는데 스님께서는 수면 시간이 얼마나 되시는 지요?

"젊어 한창 용맹정진할 때는 많이 자야 3시간 정도였는데 육신이 쇠약해지다보니 나도 모르게 잠들었다가 깨어나기도 합니다. 그때마다 금생과 내생, 이승과 저승을 넘나드는 것이지요. 한 순간 생각의 끈을 놓쳐 다시 잇지 못하면 그게 바로 죽음입니다. 옛 조사祖師 님들은 긴 잠을 물리치고 생사를 뛰어 넘어야 큰 일을 할 수 있다고 늘 경책해 왔습니다."

사찰 풍수의 대가인 스님에게 명당 얘기를 묻지 않을 수 없어 아직도 우리나라에 명당이 남아 있느냐고 우문愚問을 던졌다. 1980년대 한국 불교의 수장으로 재임할 때 돈 많은 재벌과 고위층 권력자들이 동행을 원했지만 응하지 않았기로 유명하다. 풍수지리가 화세로 대두되자 스님의 목소리에 생기가 더 해졌다.

"풍수는 원초적인 자연 과학의 일부입니다. 전국을 주유간산하다 보면 기가 막힌 집 터와 묘 자리가 남아 있어 안타깝기 그지 없습니다. 저 큰 자리를 누군가가 점지해 국가 위해 큰 일 할 인재를 탄생시켜야 할텐데…. '큰 자리'를 확인할 때는 우리나라의 국운이 아직도 뻗쳐 있음에 안도하기도 하지요. 예부터 명당의 임자는 따로 있고 욕심을 버려야 그 명당이 보인다고 했습니다. 탐관오리나 남을 해코지한 자는 설령 명당에 들어간다해도 조상 음덕을 받을 수가 없습니다. 바르게 잘 살아야 합니다."

누구나 들으면 귀가 솔깃해지고 흥미진진한 풍수 얘기를 점입가경으로 재미있게 이어 간다.

왕릉풍수 · 사찰풍수 · 일반풍수로 대별되는 한국 풍수의 3대 명맥 중 사찰 풍수는 신라 말 도선국사의 법맥을 잇는 정통 풍수이다.

"조선왕조 27대 왕 519년을 통해서도 겨우 28개 성씨가 28개 명당을 찾아 집 짓고 묘를 써 부귀영화를 누렸습니다. 명당인줄 알고 써도 아닌 법이고 모르고 써도 명당 발복은 누릴 수 있는 것입니다. 풍수 이론에만 너무 치우치지 말고 간산看山으로 혈터를 잘 찾아 재혈裁穴만 제대로 하면 복을 얻게 되는 것이지요."

빗줄기는 더욱 굵어지며 바람까지 거세게 몰아친다. 이날 오후 늦게까지 들은 불법 진리와 사찰 풍수에 관한 깊은 통찰, 다비에 얽힌 장법葬法 내용들을 어찌 제한된 지면에 다 풀어 낼수 있겠는가. 스님이 마련해 준 사륜구동 차로 직벽에 가까운 신흥암 차로를 오르내려 하산하는 도중 나도 모를 깊은 시름에 잠겼다.

만덕을 뜻하는 길상 표시

불교에서는 '만卍자'를 붓다의 흉부나 손발에 새겨 만덕을 뜻하는 길상의 표시로 사용했다. 붓다는 수행할 때 풀방석을 깔고 앉았는데, 방석 재료가 바로 잎 모양이 만卍자인 길상초였다고 한다. 이후 만卍자 무늬는 불교를 상징하는 기호가 됐다.

만卍자는 네 개의 꺾임으로 표시되지만 사실은 무한한 흐름을 나타낸다. 글자에는 두 개의 유선만 교차하나, 무한한 유선의 수를 단지 두 개로 표현한 것일 뿐이다. 바로 연기의 원리에 가장 적합한 상징 기호다.

이 무늬의 영어명은 스와스티카(swastika)인데, 불교뿐만 아니라 조로아스터교나 힌두교 등 타종교에서도 상징처럼 사용됐다. 그 의미도 완성, 길상, 광명, 자비, 생명, 자유, 충만 등의 뜻이 담겨 있다고 한다. 스와스티카의 어원은 인도어로 스바스티카(Svastika)이며, 본래는 오른쪽으로 돌아가는 만(卐)자 무늬였다. 고대 인도를 비롯해 페르시아, 그리스 등 세계 여러나라에서 두루 사용한 것으로 전해진다. 이 만(卐)자 무늬가 중국에 전래된 후 당나라때 왼쪽으로 돌아가는 무늬로 바뀌어 만卍자라는 한자어가 만들어졌으며, 지금은 일반적으로 만卍자 무늬로 불리고 있다.

만卍자 무늬가 세계적으로 유명해진 것은 나치 독일이 만卍자를 뒤집어놓은 기호인 스와스티카를 나치의 상징으로 사용했기 때문이다. 히틀러가 정권을 잡은 뒤 독일의 국기에는 역만(卐)자 무늬인 하켄크로이츠(Hakenkreuz)가 등장한다. '갈고리 십자가'라는 뜻의 하켄크로이츠는 나치당의 상징일 뿐만 아니라 나치독일의 상징이 되었다.

나치가 하켄크로이츠를 도입한 것은 독일 게르만족이 인도 아리안족의 후예임을 인식해 민족적 정통성을 강조함과 동시에 과거의 영광을 되찾자는 상징적 의미 때문이었다. 본래 아리안족이 사용했을 때는 하켄크로이츠의 뜻도 생명·힘.자유 등 매우 좋은 것이었다. 때문에 고대 게르만족은 인도의 스와스티카를 신성한 표시로 받아들이고 사용했다. 스와스티카는 유럽에 건너와 유럽에서 기독교가 공인된 이후에는 십자가의 일부로 인식되기도 했다.

히틀러가 이 문양을 상징으로 사용한 것은 변형된 십자가인 '게르만 십자가'에서 유래된 것으로 보는 것이 일반적이다.

기독교의 십자가에도 여러 종류가 있는데, 우리가 알고 있는 아래 쪽이 긴 십자가는 예수님이 사형당한 형틀에서 유래한 것이라고 하며, 가로와 세로의 길이가 같은 십자가는 기독교 이전부터 있었던 동양의 길상문자, 즉 스와스티카를 의미한다고 볼 수 있다.

그러나 하켄크로이츠는 나치 패망 후 독재와 죽음, 공포의 상징으로 변모돼 서양에서는 기피하는 무늬가 됐다. 특히 나치의 반인류적이며 반도덕적인 행위가 밝혀짐에 따라서 독일은 물론 서구의 모든 나라에서 금기시 되고 있다.

▲ 부안 월명암 대웅전 앞마당 월명암의 일출은 만학천봉을 뚫고 그 장관을 드러낸다.

불교

정 산 주지스님

정 산(오른쪽)_스님(조계종 경국사 주지, 철학박사)

종교와 믿음보다

상호간의 신뢰가 중요한 것이고

신뢰할 수 있는 종교인이 돼야 합니다.

봉축불기 2555년
연등처럼 밝게 빛나는
우리가 되길 빕니다.

병 없으면 의사 필요없듯, 고통없으면 종교도 필요없다

▲ 정 산 스님(조계종 경국사 주지, 철학박사)

불교계가 2013년 10월 11일의 총무원장 선거를 앞두고 한창 어수선할 때인 9월 27일 오후. 고려 충숙왕 12년(1325) 창건된 700년 고찰 서울 정릉 경국사의 정산定山 스님을 찾았다. 번잡한 북한산 등반로에서 비켜 들어선 사찰 경내는 별천지였다.

고요하고 아늑하며 쾌적했다. 도덕성과 종권 다툼으로 점철된 듯한 선거판과는 멀리 떨어져 있었다. 정산 스님이 건네 준 명함도 '고려대학교 한국사연구소'의 것이었으며 속명 원영만元永晩이 '定山'을 괄호로 하고 적혀 있었다. 직함은 '연구전임'.

36년 전 해인사에서 지관 스님을 은사로 출가한 스님에게 "아직 젊어 보인다"고 하자 "생일밥을 안 먹어서 그렇다"는 농담으로 화답했다. 《불교신문》의 주간 경험은 어떠했느냐는 말에는 '야간보다 주간이 낫다'고 하는 등 대담 내내 유머를 잃지 않았으며 거침이 없었다.

'깐깐한 학승學僧'이란 선입견이 사라졌다. 그러고보니 그의 표정엔 부드러움과 여유가 잔뜩 담겨 있었다. '이판사판理判事判'으로 몰입하고 투쟁하는 것과는 거리가 멀었다.

1600여 년 전인 고구려 소수림왕 2년(372) 한국에 유입된 이래 한국불교문화는 이렇게 뿌리를 내리고 있다는 생각이 들었다. 온통 선거전에 휩싸여 불교가 세간의 걱정거리가 되는 것처럼 보이는 것과는 무관하게 더 많은 사찰과 스님들이 조용히 대중들에게 불심을 전하고 있는 것이다. 어차피 어느 세상, 어느 시절이나 분란과 소용돌이가 있기 마련이며 불교의 긴 역사와 그 시대의 상황도 마찬가지였다. 그러나 꾸준히 대중의 고통을 감싸주는 역할은 면면히 이어져왔다.

"종교의 역할은 예방, 힘들 때 찾는 곳"

"종교는 마음의 병을 고치는 역할을 합니다. 중생이 고통이 없다면 종교가 필요없어요. 병이 없으면 의사가 필요없는 것과 마찬가지지요."

스님은 종교의 역할에 대한 대답을 쉽고도 명확히 했다.

"절에 초와 향, 쌀과 돈을 갖고 오는 것은 마음 속 고통을 치유하기 위함"이라고 했다. 교리는 잘 모르지만 괴롭고 힘들 때 찾아와서 위로 받을 수 있다면 그것이 종교의 역할을 다 하는 것 아니겠냐는 것이다. 누군가를 죽이고 싶도록 미워하게 될 때 종교를 찾아 마음을 가다듬을 수 있다면 훌륭한 종교라는 것이다. 등산길에 절에 들러 합장하며 마음을 편히 할 수 있게 하는 것이 절과(사찰) 불교의 사명이라고 했다.

스님은 기독교인들에 대해서도 이야기했다.

"미국에 있을 때 만난 기독교인이 스스로 기독교인을 자처하면서도 태어날 때와 죽을 때, 그리고 결혼식에 참석할 때와 마음의 갈등이 생기면 교회를 찾는다고 하더군요. 언제 교리를 공부하느냐고 묻자 기회되면 하겠다고 해요. 착하게 살면 좋은 거 아니겠느냐면서요."

그는 그러한 기독교인의 마음자세를 높이 샀다. '불교적 기독교인'으로 받아들였기 때문일 것이다.

"경찰이 죄인을 잡아들이고, 검찰이 기소하고, 사법부가 시비를 가린다면 종교는 죄를 예방하는 일을 합니다."

▲ 경국사 주지(오른쪽) 집무실

형사사법연구회의 연구원이며 교도소에서 교화를 하기도 하는 스님은 온갖 범죄의 근원적 해결방법으로 예방이 가장 중요하다고 했다. 경찰, 검사, 판사 앞에서는 사람들에게 "진작에 마음을 제대로 가져야 했다"고 강조한다. 더불어 종교가 그 역할을 하는 것이라고 했다. 고통으로 인해 범죄를 저지르기 마련인데 그 고통의 마음을 편안하게 해 주는 것이 종교라는 것이다.

경국사에서는 성북경찰서와 함께 한두 달에 한번씩 청소년을 대상으로 학교폭력 예방을 위한 '힐링 템플(Healing Temple)' 행사를 개최하고 있다. 경내 산책과 법문, 그리고 "Who am I(나는 누구인가)"를 생각하는 명상시간을 통해 마음을 다스리게 한다고 한다. 범죄예방을 위한 사회적 참여에 종교가 동참하는 것이다. 그는 종교인 같지 않게 더욱이 선문답을 떠올리게 하면서도 스님답지 않게 현실적이고 실질적이었다. 그래서 더욱 거침없이 보였고 신뢰감이 생겼다. 죄의 문제에 대한 대담을 나누면서 '사탄, 마귀, 악귀' 등의 종교적 용어를 꺼내자 그에 아랑곳하지 않고 범죄의 분석과 대응방안을 논했다. '사탄, 마귀, 악귀에 씌었다'는 말조차 허무맹랑한 미신으로 부정하는 듯 했다.

▲ 경국사 경내(왼쪽부터 매일종교신문 신민형 발행인, 필자, 정산 주지, 장정태 박사)

"가정교육이 그르면 예방이 안 되는 겁니다. 성장기가 불안하거나 사랑을 제대로 받지도 못하면 사랑을 주지 못하고 비뚤어지지요. 사랑을 받은 사람이 사랑을 베풀 줄 알고 표리가 부동하지 않아요. 스님들의 세상도 사람 사는 세상이라 그런 모습을 보게 되죠. 기본교육이 안된 스님은 아무리 수행해도 이기적이고 속 좁은 행실이 드러나기 마련입니다."

스님은 '사랑은 신뢰', '종교는 믿음'이라고 거듭 강조했다. 그리고 '종교와 믿음보다 상호 간의 신뢰가 중요하다'고 했다.

"마음이 바뀌면 행동이 바뀌고, 행동이 바뀌면 습관이 형성되고, 습관이 업業이 되는 것이며 이로써 팔자가 형성되는 것입니다."

스님은 일부 종교인처럼 사람의 운명이 신의 섭리나 사주팔자, 관상 등으로 결정되는 것을 믿지 않는다고 했다. 오히려 주변 환경과 교육에 의해 형성된 마음과 습관, 성격에서 이루어진다는 과학적이고 현실적인 해석을 하는 것 같았다. 그리고 '신뢰할 수 있는 종교인'이 가장 중요하다고 설했다. 수행자가 아닌 철학자의 자세로도 보였다.

“사랑을 받은 사람이 사랑을 베풀 줄 안다.”

그는 은사 스님인 조계종 제32대 총무원장 지관 스님을 한없이 신뢰한다.

정산 스님은 “지관 스님은 불자로서 삶의 지표는 인간의 기본되는 것이라고 가르쳤고, 인간이 기본이 된다는 것은 나태하지 말고 항상 최선을 다하는 삶을 살아가라는 의미”라고 했다. 또한 “지관 스님이 단순히 학문적으로 공부하는 학승學僧으로 알려졌지만, 남다른 수행과, 근면함, 부지런함을 모두 갖추고 살아온 분”이라고 은사 스님을 기렸다.(지관 스님 추모비건립 발원문 참조.)

그러나 그가 은사 스님을 신뢰하는 것은 무엇보다 인간적인 원래 모습에서 찾을 수 있다. 그는 우선 “지관 스님은 중학교 1학년 때 출가하셨지만 가정교육을 잘 받으셨다”고 회고했다. 사랑을 받았기 때문에 사랑을 나눌 수 있었고 때론 가차없이 엄하기도 했지만 표리가 부동하지 않았다는 이야기이다.

“소승이 군에 입대해 팀 스피리트 훈련(한 · 미 합동군사훈련)을 할 때 부대 옆 다방으로 소액환을 보내 주셔 부대원들과 회식을 하게 하신 것을 잊을 수 없다.”

스님은 “그러한 정 때문에 스님 입적 후 힘들었고 꿈에서도 자주 뵈었다”고 했다. 그는 지관 스님의 “종단에서나 사회적으로 권력 내지 명예에 집착, 경쟁적으로 사는 것을 가까이하지 말라”는 말씀을 늘 가슴에 담고 있다.

그러나 막상 지관 스님이 총무원장 선거에 나섰을 때는 3주간 밤을 지새우며 상좌 스님으로서의 선거운동에 최선을 다했다.

"당시 31대 법장 총무원장께서 급작스럽게 입적하셨지요. 지관 스님이 동국대 총장을 비롯한 학승, 종교지도자로서의 면모를 갖추신 분이라 자연스럽게 총무원장 추대의 분위기가 형성됐습니다. 그러나 선거 상대가 나타나니 역시 선거는 선거이고 현실은 현실이더군요. 가만히 있으면 안 되는 거예요."

'이권과 패거리'의 선거싸움이라 멀리하고 몰아부치기보다는 상대와 부딪쳐보는 것이 현명한 현실대응이었다는 것이었다. 스님은 그래서인지 '이판사판' 다툼이라던가 교리를 연구하는 이판승과 절의 행정을 맡는 사판승의 구별을 인정하지 않았다. 모두 다 자연스런 인간사와 종교계의 현상으로 보고 있는 듯했다. 스님은 물질우선주의에 편승해가는 종교의 현실과 안타까움도 그대로 인정하고 있었다.

"돈으로 사람 구실, 선배 구실, 종교인 구실의 척도가 가늠 됩니다. 돈이 있어야 좋은 일, 봉사활동도 하죠. 거액의 돈은 아예 포기하면 돼요. 큰 돈 없다고 무시당하지는 않습니다. 그러나 적은 돈으로 제 구실을 못할 때 아쉽습니다."

스님은 "종교와 돈의 아이러니한 관계를 어떻게 해결하냐"고 묻자 "안 나갑니다"라고 했다. 솔직했다. 직설적인 대답이 농담같아서 웃음이 나왔다. 그러나 그것이 현실이었고 현명한 덥변이라 여져졌다.

스님의 스스럼없는 설법과 자신감 넘치는 발언은 그의 박사학위 취득 과정에서도 나왔다.

"나도 할 수 있는데…"하며 들어간 동국대 박사과정에서 그가 쓴 논문 제목은 '고려시대 승관제 연구'에 관한 것이었다. 무슨 큰 뜻이 있었는가 해서 질문했더니 "가장 간단하고 쉽게 쓸 논문이 뭔가?"였다는 즉답이

▲ 20여 년 전 찍은 기념사진. 정산 스님이 애지중지해 벽면에 걸어 놓았다. 앞줄 가운데가 은사 지관 스님, 중간줄 왼쪽이 정산스님.

돌아왔다. 현실적인 선택이었다.

그러나 스님의 그러한 현실적인 선택을 기반으로 점점 외연을 확대해 가는 현실이 되어 주었다. 고려시대에서 거슬러 올라가면 3국시대와 통일시대까지 다루게 되며 한반도를 벗어나 중앙아시아, 서역, 인도까지 넓혀가게 되는 것이다. 돈황과 혜초의 왕오천축국전, 법현과 석가모니의 발자취를 섭렵할 수밖에 없었다. 일연의 삼국유사에 드러난 '불교와 민속종교와의 융합' 과정도 다루지 않을 수 없었다. 우리 불교문화의 뿌리를 찾는 여정이 되고 만 것이다.

스님이 고려대 한국사연구소 연구전임으로서 책임을 맡고 있는 '실크로드문화와 한국불교문화' 국제학술회의 공동사업도 그 일환이다.

실크로드로의 문화 전파과정 연구는 불교문화의 이동경로와 우리 민족문화의 기원을 찾는 것으로 미술사적 접근을 넘어 역사학적 접근을 새로 시도한다는 데 의미가 있다. 또한 서역지역의 연구단체와 공동연구를 통해 해초의 「왕오천축국전」의 소실부분을 복원하고 한국불교문화의 원형을 재점검하는 계기가 된다. 이 공동연구사업은 2022년까지 10년동안 진행된다.

스님의 이러한 활동은 지관 스님 뿐만 아니라 속가 부친의 영향도 크다. 그는 부친이 임종 전까지 누누이 하신 말씀을 마음에 새기고 있다.

"출세, 명예, 돈은 스님과는 거리가 멀다. 스님으로서 잘 살아가기 바란다."는 간곡한 부탁이자 유언이었다. 그는 "기왕에 스승의 뒤를 이어 총무원장을 하고 싶지 않느냐"는 질문에 "나는 종단을 대표할 의지와 비전을 갖고 있지 못하다"고 잘라 말했다.

"'I love me'가 갈등과 업(業)을 해소시킨다"

스님은 "냉정하게 봐서 차라리 종교가 없었더라면…"하는 생각도 했었다고 했다.

때로는 지역과 계층 · 정파 간의 갈등도 종교 때문에 갈등이 비롯되는 경우가 적지 않다. 가정과 사회, 그리고 종교간 갈등이 증폭되는 것에 종교 자체가 관여하는 경우가 많다고 본다. 종교가 말그대로 '으뜸의 가르침' 역할을 못하고, 마음의 고통을 치유하기는 커녕 마음의 고통을 키우며 갈등을 부추기기도 한다는 것이다.

종교간 경쟁과 '내 종교만이 길이다'라는 편협함이 사회의 갈등을 조장하며 '사회의 등불' 역할을 저버리는 것이라는 견해다.

각 종교 군종장교가 선교와 포교를 하다보면 '떡이 쵸코파이로, 쵸코

파이가 햄버거로, 햄버거가 통닭과 피자로' 선물공세가 이어지는데 이는 종교의 본래 모습이 아니라고 했다. '1,000원 미만으로 조율하며 경쟁을 피해야 한다'고 조언했다.

스님은 "미워하지 않을 대상을 미워하는 것에서 갈등이 생긴다"고 말했다. 고부 간의 갈등이 그것이고, 종교간 갈등도 마찬가지라는 것이다. 종교가 미워하지 말아야 할 타 종교를 미워하니까 갈등이 생긴다는 지론이다.

스님은 갈등을 해소하기 위해선 'I love me'의 정신이 필요하다고 했다. 'I love me'하면 'I love you'가 자연스럽게 이루어진다. 운동하면 건강이 따라오듯 나와 내 종교를 사랑하면 남과 타 종교도 사랑하게 된다는 것이다. 나를 사랑하면 마음의 고통이 사라지며 다른 사람과의 갈등을 일으키는 범죄도 사라진다. 업業도 자연스럽게 해소시킬 수 있다.

그는 자기 종교 때문에 타 종교를 폄훼하고 피해를 보게 하는 것은 진정한 종교사랑이 아니라고 했다. 그러한 종교적 갈등을 참느라고 마음의 병이 생기는 것도 마음의 병과 고통을 치유하는 진정한 종교의 모습이 아니라고 강조했다. 그는 세상사람과 모든 종교에 'I love me'를 설파하고 있었다.

가산당 지관대종사 추모비 건립 발원문

은사이신 가산당 지관대종사를 모시고 경국사에 온 인연이 30여 성상을 지났습니다. 1979년 5월 14일 은사스님의 부름을 받고 경국사에서 지내다가 개인적인 여러 인연 덕에 해인사에서 수행자로서 삶의 가치를 추구하게 되었습니다.

중간에 간간히 스님을 곁에서 모신 경우도 있었고 멀리서 스님을 생각하며 지내온 시간도 있었습니다만, 2006년 11월부터 경국사 주지 소임으로 지내온 7년 간의 세월은 수행에 매진하는 출가자의 인연을 넘어 은 · 상좌간의 애틋한 시간이었음을 되돌아보게 됩니다.

경국사에서 소임을 보는 동안 여러 가지 일이 있었지만, 30여년전 스님을 모시고 경국사에 오게 된 인연을 지중히 생각해 도량 면모를 일신하고자 했던 관음전 복원 불사와 도량 정비 불사는 제가 혼신의 노력을 기울였던 부분입니다.

그러나 모든 불사가 마무리되기 전인 2012년 1월 2일 저의 신심과 노력이 부족한 탓에 스님께서는 영원한 적멸에 들어가시고 말았습니다.

다시 한번, 고등학교 재학시절 당신 곁에 와서 공부하겠다고 다짐하며 찾아뵐 때를 생각하면 목이 메이고 가슴이 저려 옵니다. 아울러 도량 정비 불사를 완성하고 그 성취를 은사 스님께 자랑스럽게 보여드리고 싶었는데 안타깝게도 스님께서는 기다려주시지 않고 사바의 인연을 끊고 떠나가셨음이 비탄스럽습니다. 지금도 무우정사를 청소하며 스님의 진영을 바라보고 있노라면 , '스님 너무 빨리 가셨습니다. 잘 모시지 못해 죄송합니다.'라는 생각이 맴돕니다. 더 이상 은사 스님께 해 드릴 것이 없습니다.

외국에 가셨다가 밤늦게 돌어오실 때면 극락교 외등 밑에서 스님을 기다리던 때가 저에겐 커다란 행복이었습니다. 이제 상좌이자 경국사 주지로서 잘 모시지 못한 죄스러움을 부도와 추모비 건립으로 표현하고 싶습니다.

저와 같이 큰 스님을 갈망하는 마음이 있는 분들의 정성과 신심을 모아 가산당 지관대종사 부도와 추모비를 건립하고자 발원하오며 인연 있는 분들의 동참을 권해 드립니다.

大慈大悲의 불교사상 시각적으로 승화시켜

대한불교조계종(이하 조계종)은 한국불교 최대 종파다. 전국에 2501개(전통사찰 704곳)의 사찰이 있고, 승려 수는 1만3860명에 이른다. 출가수행자를 길러내는 자체 대학도 23곳이나 된다. 무엇보다 중국으로부터 전해져 온 선불교의 적통嫡統 종단이라는 자부심이 크다. 1년에 두 차례 안거安居가 끝난 뒤 수행자들에게 내리는 종정宗正의 법어는 사회적 가르침으로도 무게를 얻고 있다.

조계종曹溪宗은 신라 도의道義 국사를 종조로 삼는다. 그는 중국 선불교 법통인 6조 혜능 선사의 선맥을 가져온 인물이다. 중국 선종사에서 혜능은 '조계曹溪'로 불렸다. 그 까닭은 이렇다. 혜능이 설법하던 광동 보림사寶林寺에는 큰 계곡溪이 있었고, 조숙량曹叔良이라는 사람이 와서 지성으로 공양을 올렸다고 한다. 이 때문에 보림사는 조숙량의 조曹와 지역특성을 따서 '조계'(조계보림사)라는 이름도 얻게 된다. 그 인연으로 훗날 조계는 혜능을 가리키는 명칭으로 사용됐다고 한다. 조계종은 '혜능의 선법을 잇는 선종'이라는 뜻으로 풀이된다.

도의 국사는 혜능을 직접 만난 적은 없다. 그는 784년(선덕왕5) 구도의 뜻을 품고 당나라에 들어갔는데, 수행 도중 광동 보림사 혜능 선사 영당影堂에 참배차 들렀다가 예배를 드리던중 홀연히 깨달음을 얻었다고 전해진다. 그는 그 길로 강서성을 찾아가 혜능의 증손이자 마조馬祖 스님의 제자인 서당 선사에게 점검을 받으니, '참으로 법法을 전수할 만한 자'라는 답을 얻게 된다. 이때 서당 선사는 도의라는 법호와 함께 육조정맥六祖正脈의 선법禪法을 내려준다. 봉신현에 있던 사형 백장 스님도 이 사실을 접하고, "강서江西, 馬祖道一의 선맥이 모두 동국으로 가는구나"라고 크게 찬탄했다고 한다.

821년(헌덕왕 13년) 신라에 돌아온 도의 국사는 염거廉居 선사에게 법을 전했고, 염거는 다시 보조普照·1158~1210) 선사에게 전했다. 고려때 승려였던 보조는 전라남도 장흥에 보림사를 창건한 뒤 가지산문을 열어 도의 국사를 가지산문파 초조로 추앙했다. 나중에는 가지산문을 포함해 9개 승려집단인 구산선문九山禪門을 통합해 우리나라에서 처음으로 조계종이라는 종명을 붙이기에 이른다. 조계종의 개조는 보조가 되는 셈이다. 이 조계종의 선맥이 일제 때 조선불교조계종을 거쳐 1962년 대한불교조계종으로 정착돼 오늘에 이른 것이다. 조계종은 한국 선종의 주체적인 표현일뿐, 중국에는 없는 종명이다.

조계종은 지난 2003년 고故 법장 총무원장 스님 때 종단의 틀을 공고히 하기 위해 종단의 대표 문장으로 '삼보륜三寶輪'을 제작, 발표했다. 이것은 조계종이라는 명칭을 가진 유사 종단들이 난립해 정비의 필요성도 느꼈기 때문이다. '대중불교조계종' '해동불교조계종' 등 유사 종단이 10개 가까이 이른다.

삼보륜은 큰 원 안에 3개의 작은 원이 삼각형 모양으로 들어가 있어 응축적이고 독창적인 이미지를 보여준다. 큰 원은 불교의 기본원리인 윤회사상 즉, '지혜의 바퀴'를 상징하고, 작은 원은 불교의 핵심요소인 불佛·法(법)·승僧 삼보를 나타내고 있다. 불교에서 법륜은 전법과 교화를 상징하는 중요한 문양이나 복잡하게 설정돼 있어 삼보륜에서는 이 점을 감안해 두꺼운 원으로 처리했고, 여기에 평등과 선종 사상을 담고 있는 일원상과 결합시켜 안정감을 높였다. 또한 삼보는 삼각형 형태로 균형미를 유지해 서로 소통하고 화합하는 대자대비의 불교 사상을 형상화했다. 삼보륜은 대중적으로도 친근감을 주며, '자비의 종교'로서 불교를 시각적으로 명쾌하게 담아냈다는 평가를 얻고 있다. 현재 조계종의 통일가사에도 들어가 있고, 사찰 외벽이며 각종 문화용품 등에 두루 활용되고 있다.

현 자승 총무원장은 지난 3월 '2010 벤쿠버 동계올림픽'에 출전한 불자선수단을 초청해 삼보륜이 새겨진 금메달을 일일이 목에 걸어주며 노고를 치하했다. 쇼트트랙 2관왕 이정수 선수를 비롯해 모태범, 이상화, 성시백, 이주연, 노선영, 최용직, 최정원, 김민정, 이용, 강광배 선수 등이 참석했는데, 깊은 인상을 받았을 법하다.

불교는 한때 억불숭유 정책으로 조선 땅에서 겨우 숨만 붙어있던 시절이 있었다. 종교는 속성상 탄압한다고 없어지는 것은 아니다. 모든 조직이나 국가의 흥망성쇠가 그렇듯 내부에서 부패하고 분열하지 않는 한 반드시 일어서는 법이다. 오늘의 조계종이 그것을 보여주고 있다.

절대적 시간과 공간을 향한 '成佛 의지'

한국불교 4대 종파에 속하는 대한불교진각종은 불교를 시대와 대중들의 근기에 맞게 새롭게 해석한 밀교중흥 종단이다.

밀교密敎란, 비밀불교 또는 밀의密儀종교의 약칭이다. 조계·태고·천태종 같은 일반불교를 현교顯敎라 하는 것에 대한 대칭어다. 밀교사상은 개체와 전체의 신비적 합일合一을 목표로 하며, 그 통찰을 전신적全身的으로 파악하는 실천과 의례체계를 갖추고 있으며, 마음을 닦고 깨쳐야 부처가 된다는 가르침에는 현교와 다르지 않다.

밀교는 7세기 대승불교의 화엄사상·중관파·유가행파사상 등을 기축으로 하여 인도교의 영향을 받아 성립했으며, 한국 전래는 8세기 중반 신라 때였다. 한국밀교는 고려 중기까지 성행하다 현교에 흡수돼 그 정체성이 희미해지고 말았다. 그 후 한국밀교는 이름도 없이 전해지다가 회당 손규상(1902~1963) 대종사가 진각종을 창종함으로써 다시 세상에 알려지게 된다. 회당 대종사는 1947년 육자진언六字眞言을 통해 불법의 도리를 깨친 후 밀교중흥을 선언했다. 이후 진각종은 산중에서 행해지던 전통불교로부터 탈피해 일상생활 가운데서 '이 몸 이대로 성불한다'는 즉신성불卽身成佛을 목적으로 하는 생활불교를 표방해 발전해 왔다.

불교에서 본존불을 모시는 방법은 불상, 탱화, 문자 등 3가지가 있는데, 진각종은 문자로 모신다. 진각종 심인당心印堂, 법당격)에는 '옴 마 니 반 메 훔'이라는 육자진언과 둥근 원형의 법신 비로자나불 진언 다라니를 모시고 있다. 원불교에서 법신불을 형상화해 일원상(○)을 모시는 이치와 같다.

진각종의 상징물은 '금강륜상金剛輪像'이다. 큰 원이 있고, 원 안에 다시 5개의 작은 원이 들어가 있다. 금강륜상은 '금강계 만다라' 구조를 응용하고 있다. 만다라曼荼羅, mandala)는 산스크리트어로 원圓 또는 구획區劃을 뜻하며, 힌두교의 탄트라불교(밀교)에서 종교의식을 행하거나 명상할 때 사용하는 상징적 그림이다. 금강륜상은 비로자나 부처님의 지혜와 자비, 6자 진언을 상징한다. 이를 뜯어보면, 외부 큰 원은 금강계구회만다라金剛界九會蔓茶羅를 표현하고 있고, 5개의 원은 비로자나불[大日如來]을 중존中尊으로 하는 아축불(동쪽), 보생불(남쪽), 아미타불(서쪽), 불공성취불(북쪽) 등 다섯 부처를 나타낸다. 다시, 내부 오륜五輪은 육자진언중 옴·마·니·반·메를, 외부 큰 원은 훔을 뜻한다. 금강륜상은 언뜻 보기에는 정지된 듯하나, 동심원同心圓 중심으로 수렴되는 소용돌이 구조를 띠고 있다. 그림에 몰입하면 집중과 상호교감을 일으키게 되고, 절대적 시간과 공간 속으로 나아갈 수 있다고 한다. 금강륜상은 대우주의 진리를 상징하는 동시에, 대일여래의 자비심과 성불의지를 투영하고 있다.

진각종은 금강정경, 대일경, 대승장엄보왕경 등 3개 경전을 소의경전으로 삼고 있다. 성직자들은 머리를 기르며, 결혼도 허용된다. 사실 깨달음에는 유발이나 삭발의 차이가 있을 수 없다. 교역자의 승급은 정사正師, 남자)와 전수傳授, 여자)에서 출발해 대정사, 종사로 법계가 올라간다. 여자는 대전수·종사로 올라간다. 정사나 전수가 되기 위해서는 진각대학에서 4년의 교육을 받아야 한다. 진각종은 다른 종단처럼 비구계나 비구니계 같은 계戒를 주지 않고 '마음의 수행'이 얼마나 됐느냐에 비중을 두어 법계의 승급을 정한다.

심인당 건축양식은 특별히 정해진 바는 없지만, 대체로 '우산각'이라는 기와집 양식을 띠고 있다. 우산이 비를 막아주듯이 일체중생을 그렇게 감싸주겠다는 뜻이다. 신도들은 심인을 자각하고 밝히기 위한 수행의 방편으로 육자진언을 열심히 염송한다. 가난이나 질병, 불화 등 가정과 사회의 모든 고통에서 해탈할 수 있다고 믿기 때문이다.

空 · 假 · 中 우주만법의 진리가 서로 원융

천태종은 불교계의 신생 종단이지만 짧은 시간에 한국불교 4대 종파에 들어간 성공한 종단에 속한다. 특히 충북 단양군 영춘면 소백산 기슭에 자리잡은 대가람 구인사가 그 사실을 상징적으로 보여준다.

천태종 총본산인 구인사는 1만 명을 수용할 수 있는 5층 높이의 대법당, 3층 구조의 총무원 건물, 30칸의 수도실을 가진 판도암 등 50여 채의 건물이 소백산 골짜기를 가득 메우고 있으며, 사시사철 신도들의 발길이 끊이지 않는다. 천태종 제2사찰인 삼광사도 조계종 범어사와 함께 부산의 양대 사찰로 꼽힌다.

1997년에 낙성한 삼광사 9층 다보탑은 기단폭 14.55m, 전체높이 30m로 동양최대의 석탑으로 불린다. 또한 천태종이 50억원 상당의 기와 46만장과 단청재료, 묘목 등을 제공해 복원한 개성 영통사는 2만평 부지에 고려 양식으로 조성된 당우 30여 개 동이 오관산과 멋진 조화를 이루고 있어 입이 딱 벌어진다.

1966년 창종하고 이듬해 정부에 종단 등록을 마친 천태종은 상월 上月, 속명 박준동·1911~1974) 대조사로부터 비롯된다. 강원도 삼척에서 태어난 상월은 사서삼경에 달통했으나 생사문제에 대한 고민, 빈부격차에 대한 의문 등으로 15세에 입산수도를 결행한다. 상월은 제천의 한 사찰에서 사미(예비승려) 생활을 하다가 강원도와 금강산 등에서 오랫동안 수행 정진했다.

1942년 중국으로 건너가 오대산 문수도량과 아미산 보현도량 등 중국의 여러 불교 성지를 순방했다. 그는 1944년 귀국해 전국을 돌던 중 이듬해 소백산 구봉팔문의 연화지에 몇몇 제자들과 사찰을 지었으니, 이것이 구인사의 시작이다.

상월은 구인사에서 중생제도의 큰 서원을 세운 뒤 기도정진 중 1951년 큰 깨달음을 얻었다. 이후 사흘 밤낮을 쉬지 않고 신도들에게 설법했으며 계속해서 중생을 구제하는 일에 혼신을 다했다. 특히 불치병을 앓는 자는 고쳐주고, 재앙을 당한 이들은 그것을 물리칠 힘을 길러 주었다고 한다. 상월은 회삼귀일과 원융삼제를 종지로 삼아 애국불교, 생활불교, 대중불교의 천태종 3대 지표를 세운 뒤, 이의 구현을 위해 일생을 바쳤다.

천태종의 개창조는 대각국사 의천(1055~1101)이다. 상월은 고려시대 이후 끊어졌던 법맥을 이어받아 천태종을 중창했다고 한다. 역사를 더 거슬러 올라가면 천태종을 개립 開立 한 중국의 천태지자 天台智者·538~597) 대사와 맞닿아 있다.

활발한 교세답게 천태종 종기는 3개의 청색 원을 포개어 놓은 위에 황색 금강저를 세워 놓아 힘찬 기운이 느껴진다. 3개의 원은 우주만법이 각각 공 空 , 가 假 , 중 中 , 삼제의 진리를 갖추고 있음을 뜻하며, 이것을 한자리에 포개어 놓은 것은 이 삼제의 진리가 서로 원융함을 의미한다. 금강저 金剛杵, vajra)는 승려들이 불도를 닦을 때에 쓰는 방망이다. 금강신장 金剛神將 이 무기로도 지니고 다녔으며, 승려들은 이를 지니지 않으면 불도수행을 완수하기 어렵다고 믿었다. 또한 밀교에서는 인간 번뇌를 부숴버리는 보리심 菩提心 의 상징이기도 했다. 금강저를 중앙에 세워놓은 것은 삿된 것을 물리치고 정법 正法 을 살리는 부처님의 지혜를 상징한다. 원을 청색으로 한 것은 우리나라가 동방에 있음을 의미하며, 무궁한 번영을 나타낸다. 금강저를 황색으로 한 것은 부처님의 지혜가 중도 中道 임을 뜻한다.

천태종은 염불 중심의 의례 종교를 탈피하고, 생활 속에 자비를 구현하는 생활불교를 지향한다. 주경야선 晝耕夜禪 으로 자급자족한다는 것이 특징이다. 출세간적 종교가 아니라, 현실세계에서 대중과 같이 호흡하며 대중을 위해 활동하겠다는 뜻이다. 천태종은 정산 총무원장 시대를 맞아 종립 금강대학교를 기반으로 사회와 국가가 필요로 하는 동량배출에 힘을 쏟고 있다.

불교에 얽힌 7가지 오해

'불교에 얽힌 7가지 오해에 대한 실상은 이렇습니다!.

이원익 불사모 회장이 지난 10월 22일자 LA 중앙일보 기고문을 통해 밝힌 '불교에 얽힌 7가지 오해'가 불자 뿐 아니라 비불자들에게도 불교에 대한 정확한 정보를 알 수 있는 유익한 정보가 됐다는 격려가 쏟아지고 있다.

이 회장은 '부처는 남이 헐뜯고 욕하더라도 이레만 참으면 다 가라앉게 돼 있다고는 하지만 시대가 시대인지라 무조건 입 닫고 있는 것만이 능사는 아니다'라고 반문하면서 '불교에 관한 오해나 곡해가 상당해서 이를 시정하고자 한다'는 기고 이유를 밝혔다.

주요 내용을 인용, 소개하면 다음과 같다.

1. 불교는 종교가 아니라 철학이거나 인격수양을 돕는 도덕이다?

이같은 주장은 종교를 어떻게 규정하는가에 따른 개념 정의의 문제이다.

불교는 종교이다. 기독교 혹은 이슬람교 등 일신교들과 쌍벽을 이루는 세계적인 종교다.

불교를 종교가 아니라고 하는 것은 남자나 여자가 서로에게 너는 사람이 아니라고 하는 것과 비슷하다. 상대편이 사람이 아니라면 자기도 인간이 아닌 것이다.

2. 불교는 우상숭배요 미신이다?

근거 없이 무엇에 불가사의한 능력이 있다면서 섬기는 대상을 우상이라고 하며 근거 없는 믿음은 미신이라고 규정하고 있다.

하지만 불교는 근거 있는 것이다.

불상은 우상이 아니라 진리로 다가가기 위한 학습 교재이자 방편이다.

다른 종교에서도 경전, 상징물, 이념 따위를 믿음의 한 방편으로 삼는 것과 동일한 것이다.

3. 불교는 하느님이 없어 구원을 받지 못한다?

우리 인간은 모두 부처의 씨앗을 품고 있기 때문에 이미 각자가 부처이며 구원 받은 존재이다. 단지 우리 주변을 감싸고 있는 욕심, 화, 어리석음을 털어내지 못해 본인이 구원을 받은 처지라는 것을 깨닫지 못하고 있을 뿐이다.

4. 불교는 시대에 뒤떨어져 현실 생활과 맞지 않는다?

부처의 가르침은 사실 유행에 뒤처진 면은 있다. 그렇지만 불교의 본질은 그 어느 종교보다도 과학과 대립하지 않으면서 현대 문명과 조화를 이루고 있는 종교이다.

5. 불교는 기복 신앙이다?

기복 신앙이라는 오해는 당연히 개선 시키거나 고쳐야 할 병폐이다.

하지만 불교만 그런 것은 아니다.

기복적인 요소를 모두 배제하고는 종교라는 제도도 유지할 수 없다는 것도 인정해야 한다.

6. 불교를 믿으면 가난해진다?

불교 신자 중 부자가 많으며 다른 종교를 믿어 가난한 사람도 많다.

부자인가 가난한 자인가하는 것은 종교하고는 직접 관련이 없다.

서구 국가들이 경제적 부유를 얻고 있는 것은 종교와 대립하는 와중에도 자유와 과학을 쟁취했고 이를 바탕으로 산업이나 전쟁기술을 발달시켜 타인을 무자비하게 탄압한 결과라는 것도 망각하면 안된다.

7. 불교는 나라마다 제각각이다?

불교의 3 요소는 부처, 부처의 가르침, 부처를 따르는 무리다.

이 3가지 요소만 갖추어졌다면 겉모양이 아무리 다르다고 해도 그 본질은 모두 불교이다.

الله

이슬람교

하람성원 성지순례 전경

▲ 메카 하람성원 카아바 전경

▲ 메카 하람성원 성지순례 전경

▲ 한국 이태원 중앙 성원

▲ 중앙성원 예배 전경

▲ 이태원 중앙성원 이슬람 학교

▲ 이태원 중앙성원 앞 할랄 미트샵

▲ 이태원 중앙성원 앞 상점들

▲ 이태원 중앙성원 앞 거리

이슬람과 기독교의 비교

<이슬람>		<기독교>
창조주는 하나님 : 6일만에 전 우주를 창조. 전혀 피곤함을 느끼지 않으심.	창조주	창조주는 하나님 : 6일만에 전 우주를 창조. 7일째 안식하심.
하나님은 오직 한분. 낳지도 않으시고 태어나지도 않으신 유일하신 분.	삼위일체	성부(하나님), 성자(예수), 성령 의 삼위일체 신앙관.
모든 예언자는 인간이기에 작은 실수는 범하지만 중대한 죄를 저지르지 않음.	예언자관	술에 취해 딸과 잠자리를 같이 하고(롯), 우상숭배를 범하기도 함(솔로몬).
동정녀 마리아의 아들이자 하나님의 예언자. 무슬림의 존경과 사랑의 대상.	예수	하나님의 아들이자 하나님의 육신화.기독교인의 숭배와 기도의 대상.
예수는 십자가에 못박히지 않음. 하나님께서 그를 구하시어 하늘로 올라감.	십자가	예수는 인류의 죄를 대신 짊어지기 위해 십자가에 못박혔고 결국 숨을 거둠.
예수의 뒤를 이은 하나님의 마지막 예언자. 하나님의 성서 꾸란을 계시받음.	무함마드	예수 이후의 예언자는 아직 도래하지 않음. 무함마드의 예언자직을 부정함.
꾸란은 하나님의 마지막 성서. 성경은 하나님의 성서이나 현재 왜곡, 변질됨.	꾸란/성경	꾸란을 하나님의 성서로 인정하지 않음. 성경은 하나님의 말씀임.
자신이 지은 죄를 타인이 대신할 수 없으며 모든 아기는 깨끗하게 태어남.	원죄	인류의 조상 아담이 지은 죄로 인해 모든 인류는 죄를 지닌 채 태어남.
선행이 악행보다 많은 자는 천국에, 악행이 선행보다 많으면 지옥에 거주함.	천국/지옥	예수가 죄를 대신하였기에 모든 기독교인은 악행에 상관없이 천국에 거주.

<꾸란에 언급된 25명의 예언자>

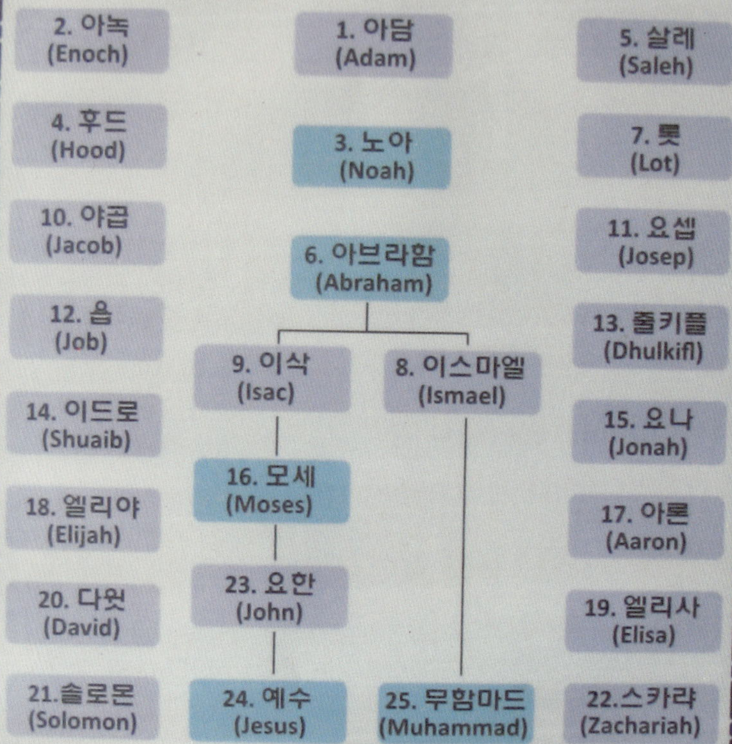

하나님께서 인류에게 올바른 길을 알리기 위해 선택한 이들을 예언자라고 부른다. 수없이 많은 예언자들 중에서 꾸란에 이름이 언급된 예언자는 위의 25명이다.

이 분들 중 노아, 아브라함, 모세, 예수 그리고 마지막 예언자이신 무함마드(그분에게 하나님의 평화가 깃들기를) 다섯 분을 특히 중요한 예언자로 꼽는다.

이슬람교

이주화 이맘

이주화(오른쪽)_한국이슬람교 이맘

이슬람교는 폭력아닌 평화 · 공존의 종교

▲ 이태원 이슬람사원 입구

지금 세계가 공포에 떨고 있다.

지난 11월13일 밤(현지 시각)유럽의 심장부 파리에서 이슬람 무장단체 '이슬람국가(IS)'가 자행한 6건의 동시다발 테러가 벌어져 130여명이 숨지고 350여명이 부상했다. IS는 즉각 "형제들이 프랑스 수도 여러 곳을 공격했다"며 이번 테러가 자신들의 소행임을 밝혔고 "이번 공격은 폭풍의 시작일 뿐"이란 가공할 메시지를 공개했다. IS는 지난 7월 인터넷으로 배포한 동영상에서 "파리거리가 시체로 뒤덮이게 할 것"이라고 위협한 바 있다.

▲ 이주화 이맘(한국이슬람교)

프랑수아 올랑드 프랑스 대통령은 "이번 테러는 자유 사회에 대한 이슬람 극단주의 세력의 선전포고"라면서 에펠탑과 베르사유 궁전등 주요 관공 건물을 폐쇄한 뒤 국가 비상사태를 선포했다. 세계는 경악했고 각국 언론들은 IS가 도발한 '3차 세계대전'에 휘말려 들어가고 있다고 보도했다. 일부에서는 이번 테러를 IS제재에 동참한 강대국들에 대한 보복으로 보는 시각도 있지만 종교학자와 미래학자들의 견해는 전혀 다르다. 그들은 기독교 중심의 서구사회와 중동권의 이슬람 가치관이 상충하는 거대한 문명 충돌로 규정짓고 있는 것이다.

국제테러 전문가 샤울샤이(60) 이스라엘 對테러 국제연구소(ICT)선임 연구원은 최근 언론과의 인터뷰에서 "파리 도심한복판에서 범죄가 벌어졌다는 것은 이제 세계 어디에도 안전지대가 없다는 의미"라면서 한국도 타깃이 될 수 있다고 우려를 표명했다. 그는 "작년 이집트 시나이 반도에서 한국 관광객들이 이슬람 극단주의자의 자살폭탄테러에 희생됐던 사건을 잊어선 안된다. 서구의 동맹국이 對(대) IS전쟁에 적극 동참하지 못하도록 위협하기 위해서 이므로 각별한 주의가 필요한 시점"이라고 덧붙였다.

현재 이슬람교를 믿는 세계 무슬림의 수는 17억여 명으로 세계 인구 중 4분의 1이 이슬람 신자인 것으로 파악되고 있다. 무슬림은 '이슬람 교리를 지키고 따르는 사람'이라는 뜻이다. 한국에는 내국인 무슬림이 3만 5,000여 명이나 이슬람교 측 통계에 따르면 외국인 무슬림 수가 10만여 명에 이른다. 국내에 체류 중인 외국인 수가 150만여 명이 넘는 다문화 사회임을 고려하면 실제 교세 면에서도 무시할 수 없는 신도수다.

한국 이슬람교 산하에는 전국에 크고 작은 사원과 예배소를 합쳐 60여 개가 있다.

이슬람교에는 특정한 성직자가 없이 원칙적으로는 누구나가 다 평등한 입장으로 예배를 인도할 수가 있지만 주로 자격을 갖춘 이맘(Imam)이 예배를 주관하고 종교 업무를 수행한다. IS의 연이은 테러로 세계가 초긴장하고 있는 민감한 상황에서 한국 이슬람교 이주화李周和(53)이맘을 만나 첨예한 질문과 답변을 주고받았다. 李이맘이 집무하는 서울 중앙 성원은 서울시 용산구 우사단로 10길 39에 있으며 지정학 상 높은 자리에 위치하고 있어 명실 공히 한국 이슬람교를 상징하고 있다. 그는 최근의 IS사태를 의식한 듯 "IS는 자신들의 목표를 위해 이슬람의 얼굴을 가장한 자들로 이슬람의 숭고한 가르침을 거스르고 있다"고 직격탄을 날렸다. 그러나 李이맘은 온화한 표정으로 모든 질문에 친절히 답해 주었다.

- 이슬람교의 신앙대상은 무엇이며 회교 또는 마호메트교로도 불리는데 정확한 호칭은 무엇입니까?

이슬람은 현재 세계의 모든 국가에 선교되어 교세가 날로 확산되고 있는 추세입니다. 그러나 한국의 경우 이슬람에 대한 올바른 이해 없이 간접적인 방법으로 소개됨으로서 종교명을 비롯한 창조주에 대한 개념, 교리의 왜곡 등으로 많은 사람들에게 오해와 편견에 의해 잘못 인식되고 있는 상황입니다. 이슬람은 유대교 기독교와 같이 하나님으로부터 비롯된 종교로 이 우주를 창조하고 그 속에 있는 피조물을 부양해 주시는 오직 한 분이신 창조주 하나님(알라)을 믿는 종교입니다. 이러한 기본 교리와는 달리 창조주 하나님에 대한 표현으로 많은 사람들은 "알라신"이라 부르고 표기함으로서 유일신 하나님이 아닌 중동 지역에서 믿고 있는 또 다른 믿음의 대상이 있는 것처럼 이해되기도 합니다. 이는 유일신 하나님을 영어의 The God 또는 GOD로 표현하는 것과 같이 아랍어로는 알라(Allah)로 표현하는 것입니다. 다시 말해서 "알라신"이라는 표현은 하나님이란 보통명사를 하나님신 이라고 중복 사용하는 것과 같습니다. 또한 이슬람은 마호메트교, 모슬렘교, 회교, 청진교 등으로 잘못 알려져 있는데 고유명사가 다른 이름으로 불리는 것은 올바른 방법이 아닙니다. 특히 타종교와 달리 이슬람은 어떤 국명이나 지명 혹은 예언자의 이름을 따서 종교명으로 하지 않았다는 사실에 매우 중요한 의미를 지닙니다. 왜냐하면 이슬람은 선민사상을 초월하여 전 인류를 위한 하나님의 종교이며 평화의 종교이기 때문입니다.

이슬람이란 단어는 "평화를 추구하다, 복종하다, 귀의하다"라는 의미를 지닌 "아슬라마"라는 아랍어 동사의 원형으로부터 파생된 동명사 형으로서 "평화, 복종, 귀의"를 뜻하며 교리 적인 차원에서 보면 유일신 하나님의 뜻에 순종하여 평화를 추구하고 결국은 하나님에게로 귀의함을 말합니다. 이슬람교의 기본이념은 평화, 평등, 국적을 초월한 무슬림 형제애로 볼 수 있습니다. 그러므로 이슬람교에서의 평화의 염원은 무슬림의 인사, "앗 쌀라무 알레이쿰"과 이에 대한 답으로 "와 알레이꾸뭇 쌀람" 즉 "당신에게 하나님의 평화가 깃드시길 기원합니다, 라고 하는 말을 서로 서로 교환함으로서 하나님의 진정한 평화를 기원하고 무슬림 상호간에 사랑과 신뢰, 보호와 안정감을 심어준다고 볼 수 있습니다. 또한 예배의 마지막에도 "앗 쌀라무 알레이꿈 와라흐마 툴라"를 오른쪽과 왼쪽으로 반복하여 모든 분들에게 하나님의 평화와 사랑이 깃들기를 축원합니다. 그래서 만일 불교가 자비, 기독교가 사랑을 선교의 바탕으로 한다면, 이슬람은 이 모든 것의 포괄적 의미인 평화의 종교라고 말할 수

있을 것입니다. 뿐만 아니라, 이슬람의 평등사상은 국적과 민족, 피부색, 언어, 빈부, 귀천, 신분의 고하를 초월하여 모든 인류는 하나님의 피조물인 아담(A.S)의 자손으로서 한 가족이며 창조주 하나님 앞에서 평등함을 강조하고 있습니다. 그러므로 예언자 무함마드는 그의 언행록인 하디스에서 (아랍인이 비 아랍인 보다 우월할 수 없고 비 아랍인이 아랍인 보다 우월할 수 없으니, 오직 경외심(Taqwa)만이 그들을 구분할 수 있느니라). 라고 말씀하셨습니다. 따라서 이것은 절대자, 창조주 하나님 앞에서 모두가 평등하며 단지 우리의 선행 즉, 얼마만큼 하나님을 두려워하고 그분을 공경하는 신앙을 가지고 임했느냐 하는 것만이 우리를 구분 지을 수 있는 유일한 기준임을 의미합니다. 그래서 무슬림은 하나님의 말씀인 꾸란을 믿고 이를 가장 충실하게 따른 사도 무함마드의 언행을 추종함으로서 하나님의 구원에 이를 수 있다고 확신합니다. 이슬람은 또한 유대교 기독교와 함께 창조주 하나님으로부터 계시된 순수한 유일신 사상의 종교로서 신의 유일성에 대한 믿음이 절대적이며 신앙의 근본입니다. 창조주 하나님만이 오직 이 우주를 창조하시고 유지하시는 전지전능하신 분이십니다. 따라서 이슬람은 창조주 외에 다른 잡신이나 우상, 인간에게 결코 신성을 부여하여 믿지 않으며 이를 부정함으로서 오로지 하나님의 진리만을 추구하는 것을 알 수 있습니다. 꾸란 112장 "순수의 장"은 유일 신 하나님에 대한 개념을 아래와 같이 정의하고 있습니다.

"자비로우시고 자애로우신 하나님 이름으로 말하라,

그분은 한 분이시라고

하나님은 영원하시며 낳지도 낳아지지도 않은 분이시니

그분과 대등한 어떤 것도 없느니라.”

위 꾸란 구절은 그분의 완전무결하심과 전지전능하심을 영원하신 분으로 정의함으로서 그분은 낳을 필요도 낳아질 필요도 없는 홀로 존재하시는 분으로 묘사되어있습니다. 이는 창조주와 피조물의 관계에서 서로의 역할 분담은 물론 창조의 목적을 보다 확실히 하는 것으로 이해됩니다.

– 세계 17억 무슬림들은 무함마드를 어떻게 섬기는지, 이슬람에서 보는 정확한 그의 지위에 대하여 알고 싶습니다.

천지를 창조하신 하나님께서 인류를 바른길로 인도하기 위하여 시대와 민족에게 적합한 예언자와 사도들을 보내 주셨습니다. 그들 중에는 인류의 조상이며 최초의 예언자인 아담을 비롯하여 노아, 아브라함, 이스마일, 이삭, 야곱, 모세, 예수 그리고 마지막 예언자였던 무함마드에 이르기까지 수많은 예언자들이 있으며 그들은 하나님의 가르침을 받들어 인간들을 올바른 길로 인도하기 위하여 사명을 다했습니다. 그들 중에는 단지 하나님의 예언에 따라 인간들이 올바른 길을 걷도록 인도한 예언자(Nabi)가 있는가 하면 하나님의 계시를 받아 복음을 전달하고 인간들을 하나님의 길로 인도한 사도(Rasul)도 있습니다. 무슬림은 모든 예언자나 사도들을 존경하고 사랑하지만 인간들과 다르지 않는 하나님의 피조물임을 확고히 믿어야 합니다. 무함마드 역시 사도들 중 한 사람이었으며 하나님의 말씀인 꾸란을 계시 받아 이를 성실히 실천하고 모범적인 삶을 통해서 사람들을 바른 길로 인도하기위하여 소명을 다한 사도이자 예언자일 뿐 숭배의 대상은 아닙니다. 예언자 무함마드의 모범에 의해 만들어진 이슬람 공동체(Ummah)는 혈연과 지연관계를 초월하여 하나님을 경배하는 동일한 믿음의 공동체로써 공통의 목표를 위해 서로 사랑하라고 가르칩니다. 그래서 이슬람에서 형제애는 그 유례를 찾아 볼 수 없을 만큼 강한 단결력과 결속력을 가지며 국적을 초월하여 친형제 이상으로 친분관계를 중시함을 알 수 있습니다. 예언자 무함마드는 움마를 이루는 구성원들의 역할로서 함께 나눔을 아래의 하디스와 같이 강조하고 있습니다. (모든 무슬림은 우리의 신체와 같아서 머리가 아파도 온몸이 아프고, 눈이 아파도 온몸이 아픈 것과 같으니라).

▲ 모로코 핫산 메르키타

- 일점일획의 가감적加減的해석이 허용 되지 않는 꾸란(코란)의 권위와 이슬람의 호전성에 관해 오해가 있다면 말씀해 주시지요.

이슬람은 하나님으로부터 계시된 모든 성서들을 믿습니다. 다윗의 시편, 모세의 구약, 예수의 신약, 무함마드의 꾸란을 삶의 지침서로 하나님의 말씀인 성서로 믿습니다. 그러나 만일 성서의 말씀이 인간들에 의해 첨삭이 이루어 졌다면 하나님의 말씀으로 인정하지 않습니다. 꾸란은 이슬람법을 해석하는데 꼭 필요한 성문법전으로 114장 전체가 하나님의

▲ 이주화 이맘과 필자

계시의 말씀이며 예언자 무함마드가 하나님의 말씀을 지브리일 천사를 통해서 계시 받고 그 꾸란 구절들은 다수의 추종자들에 의해 암기되고 기록되어 완성된 계시록으로 1,400여년이 지난 오늘날까지 계시 당시의 원전이 한 획의 첨삭도 없이 그대로 전해지고 있습니다. 그리고 예언자 무함마드의 하디스는 그의 말과 행동을 수록한 것으로 꾸란을 이해하는데 많은 도움이 됩니다.

많은 사람들은 이슬람이 호전적이며 무력에 의해 전파된 종교로 알고 있습니다. 꾸란에는 종교에는 어떤 강요도 없다고 가르칩니다.(2:256) 하나님께서는 진실과 거짓을 서로 구별되게 하셨고 그래서 누구도 특정 종교를 믿도록 강요할 수는 없습니다. 믿음은 전적으로 개인적인 문제이기 때문에 선택은 스스로에게 달려있습니다. 꾸란을 따르는 사람은 다른 사람에게 꾸란을 믿도록 강요하지 않습니다.

"주님의 뜻이 있었다면 지상에 있는 그들 모두가 믿음을 가졌을 수도 있었으리라 그대는 강요하여 사람들로 하여금 믿게 하려 하는가 어느 누구도 하나님의 뜻이 아니고는 믿지 않으며……." (10:99-100)

이 구절은 다른 사람들에게 믿음을 강요한다는 생각 자체가 잘못이라고 분명히 말합니다. 만일 하나님께서 원하셨다면 모든 사람들을 신앙인으로 만드실 수도 있었으나 오히려 하나님께서는 인간에게 선택할 수 있는 자유 의지를 주셨던 것입니다. 그래서 누군가 믿음을 갖게 되는 것은 바로 하나님의 은총입니다. 꾸란은 사람들을 이슬람으로 초대하는 방법에 대하여 다음과 같이 설명하고 있습니다.

"지혜로움과 좋은 말로 사람들을 하나님의 길로 안내하라……." (16:125)

이슬람은 유대교, 기독교와 더불어 세계 3대 종교의 하나로 570년 아라비아반도의 멕카에서 탄생한 예언자 무함마드가 610년 창조주 하나님으로부터 계시를 받아 세상에 포교된 순수한 유일신 종교입니다. 당시 아라비아 반도에는 극소수의 사람들만이 유일신 하나님을 믿고 있었을 뿐 대다수의 사람들은 우상숭배와 조상신 그리고 다신교를 믿고 있었으므로 이슬람은 많은 어려움 속에서 선교에 임할 수밖에 없었습니다. 그러나 이슬람은 그 당시의 어려운 사회적인 여건에도 불구하고 메카에서 메디나로 이주(Hijrah)를 하면서 사회적으로 많은 호응을 얻었으며 급기야 사도 무함마드 생존 시 이미 아라비아 반도 전체가 이슬람 화 되었을 뿐만 아니라 멀리는 중국과 북아프리카 그리고 중앙아시아 일대에 이르기까지 광범위하게 이슬람이 소개되게 되었습니다. 63세를 일기로 사도 무함마드가 별세하고 그의 뒤를 승계한 칼리파 시대와 수도를 메디나에서 다마스크스로 옮긴 우마이야 왕조, 그리고 바그다드에서의 압바시야 왕조에 이르러 이슬람은 세계문화의 중심지로 충분한 역할을 하였으며 이후 오스만 터키제국의 영화는 세계사의 한 장을 남기게 되었던 것입니다. 오늘날 이슬람 교세를 살펴보면 이슬람은 아라비아 반도를 비롯하여 아시아와 중앙아시아 그리고 아프리카 일대에 방대하게 퍼져 있으며 유럽과 미국의 경우 이슬람의 부활을 말할 정도로 활발하게 이슬람 선교가 이루어지고 있습니다, 특히 프랑스는 제2의 종교로 발전하여 10% 이상의 많은 사람들이 이슬람을 믿고 있으며 현재 1,600개의 이슬람 성원이 있다고 합니다. 오늘날 세계의 무슬림 인구는 약 17억에 달하며 이는 세계인구의 4분의 1에 해당하는 사람들이 이슬람교 신도라고 말할 수 있습니다. 이러한 현상이 과연 누군가의 강요나 무력에 의해 이루어질 수 있을까요? 더욱이 무슬림들은 눈에 뛰게 적극적으로 선교를 위하여 나서지도 않습니다. 그럼에도 불구하고 많은 사람들이 자발적으로 이슬람에 귀의하고 있는 현상은 사람들 스스로가 이슬람이 이성적인 종교임을 알게 되었고 나아가 모범적인 삶이 곧 신앙의 실천임을 알게 되었기 때문입니다.

이주화 이맘은 “이슬람 전파의 제1원칙은 모범을 실천해 스스로 따르게 하는 것이며 강요하지 않는 것인데 IS가 이를 이행하고 있느냐”고 반문하며 ‘참수=이슬람 처단법’이란 인식이 확산 될까를 우려했다. 이슬람이란 말 속엔 ‘평화’ ‘순종’이라는 뜻이 있다면서 “가축도 최대한 고통을 느끼지 않게 도축할 정도로 생명을 소중히 여긴다"고 강조했다. 다시 李 이맘에게 IS의 극렬성과 성전聖戰(지하드)으로 연계되는 테러리즘, 유럽을 뒤흔들고 있는 난민 문제에 관해 물었다. 곤혹스러운 듯 그는 창밖을 내다보다 한참 후에 입을 열었다.

이슬람은 평화를 의미하는 "쌀람(Salam)"에서 나온 말입니다. 꾸란은 또한 화해와 용서 그리고 포용을 가르칩니다. IS 같은 무장 세력들이 생기게 된 것은 종교보다는 정치, 물질적 욕망과 관련이 깊은 것으로 이해됩니다. 이슬람 세계는 지구상에 무려 58개국에 이릅니다. 무장 세력들이 주로 활동하는 지역들을 보면 대부분 정치적으로 불안정하며 독재정권에 의한 장기집권, 또는 잦은 정권 교체로 국가 부도 위기의 사회악이 만연한 나라들에 주로 분포되어 있음을 알 수 있습니다. 이러한 사회 분위기 속에서 몇몇 사람들이 자신들의 불만을 표출하기 위하여 테러조직을 형성하고 가담하고 본인들이 하는 테러 행위에 대해 정당성을 부여하고자 종교의 이름을 이용하고 있는 것입니다.

지하드의 본래 의미는 하나님의 길에서 자신의 신앙을 지키기 위하여 애쓰는 것을 말하며 일상의 삶에서 행하는 모든 선한 행위들이 여기에 포함됩니다. 그래서 길에서 쓰레기를 줍는 것도 지하드이며 어려운 자들을 위해 자선을 베푸는 것도 지하드입니다. 지하드에 대한 이슬람의 가르침은 자신의 가족과 공동체가 위협을 받을 때만 정당방위로 맞서 싸울 수 있으며, 전쟁에도 여성과 어린아이 노인 그리고 무장이 해제 된 군인이나 타종교의 성직자를 해치지 못하도록 가르칩니다. 전쟁 포로도 손님으로 대우하며 적군의 시신도 절대 유린하는 행위를 하지 않습니다. 적군이 항복을 하고 보호를 요청해오면 그들을 돌봐주도록 가르칩니다. 오늘날 이슬람을 칭하여 행하는 IS의 만행을 보면 이와 같은 이슬람 정신에 위배됨은 물론 이슬람의 가르침과 어떤 공감대도 형성될 수 없는 절대 용서받을 수 없는 죄악을 저지르고 있음을 알 수 있습니다.

오늘날 우리 사회에 언론에 의해 소개되는 IS는 곧 '이슬람국가'로 알려져 사람들의 인식에 이슬람과 IS를 동일시하게 되는 현상이 두드러지게 보이고 있지만 아랍 이슬람 지역에서는 그들의 만행이 전혀 이슬람적이지 않다는 이유로 IS 대신에 '다에쉬('짓밟힘'을 뜻하는 다에시와 발음이 흡사하여 사용)'이라는 명칭을 사용합니다. 국제인 여론도 이슬람을 사칭한 테러 집단을 진짜 '국가'로 오해하게 할 수 있다는 것에서 그 명칭을 그들이 원하는 그대로 IS라고 불러서는 안 된다는 움직임이 지배적입니다. 미국 대통령 버락 오바마도 "IS는 이슬람도 아니고 국가도 아니다."라고 했으며, 반기문 UN 사무총장도 이를 일컬어 '비非이슬람의 비非국가집단'이란 뜻으로 'Un-Islamic Non-State(UINS)'라고 불러야 한다고 했습니다.

우리는 절대 다수 무슬림들이 믿고 있는 이슬람의 실체를 보고 또 그들이 추구하는 이상이 무엇인지 볼 수 있어야합니다. 이슬람은 평화와 화합, 그리고 공존의 종교입니다. 그래서 무슬림 개개인의 경우 이슬람의 올바른 가르침을 실천하고 모범을 보임으로서 타종교 타문화와 융화되어 공존하는 모습을 실천적으로 보여줄 수 있어야합니다. 또한 이슬람

국가를 통치하고 이끌어가는 통치자들도 꾸란과 하디스에 의거한 예언자 무함마드의 모범을 통해서 보인 이슬람의 본정신에 입각하여 공정하고 정의로운 지도자로서 역할을 할 수 있을 때 이러한 이슬람에 대한 오해와 편견은 해소될 수 있을 것입니다.

李이맘은 30여 년 전 대학생 때 우연히 한남동 중앙성원을 오게 됐다. 당시 개신교회를 다니긴 했지만 신앙심이 깊지는 않았다. 신학적으로 궁금한 것들이 많아 이슬람에 대해 깊이 알아보겠다는 의지가 생겼고 국비 장학생에 응시해 사우디아라비아에 있는 메디나 국립 이슬람대학교에 가 9년간 신학 공부를 했다. 1984년 입교 후 한국 이슬람교 중앙회 선교 교육국장, 부이맘, 사무총장을 거쳐 2011년 이맘이 되었다. 현재 국내에 있는 20여명의 이맘들 중 한국인으로는 유일한 이슬람 신학을 전공한 이맘이다.

▲ 이주화 이맘이 필자에게 이슬람 서적 증정

이슬람교를 이해하는 키워드 중 핵심인 개신교와의 분열은 지금으로부터 약 4000여 년 전으로 거슬러 올라간다. 작은 무리를 이끌고 중동지방을 유랑하던 아브라함은 80세가 넘도록 아들이 없었다. 그의 부인 사라는 大代를 잇게 하기 위해 몸종 하갈로 하여금 남편의 자식을 낳게 했다. 아브라함은 86세 이르러 이집트 여인 하갈의 몸에서 아들을 얻고 그 이름을 이스마엘이라 했다. 비극은 엉뚱한 데서 태동됐다. 그로부터 14년 후 100세가 되던 해 아브라함은 사라로부터 아들 이삭을 낳았다. 사라는 아브라함에게 이스마엘과 그의 어미 하갈을 내쫓으라고 졸랐다. 아브라함은 하갈 모자에게 약간의 양식과 식수를 주며 무리를 떠나도록 명령했다. 예수는 이삭의 후손이고 무함마드는 이스마엘의 혈통을 이어 받았다. 이후 그리스도교와 이슬람교 사이는 반목과 갈등의 역사로 점철되었다. 서장자庶長子(이스마엘)와 적장자嫡長子(이삭)간의 갈등이 있다. 이슬람교에선 그리스도교의 핵심 교리인 삼위일체설을 인정하지 않는다. 무슬림에게 "한 분이신 하나님 안에 성부 · 성자 · 성령의 3위가 계시다"는 교리는 어떤 단서나 설명을 붙여도 하나님의 유일성에 위배되는 가르침이기 때문이다. 무슬림들은 또 예수가 '하나님의 아들'이라는 교리를 단호히 부정한다. 예수도 아브라함이나 모세 · 무함마드와 같은 '하나님의 예언자' 가운데 한 인간일 뿐이라는 것이다.

– 최근 이슬람권 일부 여성들이 인권을 내세워 히잡 착용을 거부하는 사례가 있는데 이슬람교의 여성관은 어떻습니까?

무슬림 여성들이 히잡을 착용하는 데는 많은 의미를 내포하고 있습니다. 이슬람에서 여성의 히잡을 착용함으로 정숙함과 고귀함을 추구하는데 목적을 두고 있는데 이것은 억압이나 여성 비하의 의미가 아니라 여성의 정신적 육체적 해방을 의미합니다. 또한 이슬람은 남성과 여성을 대등하게 평등함을 가르치고 있습니다. 꾸란 3장 195절에는 "주님께서 그들에게 답하시니 나는 남성이건 여성이건 너희가 행한 어떤 일도 헛되지 않게 할 것이니 실로 너희는 서로 동등하니라…….” 라고 전합니다. 이 꾸란의 가르침은 단지 여성이라는 이유만으로 어떤 차별이나 불이익을 당하지 않으며 남성과 여성 모두가 하나님 앞에서 대등함을 알 수 있습니다. 이는 하나님께서 창조하신 여성은 남성과 대등한 인간으로서 그리고 아내로서 어머니로서 딸로서 남성으로부터 그리고 사회로부터 보호받도록 하나님께서 명하셨음을 알 수 있습니다. 예언자 무함마드의 언행록인 하디스에 의하면 (천국은 너희들 어머니의 발아래 있느니라) 라고 전합니다. 이슬람은 여성을 고귀한 존재로 있을 수 있게 가르치는 종교입니다.

– 이슬람권의 '할랄'식품이 세계적 안전 식품으로 인식되면서 그 시장 규모가 엄청난 증가세를 보이고 있는데 할랄의 기준과 함께 왜 돼지고기를 안 먹는지도 설명해 주시지요.

오늘날 세계 무슬림 인구는 17억 명으로 세계인구의 24%에 달하며 이슬람은 기독교 불교와 더불어 세계 3대 종교의 하나입니다. 이슬람 세계의 소득증가와 더불어 교육 수준의 향상 그리고 높은 출산율은 할랄 시장 확대를 부추기고 있으며 시장규모는 연간 1조 달러를 넘어서고 있습니다. 국내 기업의 경우 2013년 전체 수출액 5,596달러 중 11.6%에 달하는 651억200만 달러를 이슬람 국가에 수출하고 있으며, 최근 5년간 이슬람 국가 수출은 29.8% 증가율을 보이고 있습니다. 할랄식품 수출은 1억5,300만 달러로 전년 대비 9.3% 증가하고 있으며 이는 전체 식품 수출액의 9% 수준에 이릅니다.(출처:농림축산식품부)

오늘날, 우리 사회에서의 할랄식품에 대한 인식과 인증의 필요성은 점차 일반화되어 확대되어 가고 있으며 할랄식품은 꾸란의 가르침에 입각하여 "깨끗하고 좋은 허용된 식품"으로 인식되어지고 나아가 사람들의 웰빙 푸드에 대한 열망과 함께 매년10% 이상의 성장세를 보이고 있는 실정입니다.

돼지고기는 꾸란의 많은 구절들을 통해서 금기 사항임을 규정하고 있습니다. 특히 16장 115절에는 "너희들에게 죽은 고기와 피가 금지되었고 돼지고기와 하나님의 이름으로 도살되지 아니한 것도 금지되었느니라."라고 돼지고기의 습취를 금하고 있습니다. 또한 돼지고기는 다른 고기에 비해 기생충 감염의 우려가 많은 것으로 조사되어 있는데 돼지고기를 섭취할 경우 적어도 70가지의 질병을 일으킬 수 있다고 합니다. 이들 질병들 중에는 주로 돼지고기와 돼지의 피부에서 발생되는 촌충, 편충, 폐흡충, 대장섬모충, 비대흡충, 돈폐충, 간흡충과 같은 기생충에 의한 질병들이 있고 이러한 기생충들을 박멸할 수 있는 방법은 아직 없으며 그로 인해 발생되는 질병에 대한 특별한 치료법 또한 없다고 합니다. 그래서 소고기의 경우 날 것으로 먹기도 하고 덜 익혀서도 먹을 수 있으나 돼지고기는 바짝 익혀서 먹도록 하는 것도 이런 질병에 대한 우려와 무관하다고 할 수 없을 것입니다.

– 국내에 거주하는 외국인 근로자의 증가로 각 국의 무슬림들이 상당수 기거하고 있습니다. 한국 문화와 이질적인 면이 많을 텐데 우리 사회에 잘 적응할 수 있는 비책祕策이라도 있으시다면... 또한 젊은 신자가 늘어나는 추세도 매우

희망적입니다.

외국인 무슬림들이 한국 사회에서 적응하여 살면서 직면하는 가장 큰 문제는 이슬람에 대한 오해와 편견으로 인한 한국인들의 불편한 시선으로 볼 수 있습니다. 그러나 이슬람에 대한 잘못된 인식으로 인한 한국인들의 불편한 시선에도 불구하고 이슬람의 참 모습을 실천하고 모범적인 모습을 보임으로서 바람직한 생활을 영위할 수 있을 것으로 사료 됩니다. 또한 한국 사회에서 느낄 수 있는 이질감 중에서 음식과 문화의 차이가 큰 비중을 차지할 것입니다. 할랄과 하람에 대한 이해 부족으로 인하여 발생할 수 있는 이러한 다양한 문제들 또한 바른 신앙생활과 한국 사회를 이해하고 수용하는 자세로부터 해소될 수 있으며 이 또한 무슬림이 갖춰야할 의무로 볼 수 있습니다.

이슬람을 일러 국제적인 다양한 이슈들이 이슬람에 대한 많은 편견과 오해를 낳기도 하지만 오늘날 다양한 방법으로 소개되는 이슬람에 대한 긍정적인 의견들과 바른 정보들도 사람들로 하여금 인식의 변화를 가져오게 합니다. 인식의 변화는 곧 실체에 대한 연구를 불러오고 이러한 이유들로 말미암아 이슬람을 선택하는 사람들이 많이 생겨나지 않을까 생각합니다. 어떤 종교도 상식을 벋어나 비이성적인 나쁜 것을 교리로 가르치진 않을 것입니다. 이슬람도 상식선에서 인간으로서 그리고 사회 구성원으로서 곧게 살아가는 방법을 제시하고 그 역할을 다 하도록 가르칩니다. 순수함을 잃고 인간의 본질을 망각하고 살아가는 현대인들에게 이러한 이슬람 적 가르침은 당연한 것이며 또한 많은 사람들이 이에 호응하는 것으로 보입니다.

- 타 종교는 십일조 헌금 보시금 월정금 회비 등으로 종단 재정을 이끌어 가는데 이슬람교의 운영 방식은 어떠한지요. 모든 무슬림이 함께 공유하는 '자카트'가 합리적이라고 들었습니다.

이슬람의 네 번째의 의무 사항은 희사(Zakat)의 의무입니다. 수입이 있는 모든 무슬림은 1년을 단위로 자신의 수입을 정산하여 수익금 중 순수 저축금에 대하여 년 2.5%를 반드시 사회에 환원해야 합니다. 그러나 만일 부채가 있거나 가족을 부양해야할 의무가 있는 사람은 부채상환과 가족부양의 의무가 우선됩니다. 그리고 이슬람은 절약과 계획적인 소비를 근거로 지출하도록 규정하고 있으며 과소비를 부추기거나 과다한 지출을 일삼는 행위를 금하고 있습니다. 이슬람에서 말하는 자카트는 구빈세와 같은 세금의 의미가 더 강하며 이에 더하여 자선의 의미까지 포함하고 있습니다.

자카트(Zakat)의 언어적인 의미는 정화, 증진, 축복으로 이해됩니다. 그래서 자카트를 지불함으로서 마음의 정화는 물론 소유하고 있는 부가 깨끗하고 순수하게 축척됨을 의미합니다. 나아가 재물에 대한 인간의 탐욕과 부정한 마음을 정화하고 가난한 자가 부자에게 가질 수 있는 시기심과 위화감을 와해시키며 사회적으로는 부익부 빈익빈과 같은 부의 편중 현상을 완화시켜 경제적 안정에 도움을 주기도 합니다. 또한 축제헌금(Zakat al-Fitri)은 라마단 단식월이 끝나고 맞이하는 새로운 달(Shawal)의 첫째 날 행하는 희사제도로 축제예배가 끝나기 직전까지 가족 수에 따라 정해진 양을 지불하는 의무 희사금을 말합니다. 이는 가난한 자든 부자든 누구나 축제의 기쁨을 함께 누리도록 하는데 그 목적이 있습니다.

따뜻했던 이주화 이맘과의 인터뷰를 마치고 한남동 중앙성원(모스크)을 나오면서 이만하면 이슬람교에 대한 의구심을 거의 사라졌다고 생각했다. 문득 이슬람교 가운데 수니파와 시아파가 뇌리를 스쳤다. 현재 중동지역에서 진행 중인 처절한 살육과 보복의 악순환이 정통성을 놓고 싸워온 두 교파 간의 갈등이 아니던가. 그 외에도 신비주의적 수피즘(Sufism)과 강경파인 하와리즈파(Khawarij), 이스마엘파(Izmail)도 있지만 그 세력은 미미하다.

▲ 이주화 이맘 집무실

서기 661년 1월 24일 칼리프(계승자 또는 대리자) 알리의 암살로 이슬람교의 분열은 시작됐다. 예언자 무함마드 사망 후 아부 바크르 · 우마르 · 우스만 · 알리를 정통 칼리프를 승인한 대다수 신자가 수니파고, 시아파는 무함마드의 사촌이며 사위인 알리(제4대 칼리프)를 정통이라고 섬긴다. 수니파는 꾸란(코란)을 영원하다고 보며 그 해석에 충실한 반면 시아파는 이맘을 무함마드에 버금가는 완전무결한 것으로 보고 그들의 경전 해석을 신봉하고 있다. 사우디아라비아는 수니파의 맹주국이며 이란은 시아파의 종주국이다. 현재 세계의 이슬람교 세력 분포는 수니파 90%, 시아파 7%로 집계되고 있다. 시아파가 다수인 국가는 이란(90%) 이라크(65%) 바레인(75%) 등인데 이런 나라에서 수니파가 정권을 잡으면 반드시 전쟁이 벌어지고 만다. 이라크의 사담후세인 정권은 수니파였으며 이런 맥락에서 7년 간 지속됐던 이란 · 이라크 전쟁을 이해하면 해법은 간단해진다. 시리아는 수니파가 다수이지만 알아사드 대통령이 시아파여서 이란이 지원하고 있다.

50년대 중반에 전래된 한국의 이슬람은 정통이슬람인 수니파가 대부분이다. 그러나 각국에서 유입된 무슬림 중에는 시아파도 있는 것으로 알려져 있다.

유교

▲ 공자　중국 춘추 시대의 사상가 · 학자(B.C.551~B.C.479). 이름은 구(丘). 자는 중니(仲尼).

▲ 석전대제

▲ 전폐례를 올리기 위해 북향 하고 있다.

▲ 대성전(大成殿)으로 들어가 석전대제 봉행준비를 위해 당(堂)으로 오르고 있다.

▲ 팔일무(八佾舞)의 봉행준비 과정에서 열문지무(烈文之舞)를 행하고 있다.

▲ 팔일무 중 아헌례(亞獻禮)에서 소무지무(昭武之舞)를 행하고 있다.

▲ 제례악무

▲ 경주향교 대성전　문화재청은 12월 2일 경주향교 대성전을 국가지정문화재 보물 1727호로 지정했다.

▲ 과천향교

▲ 논산 노강서원 강당

◀ 조선 유교 목판　경북 안동시 도산면 한국국학진흥원 내 목판 소장고인 장판각에 보존된 각종 유교 관련 서적 목판. 유네스코 문화유산으로 등재됨.

▲ 경주향교 대성전　문화재청은 12월 2일 경주향교 대성전을 국가지정문화재 보물 1727호로 지정했다.

유교

서정기 관장

서정기(오른쪽) 30대 성균관 관장

현대화를 통한 환골탈태의 혁신으로 민중에 도움되는

'민중유교'로 거듭 나야 됩니다.

▲ 대성전

서정기 성균관장과의 대담은 2014년 7월 14일 성균관 관장실에서 '유교사상' '현실문제' 그리고 오늘날 한반도에 있어 가장 중요한 문제인 '남북통일과 평화'에 대한 주제를 중심으로 진행되었다. 이날 서 관장은 치포관 緇布冠 과 심의 深衣 차림으로 맞아주었으며, 유교사상을 중심으로 현실문제와 남북통일 · 평화 등의 문제에 대해 본인이 평소에 가지고 있던 생각을 대담자의 질문에 거침없이 밝혀 주었다.

▲ 서정기 30대 성균관 관장

제30대 성균관장에 취임한 서정기 관장은 취임 후 전통문화 창달과 성학聖學의 도통道通 정립을 통해 1000만 유림의 본산인 성균관의 올바른 정립을 위해 애쓰고 있다. 서 관장은 전임 관장의 불미스러운 일로 성균관의 위상에 많은 신뢰를 잃은 어려운 상황 속에서 성균관 위상을 회복하고 오늘날 전통사상으로 치부되는 유교의 현대화를 통해 민중에 도움되는 '민중유교'를 표방하며 왕성한 활동을 전개하고 있다.

특히 서 관장은 오늘날 점차적으로 사라져가고 있는 도덕과 인성을 회복하여 유교가 지향하는 대동세계大同世界를 통해 국민(민중)이 행복한 시대를 열기 위해 "오륜사회주의五倫社會主義"를 강조하고 있다.

유교사상에 대해
– 유림의 총본산인 성균관장으로서 생각하는 유교는 무엇인가?

공자께서 말씀하신 인간 본성인 '인'仁을 구현하여 낮은 단계로는 선비와 같은 지식인, 높은 단계로는 군자君子와 같은 어진 사람이 되어 성현聖賢의 단계에 이르러야 한다. 그렇게 되며 모든 사람들의 '사표'師表가 되어 작게는 개인의 수기지학修己之學, 크게는 가정의 행복, 국가의 안녕, 세계의 평화와 같은 치인지학治人之學의 학문을 성취하게 된다. 그러나 오늘날 그러한 유교사상이 없어진지 오래되었으며, 하나의 인격수양으로 처세를 하는데 있어 유익하게 하는 수준에 머물러 있다. 지금 현재 가장 잘못된 것은 유교를 '행동'行動으로 실천하려 하지 않고 '이론'理論으로만 탐구하려는 경향이 있다. 이런 이유에서 나는 '이론유교'에서 '실천유교'로의 전환을 강조하고 있다.

유교의 현대화를 위해 "선비유교"에서 "민중유교"로의 전환을 말씀하셨다. 구체적으로 그 의미와 방안은 무엇인가?

유교의 최초의 기원은 요순堯舜 임금에 있다. 한 사람의 성왕聖王이 나오면 말을 하지 않고도 민중을 감화시켜, 모든 백성을 인격자가 되게 하여 인의예지仁義禮智를 지키며 화평한 세상을 이루게 된다. 그런데 문제는 그러한 성왕이 계속해서 나올 수 없다는데 있다. 그래서 걸주桀紂, 중국 하나라의 '걸왕'과 은나라의 '주왕')와 같은 폭군이 등장하게 되었고, 탕왕湯王와 무왕武王이 협력하여 걸주를 몰아내고 새로운 나라를 건국하였다. 그런데 이 새로운 나라는 제왕이 홀로 다스리는 나라가 아닌 정승

▲ 원불교 대산종사 탄생 100주년 기념행사

이나 판서와 같은 고급 관료가 관권을 강화하여 왕권을 견제하면서 지금의 내각 수반인 총리와 같은 역할을 하며 정치를 하는 나라였다.

그런데 후세에 내려오면서 왕권과 함께 관권마저 부패되어 민권을 보호하는 일종의 안전장치가 사라지게 되어 공자와 맹자와 같은 성인들이 나왔는데, 이분들은 모두 필부匹夫였다. 초야에서 아무런 관직도 없는 필부가 성인으로서 경종을 울리면서 세상 곳곳에 '왕권과 관권이 썩어서는 안되며, 왕권과 관권의 본분本分, 곧 정치의 본분은 민권을 보호하는 데 있다'고 목놓아 외치셨다.

그러나 문제는 초야의 성인도 계속해서 나오지 않는데 있다. 그래서 정자程子와 주자朱子가 등장하여 「소학小學」만 읽은 초급지식인들과 연대·연합하여 지방장관의 잘못을 중앙정부에 고발하고, 국가의 잘못 역시 상소를 통해서 증언하면서 목숨을 바쳐 민권보호에 앞장섰다.

그러나 '봉건주의 시대'가 끝나고 백성이 주인인 '민주주의 시대'가 도래했다. 즉 사민이 평등平等한 시대가 도래한 것이다. 초급지식인인 선비가 없기 때문에 더 이상 선비 이야기를 할 수가 없다. 따라서 민중으로 들어가 공자와 맹자가 남긴 가르침을 민중들에게 직접 물어보고 가르치며 주권[민권]이 국민[민중]에게 있음을 알리고 앞장서는 것이 '민중유교'民衆儒教이다.

유교는 '성왕유교'에서 '관료유교', '성인유교', '선비유교', 그리고 '민중유교'로 변화되어왔다. 그러나 이러한 변화의 근본에는 '민본'民本의 정신이 있다. 즉 백성이 근본인 것이다. 그래서 유교에서는 민심民心이 천심天心임을 강조하고 있는 것이다. 하늘[天]은 백성들의 눈을 통해서 보고 백성들의 귀를 통해서 듣는다.

따라서 백성의 자유·평등·행복이 보장되고, 언론과 의사의 자유가 보장되는 '공론정치'公論政治가 펼쳐져야 한다. 하늘이 백성을 직접 다스리는 것이며 제왕은 그 하늘의 뜻을 대신하여 다스리는 대치자代治者일 뿐이다. 따라서 유교정치는 물론 모든 정치의 근본은 바로 백성이며, 이것이 바로 '왕도정치'王道政治, '대도정치'大道政治이다.

– 유교가 지향하는 대동세계 大同世界 는 어떤 세계로 보는가?

유교는 '지성사회'를 추구한다. 유교에서의 지성은 공허한 이론적 탐구를 의미하지 않는다. 유교에서의 지성은 '격물치지'格物致知로 명명되는데, '격물'格物 곧 사물物에 격格해서, '치지'致知 곧 이치에 이른다. 다른 종교나 사상에서는 관념적인 지식의 탐구로서 학문을 말하지만, 유교는 이러한 학문적 태도를 반대한다.

현장에 직접가서, 그 사물에 직접 이르러서, 사물의 크기 · 두께 · 색깔 · 무게 등을 연구해서 이치를 창출해야 한다. 이런 이유에서 유교가 추구하는 지성의 방법은 일종의 경험주의에 가깝다. 그리고 이렇게 경험으로 축적된 자연법칙을 가지고 자기 자신을 반성해야한다.

이 세상을 불성실하게 보면 모두 불성실해 보이고, 성실하게 보면 모두 성실해 보인다. 나 자신부터 성실해야 사물의 성실성을 인정할 수 있으며, 나 자신이 불성실하면 사물의 성실성을 인정할 수 없다. 따라서 마음을 편안하게 하고, 마음을 올바르게 가져야 한다. 그렇게 해야 사물이 올바르게 보인다.

이렇듯 객관적인 사물의 이치와 주관적인 자기의 마음을 잘 갖추어 인격을 수양해서 가정을 가지런히 하고, 나라를 잘 다스려 세계를 화평하게 하면, 일만 나라가 상부상조하는 복지낙원이 건설된다. 이것이 「대학大學」의 8조목인 격물格物 · 치지致知 · 성의誠意 · 정심正心 · 수신修身 · 제가齊家 · 치국治國 · 평천하平天下의 의미이다.

'대동'大同이라는 것은 '소이'小異를 전제로 한다. 전체적으로는 같지만大同 부분적으로는 서로 다르다小異. 이것이 공산주의와 다른 것이다. 공산주의는 특수성을 인정하지 않고 획일성을 강조한다. 그러나 유교에서는 '대동'을 추구하지만 '소이', 곧 각자의 각국의 독립된 자유와 권리 등을 인정한다.

이런 이유에서 유교에서는 '대동세계'를 '인류 낙원의 극치'로 부른다. 대동세계는 "대도지행 천하위공大道之行 天下爲公"이라고 하듯이 대도가 행해져 천하가 공변公變되어 만민이 행복한 세계이다. 유교에서는 이 공변을 세 가지 측면으로 나누어 말하는데, 천자 · 제후는 "지공무사至公無私", 정승 · 판서는 "멸사봉공滅私奉公", 서민은 "선공후사先公後私"이다.

'사私' 보다는 '공公'을 먼저 생각하기 때문에 대동세계에는 개인이기주의나 집단이기주의(사회주의)는 발을 붙일 수가 없다. 그렇다고 해서 앞서 말한 소이小異를 무시하는 것은 아니다. 그래서 나는 개개의 관계의 특수성을 인정하면서 대동을 지향하는 것을 "오륜사회주의五倫社會主義"로 명명하였다. 즉 국민이 행복한 시대는 오륜사회주의로 가능한 것이다.

– 유교 사상의 우수성을 말씀하시면서 프랑스 혁명의 사상적 토대인 계몽주의 · 합리주의와 영국의 대문호 세익스피어가 유학의 영향을 받았으며, 미국의 독립선언서도 「대학大學」을 참고문헌으로 삼았다고 강조하셨다. 최근에 유교가 서양의 근대문명을 탄생시킨 르네상스에도 직접적인 영향을 주었다는 것이 연구로 발표되고 있다. 좀 더 구체적인 설명을 부탁드린다.

유교가 서양에 전파된 시기를 칭키스칸이 서양을 지배할 때로 보고 있지만, 실제적인 기록에 따르면 명明나라 때로 생각된다. 명나라 때 서양에서 경교景敎, 기독교의 한 종파인 네스토리우스파가 중국에 전래된 후 붙여진 이름)가 중국에 전래되었고, 그 뒤 서양의 선교사 · 탐험가 · 여행가 등이 중국을 방문하고 머물렀다.

그들은 중국에 머물면서 유교 경전들을 번역해 가져갔는데, 이 경전이 가장 먼저 전파된 곳은 이탈리아였다. 당시 이탈리아는 귀족과 노예가 양극화를 이루었던 중세 암흑 시대였다. 소수 귀족의 삶은 풍요로웠겠지만 인생의 바닥을 살았던 다수의 노예들에게 이 시대는 그야말로

'고통의 시대'였다. 그 때 이들이 유교경전에서 받아들인 것은 바로 자유 · 평등 · 해방 사상이다.

예컨대 유교에서는 신하가 임금에게 간언할 수 있는 '자유'가 있었으며, 예절을 통한 '평등'이 있었으며, 인간의 '덕'의 구현을 이상으로 했던 '해방' 사상이 있었다. 이 가운데 수직적 계급시대였던 당시 인간 평등은 가장 혁신적인 사상이었다. 그런데 유교에서 인간 평등은 가장 기본적인 사상 가운데 하나이다. 예절을 실행할 때 예절을 실행하는 실행자는 모두 평등하다.

그런데 예절은 자율적인 규범이다. 즉 자율성이 예절의 기본정신인 것이다. 예컨대 유교에서는 부모가 자식에 효도하라고 하지 않으며, 임금이 신하에게 충성을 다하라고 하지 않는다. 왜냐하면 그렇게 할 경우 타율이 되기 때문이다. 그래서 '효'孝와 '충'忠을 가르치는 스승[師]이 일찍부터 전문직으로 있어왔던 것이다.

반면 서양종교의 규범들의 상당수는 타율적인 규범이다. 즉 규범의 기본정신이 타율성인 것이다. 이런 점에서 프랑스 혁명의 기초를 확립한 계몽사상가 볼테르(Voltaire. 1694~1778)는 동양의 유교사상을 중세 암흑시대의 광명으로 평가하였던 것이다. 이러한 유교사상은 프랑스뿐만 아니라 영국과 미국에도 직간접적인 영향을 주었다.

영국에서는 유교를 받아들이기 전 정치적 도당徒黨을 만들어 도당정치를 했는데, 정치와 행정을 분리해 임금은 정치를, 신하는 행정을 담당했던 정치형태를 유교의 문과고시제도를 받아들여 의회내각정치로 실현하였다. 그리고 미국에 있어서도 유교의 평등사상은 노예해방운동에 많은 영향을 주었다.

▲ 단풍 명륜당

일찍이 우리나라에서는 관노官奴가 1%에 지나지 않을 정도로 노예가 그렇게 많지 않았다. 율곡 이이(1536~1584)는 양민종부법良民從父法, 아버지가 양민이면 어머니가 천민이라도 양민으로 해방)을, 우암 송시열(1607~1689)은 양민종모법良民從母法, 어머니가 양민이면 아버지가 천민이라도 양민으로 해방)을 주장하며 유교의 인간평등사상에 기반해서 노예해방운동을 전개하였다.

나아가 유교는 미국 독립선언서에도 영향을 주었는데, 미국 독립선언서에 「대학大學」의 사상이 녹아있다. 이외에도 유교의 기철학氣哲學은 칼 마르크스(Karl Heinrich Marx)의 사상에도 많은 영향을 주었다.

현실문제에 대해

– 옛 선비들이 나라에 중대사나 큰 슬픔이 있을 경우 그랬던 것처럼 세월호 대참사 이후 치포관緇布冠과 심의深衣 차림으로 손님들을 맞으시는 등 일상생활을 하셨다. 그런 모습이 세상적으로 많은 이슈와 함께 회자되었는데, 어떤 생각에서 하셨는가?

'옷'은 자기가 하고 있는 일을 상징한다. 관료官僚는 관복官服을 입어야 하고, 무장武將은 군복軍服을 입어야 하고, 상주喪主는 상복喪服을 입어야 하고, 학생은 교복校服을 입어야 하며, 노동자는 노동복勞動服을 입어야 한다.

1000만 유림을 대표하는 수장으로서 학자로서의 처신을 해야 한다. 내가 입고 있는 치포관과 심의는 요순 임금 시대의 학자들이 입었던 옷이다. 그런데 율곡 선생이 말했듯 학자의 하루 생각은 천하의 생각을 읽어야 한다.

박근혜 정부의 취임 후 '국민행복시대'를 표방하고 있다. 이것은 유교의 애민愛民, 양민良民, 호민好民 사상과 일치한다. 그런데 국민행복시대에 국가적으로 여러 악재와 인재人災가 일어났으며, 특히 세월호 대참사는 국가가 가지고 있던 문제의 총체적 표현이었다. 세월호 대참사 이후 유림들이 일어나 이러한 난국을 바로 잡아야 한다고 생각했으며, 군자의 정신을 복원해야한다는 의미에서 치포관과 심의를 입게 되었다.

- 전임 성균관장의 여러 문제들로 성균관에 대해 불신이 많이 형성되었다. 이러한 어려움 가운데 성균관장 선거에서 대의원 879명 가운데 85.6%의 압도적인 지지를 받고 당선되었다. 이것은 성균관을 개혁해야한다는 일종의 민의民意로 보여지는데, 어떻게 생각하시는가?

사실이다. 성균관장 선거에 출마한 6명의 후보 가운데 나만 재야에서 활동하던 학자였다. 오후 4시까지 2차 선거까지 가는 열띤 경합 끝에 당선되었다. 그날 나를 지지해주기 위해 재야의 많은 유림이 참석해 주었다. 오늘날 자본주의 시대 대부분의 선거가 '돈'과 연관되고 '돈'을 많이 가진 자가 이기는데 이번 성균관장 선거는 '돈'이 아닌 '글'의 승리라고 생각한다.

- 얼마 전 청와대에서 열린 종교지도자 간담회에서 "경제제일주의"에서 "도덕제일주의"로 전환되어야 현 정부가 캐치프레이즈로 삼고 있는 "국민행복시대"의 실현이 가능하다고 말하였다. 구체적인 방안은 무엇인가?

오늘의 정치는 너무 경제를 강조한다. 그야말로 '경제제일주의', '경제우선주의'이다. 그렇다보니 공동체의 기본이 되는 관계가 사라지게 되었고, 관계가 사라지자 그 관계 사이의 질서와 도덕이 사라지게 되었다. 모든 것이 현대화되고 시대적 상황이 변하더라도 변할 수 없는 것이 있다.

바로 '오륜'五倫이다. 그리고 이 오륜에 기반한 질서가 확립되고, 그 질서 속에 예와 도덕이 실현될 때 진정한 행복시대가 도래될 수 있다. 아울러 오늘날 정치도 앞서 말한 왕도정치로 회복되어야 한다. 유교에서 정치는 덕德으로 다스리는 왕도정치王道政治와 물리력으로 다스리는 패도정치覇道政治가 있다.

그리고 왕도정치에는 덕치德治와 예치禮治, 패도정치에는 인치人治와

법치法治가 있다. 현재의 한국 정치는 현재 패도정치 가운데 법치(法治 · 법으로 기강을 일으켜 사회 안정을 추구)를 표방하면서 실질적으로 인치(人治 · 한 사람의 인기와 권위, 지도력에 의존)에 머물러 있다.

대다수의 국민은 법을 지키려 하지만 상류사회가 썩어서 법치가 안 된다. 원전비리와 불량 군수품 납품 등도 모두 퇴역장성 같은 지도층 때문에 일어난 것이다. 따라서 패도정치에서 도덕을 기초로 하는 왕도정치로의 전환이 있어야 한다.

남북통일과 평화에 대해

- 현재 한반도의 통일과 동북아 평화를 두고 많은 내용들이 회자되고 있다. 이러한 현실적 문제에 있어 종교의 역할은 무엇이며 특히 유교가 어떠한 기여를 할 수 있다고 보는가?

유교가 동아시아와 남북통일을 두고 해야 할 일이 있다. 100여년 전 서양 제국주의에 의한 침략이 있을 때 아시아가 단결해서 이를 막아내려 했지만, 정치가들의 이론異論과 이견異見 때문에 막아내지 못하고 아시아가 몰락했다.

반면 유럽은 공맹체共盟體를 형성하였다. 동아시아의 주요 국가인 한국, 중국, 일본이 현재 영토, 방공권, 역사 등을 두고 대립과 갈등을 하고 있다. 이러한 대립과 갈등에 유교가 분명히 기여할 수 있다고 생각한다. 앞서 말한 유교의 이상세계인 대동세계의 정신을 오늘날 회복해야하며, 이것은 오늘날에도 유교문화권으로 규정되는 한국, 중국, 일본의 필수과제이다.

그래서 본인은 '동아시아유교연합'을 창립해야 함을 강조하고 있다.

아울러 유교는 남북통일에도 지대한 기여를 할 수 있다고 생각한다. 현재 북한에는 160여개의 향교가 있다고 전해지고 있다. 만약 기회가 된다면 본격적인 교류를 할 생각이다. 지리적 · 이념적 분단이 있지만, 같은 성씨를 공유하고 같은 조상을 모시는 이들이 함께 제사를 지내며 대동정신을 구현한다면 통일은 추상적인 목표가 아니다. 유교야말로 통일에 대한 가장 이상적이며 현실적인 방안을 제시해줄 수 있다고 생각한다.

원불교

▲ 원불교 교조 원각 성존 소태산 대종사(속명: 박중빈 1891-1943)

▲ 소태산 대종사 성탑

▲ 영산대각전　근대문화유산지정 제481호 지정(2011.10)

▲ 사진왼쪽부터 대산 종사, 교황 요한바오로2세

▲ 사진 왼쪽부터 김삼룡 종사, 대산 종사, 강원룡 목사

▲ 원불교 법인설 경축행사(매년 8.21)

▲ 원불교 4.28 대각개교설 경축행사 중 헌다의식(원불교 다인회)

▲ 대산종사 탄생 100주년기념대법회(일산 원불교 동부)

▲ 4.28 대각개교설 경축 법등축제(영산성지 대각지)

▲ 원불교 익산성지 법등축제 점등식

▲ 북측 백두산천지 김주원 교정원장 등 참석자 기념사진(2011)

▲ 남북종교인 모임중 원불교 · 조불련과 기념사진(금강산호텔, 2015.11). 앞줄 왼쪽 두번째가 김대선 교구장.

▲ 소태산 금강산 성적지순례중 참가자 기념사진(2007.8)

▲ 솜리 민족놀이 큰잔치(매년 5월 5일)

▲ 김장김치 나눔 행사(원불교 경인교구)

원불교

김대선 평양교구장

김대선(오른쪽)_원불교 교무(평양교구장, 100주년기념성업회 대외협력단장)

이웃종교와 같이 만드는 좋은 세상이

소태산 대종사가 추구하는 세상입니다.

부처님 예수님 공자님이 지향하는 목표는 같다고 생각합니다.

▲ 원불교 익산총부 정문

원불교 김대선 교무(60 · 평양교구장 100주년기념성업회 대외협력단장)를 만났다.

▲ 김대선 평양교구장

원불교는 본지(《매일종교신문》)에서 아직 민족종교의 카테고리로 기사를 게재하고 있지만 대한민국 공인 4대 종단의 하나로 그 위상을 갖추고 있다. 최제우崔濟愚의 천도교 · 강일순姜一淳 증산교 이후의 민족종교, 민중종교라고 일컫지만 그를 뛰어 넘는 교세이다. 군종교구 軍宗敎區 를 갖춘 개신교, 불교, 가톨릭에 이은 4대 종단이기도 하다.

원불교는 미래종교를 지향, 교법을 시대화 · 생활화 · 대중화의 개혁을 한 것이 이 시대, 우리 사회의 생활과 심성에 깊이 자리를 잡게 했다는 반증이다.

우리 사회의 생활과 심성에 자리잡은 종교의 '시대화 · 생활화 · 대중화'

인터뷰는 원불교 서울회관 204호실에서 이루어졌다. 이곳은 이건희 삼성전자 회장의 장모이자 홍석현 중앙일보 · JTBC 회장의 어머니인 원불교 김윤남(신타원 김혜성) 원정사圓正師가 열반하고 화장 후 유해가 49일 안치됐던 곳이다. 그의 장례는 삼성이 아닌 원불교 교단장으로 치러졌다.

"신타원 원정사님은 1962년 원불교에 입교한 후 50년 동안 한결같은 신심을 발휘했습니다. 원불교 핵심 교리가 담긴 '일원상一圓相 서원문誓

願文'을 항상 독송하며 이를 생활화한 분입니다."

김 교구장은 그의 신심을 무엇보다 높이 샀다. 그의 신심이 교단 내에서뿐만 아니라 바깥사회에 감화를 시켰다고 했다. 그러면서도 2011년 미국 뉴욕주 클래버랙에서 원圓다르마센터를 건립하는 등 원불교 세계화와 교세확장에 기여한 공로를 현실적으로 평가했다. 유지비(원불교에서는 기독교의 헌금, 불교의 시주를 유지비라 칭한다)를 헌납할 수 있는 재력과 원불교의 대외적 면모를 드러낼 수 있는 가문과 인물의 표출도 원불교 위상과 교세 신장에 중요한 역할을 했다는 것이다.

출가서원 후 만 40년, 그리고 만 32년을 성직자로서 지내온 김 교구장은 마음 훈련 못지 않게 현실감각과 생활을 직시하고 있었다.

"우리의 그릇으로 교단 안에서 해야할 일도 힘에 벅찬데 바깥 일이 과부하되었습니다."

아닌게 아니라 그는 원불교 성직자로서 본분을 다하는 가운데 대외적인 활동으로 많은 일들이 부과되어 왔다. 1981년 첫 부임지 제주교당 보좌교무로 현장교화를 시작한 이래 소태산 대종사 탄신 100주년 때는 언론홍보와 대정부, 종교간 대화, 사회문화 등 다양한 일을 맡았으며 2006년부터 6년간은 원불교 교정원 문화사회부장을 역임하고 지난해 말 평양교구장을 맡았다.

그가 평양교구장에 임명된 것은 그동안 벌여온 대외활동에 대한 자연스런 결과라고 볼 수 있다. 그는 교정원 문화사회부장으로서 교단의 대북창구역할을 했을 뿐만 아니라 교단 차원을 떠나 사회적 약자인 탈북자들을 위한 '평화의집'을 10여년 간 운영해 왔다. 2002년 자신이 개척한 성동교당 뒷편에 만든 탈북자들을 위한 자활쉼터인데 운영에 필요한 인력 · 재원 등은 개인 인맥을 동원해 자체 조달하고 있다.

또한 "탈북자들이 한국사회에 빨리 적응하도록 돕는 게 통일을 앞당길 수 있는 길"이라고 생각하는 그는 통일의 전위대가 될 수 있는 탈북자들의 문화정착을 위해 탈북자들에게 전통문화와 종교문화 체험의 기회를 꾸준히 제공해 왔다. 그 운동의 구심체로 지난 2010년 사단법인 원림문화진흥회를 만들어 이사장을 맡고 있다.

원불교의 대북 교류는 개신교, 천주교, 불교에 비해 뒤쳐진 것 같으나 김 교구장의 이러한 활동으로 대외적 인식이 많이 높아졌다.

그러나 교단차원의 관심은 이미 오래전부터 형성되어 왔다고 강조한다. 원불교 제3대 대산 종법사(1914~1998)는 생전에 '통일 후를 대비하라'는 유시를 내렸다. 그 유시를 받들어 통일 이후 북한에서 교역할 교무 40여명이 이미 훈련을 마쳐 대기하고 있다. 이미 1986년에 대북교류 지침인 '원불교 북한교화위원회 규정'을 마련했다. 2007년 평양의 조선불교도연맹(조불련)회관에 원불교 법신불, 일원상을 봉안한 교당을 개설하는 기반이 된 것이다.

또한, 김 교구장은 3대 종교의 몫이었던 탈북자 교화에 1996년 원불교가 가세하는데 큰 기여를 했다. 그에게 감화받은 탈북자 중에는 원불교에 입교해 탈북자 학교인 한겨레학교에서 봉사하는 사람과 한의사 출신으로 탈북인단체총연합회 회장을 맡은 인물도 나타났다.

"각 종교 특징 살려 세상 교화" 일원주의, 삼동윤리, 종교연합운동 계승

김 교구장의 이러한 활동은 일반사회로부터 주목을 받았고 세속의 상

▲ 김대선 교구장(오른쪽)과 필자

도 안겨 주었다. 지난 10월 4일에는 '2013대한민국나눔국민대상' 인적나눔분야에서 보건복지부장관상을 수상했으며 지난해 말에는 사단법인 한국언론인연합회에서 주최하는 '2012 자랑스런 한국인 대상' 인권신장부문 대상을 받았다. 북한이탈 새터민들의 인권신장 활동을 통해 국내 정착을 돕고, 종교간 협력과 남북 교류 활동에 기여한 공로이다. 원불교 정신을 바탕으로 한 사회복지 활동, 이웃종교 간 상호 이해를 모색하는 다양한 프로그램을 주도한 점을 높이 산 것이다.

"나에겐 내 나름의 성향이 있는 것 같습니다. 사람마다 한식, 일식, 중식을 선호하는 경향이 있듯이 성품도 똑같을 수가 없는 것이죠. 각자 자신의 성품을 살려 환경, 평화운동 등의 사회참여를 하듯이 나는 나대로 탈북자들을 위한 일을 했다고 봐야지요."

그는 각 종교가 각기의 특징을 살려 세상을 교화하고 조화를 이루게 하듯이 각 개인도 자신의 장점을 살려 사회에 기여하며 총체적인 화합을 이룬다고 말했다.

그러나 그는 탈북자를 위한 활동 뿐 아니라 현대종교에서 가장 중요한 과제랄 수 있는 종교간 대화와 교류에도 전념을 다해왔다고 할 수 있다. 자기종교 교리에 국한되지 않고 이웃 종교와 협력하는 원불교의 '일원一圓주의'를 성직자 생활 내내 추구해 왔다.

여타 종교와는 달리 원불교는 이웃종교의 지도자들과 대화와 협력의 문호를 열어 놓는 종교윤리를 교단적으로 강조해 왔다. 현대처럼 지역과 공간을 좁힌 상황에서 모든 종교가 횡적으로 서로 넘나들고, 하나 되는 일부터 하여야 된다는 종교윤리인 것이다.

소태산 대종사는 이를 일원주의로 제창했고, 2대 종법사 정산鼎山은 이를 삼동윤리로 표방했다. 3대 종법사 대산大山은 종교연합운동(UR)으로 드러낸 것이다.

삼동윤리三同倫理는 정산이 1962년에 63세를 일기로 세상을 떠날 때 자기 평생의 게송이라고 하여 이를 강조하고 열반에 들었다. 동원도리同源道理는 '모든 종교와 각종파의 교단들은 다 같은 한 근원임을 알아서 대동화합하자'는 것이다.

대산은 소태산 → 정산의 뜻을 받들어 평소 주장해 오던 종교연합운동(U.R)을 국제적으로 발족시키는 행사를 통해 활동을 왕성하게 전개했다.

김 교구장과 이러한 유지를 자연스럽게 받들어 대외활동을 통해 펼쳤다. 1991년 한일종교문화교류회를 설립해 20여년간 한일 간 종교 이해와 협력 증진 활동도 해오는 한편, 한국종교지도자협의회에서 활동하며 한국 및 외국 이웃종교 성지순례를 기획했다. 한국종교인평화회의(KCRP) 창설의 실무자로 초대 사무국장을 맡아 종교간 화합과 교류에도 깊게 관여해 오고 있다.

그리고 그의 이러한 활동은 형식적인 격식을 갖춘 것이 아니라 마음에서 우러나오는 것이어서 더욱 의미가 크다. "KCRP 초대 사무국장으로서 활동할 때 회장인 강원룡 목사님을 비롯해 스님, 신부님 등 각 종교지도자들의 모임을 보며 그분들의 마음가짐과 인간관계에 감동을 받았고 많이 배웠습니다. 그분들이 갖추고 있는 종교평화의 정신을 실현하는 덕망있는 선배님들을 만난게 일생일대의 기쁨이었고 내가 부족한 면을 채우려고 노력했습니다."

그들 각 종교지도자들에게서 원불교의 시대화 · 생활화 · 대중화의 교법을 실천하는 모습을 읽었다고 했다.

3대에 걸친 원불교 집안, 가정에서부터 종교교류와 화합

"무지개 색깔이 아름답듯이 모든 종교가 아름답고 서로 어울려 더욱 아름답게 됩니다."

그는 원불교의 깊은 신심과 교법으로 타 종교를 이해하며 조화를 꾀하고 있다. 자신의 종교에 대한 깊은 믿음이 없으면 타 종교에 대한 진정한 이해가 어렵다고 보았다.

김 교구장과 원불교와의 인연은 3대에 걸치고 있다.

아버지는 청년시절 익산의 원불교 중앙총부에서 입교했으며 어머니 역시 외할아버지의 신앙을 대물림하여 북한 개성교당에서 시무를 했다. 부모의 신앙과 생활이 그에게 모범적인 인생으로 비쳤다고 한다.

그의 아들 둘도 대를 이어가고 있다. 첫째 아들 동원(28) 씨는 출가해 강남교당 부교무로 봉무하고 있다. 둘째 아들 동국(27) 씨도 원불교 대학원 과정을 마치고 출가를 대비하고 있다.

동원 부교무는 결혼을 해 분가를 했는데 며느리는 개신교신자이다. 아들이 원불교 성직자이므로 며느리도 원불교에 입교하기로 원만한 타협을 보았다고 한다. 동국 씨는 출가를 위한 현장실습으로 최근 로마 한인성당 본당의 김종수 신부가 있는 곳에 3개월간 다녀왔다.

일원주의, 삼동윤리, 종교연합운동(UR)을 김 교구장의 가정에서 본보기로 내세운 셈이다.

▲ 성직은 스스로 맡은 천직임을 재 다짐하는 출가서원식

이웃종교 어울림의 표상 '五人幇' 종교의 미래를 낙관케 하는 지도자들

종교계에서는 이웃종교와의 어울림의 표상으로 '사인방四人幇'을 꼽고 있다. 이들은 자기 종교의 울타리를 벗어나 이웃종교의 집회에 참석해 강연을 한다. 김 교구장이 11월 4일 이웃 종교 성직자와 함께 한신대의 특강에 서는 등 서로서로 끊임없이 품앗이를 해왔다. 각종 행사에도 함께 참여해 '어울림의 아름다움'을 솔선수범하고 있는 것이다. 종교간 폄하나 갈등은 먼 세상 이야기이다.

한국기독교교회협의회(KNCC) 총무를 지내고 종교평화공동체 운동을 펼치고 있는 백도웅 목사, 천태종 종단의 총무원장 직무대행을 맡았다가 올해초 국내 최대 사찰인 부산 삼광사 주지에 임명된 무원 스님, 클라렛 선교수도회 수도원 서울총원장인 주낙길 수사와 김 교구장이 바로 사인방

▲ 사진 왼쪽부터 백도웅 목사, 주낙길 수사, 무원 스님, 김 교구장.

으로 불려지는 인물들이다. 이들 사인방은 한국 종교계의 미래를 낙관케 하는 지도자로 크게 부각되고 있다.

4년 전, 종교계의 남북 평화교류, 다문화 행사에서 처음 만난 이들 4인방의 활동은 바로 한국 종교계의 지향점을 보여주고 있기 때문이다. 사람과 사회를 위하는 종교의 사명을 다하는 한편 각기의 종교심을 존중하는 가운데 종교간 평화를 실천하는 활동이야말로 이 시대가 필요로 하는 종교의 모습인 것이다.

이들은 지난 8월에는 삼광사에서 '종교와 음식문화'라는 주제로 '평화포럼'을 가졌다. 한국종교인연합이 주최하는 포럼에서 이들은 종교 간 음식문화를 교류하며 서로의 종교를 이해하는 시간을 가졌다.

이밖에도 석가탄신일, 성탄절에 서로 교류하며 초파일 축사. 사순절 천주교 초청강의. 기독교 부활절 축사 등을 전하고 있다. 각 종단에서 펼치는 남북교류, 이웃돕기 행사에서도 뜻을 같이 하고 한국 종교계의 모범이 되고 있다. 원불교 서울회관에서 열린 '김장김치 나눔행사'에도 이들 4인방은 참가했다.

"내 안에 창조주 조물주 부처님 공자님의 심성이 갖춰져 있다고 생각하고 그 근본정신을 가꾸다 보면 그 종교가 가지고 있는 목적성은 하나가 됩니다. 궁극적으로 성자들이 일깨워준 것은 '정성과 공경과 믿음'이며, '서로 이해하고 배려하면 세상과 종교가 평화롭게 된다'고 생각합니다.”

김 교구장은 또한 “종교가 생성된 문화 · 지리적 배경과 차이로 인해 성경이나 불경, 이슬람교 꾸란에서의 내용이 다를 뿐 결국에는 인간의 평화와 화합을 가르치고 있다.”고 강조했다. 50개 종교, 500개 종파가 있는 우리나라에서 서로 이해하고 존중하는 것이 성현의 가르침을 실현하는 길이라는 것이다.

이러한 생각을 같이 하는 이들 4인방은 근래 진방주 목사(예장통합 총회 목회정보정책연구소 소장)를 영입해 이들의 종교활동에 더욱 힘을 불어넣게 되었다. 진 목사는 타 종교와 상호협조해 외국인 노동자들의 법적 지위 향상과 노동조합 결성 등 관련 제도 개선을 위해 활동하는 인물이다.

이들은 아무런 도움없이 독립적으로 ‘바람직한 다종교 · 다문화사회 정착’을 위해 고군분투해온 본지의 취지를 자연스럽고 실제적으로 드러내 보일 수 있는 인물들로서 그 활동과 생각 자체가 〈매일종교신문〉의 커다란 원군이 되고 있는 것이다.

종교의 미래는 밝다 “교법은 하나, 근본으로 간다”

김 교구장은 종교의 미래를 밝게 보았다. ‘종교가 세상을 걱정하지 않고 세상이 종교를 걱정하는 시대’라는 우려는 곧 사라질 것이라고 했다.

“미꾸라지가 한바탕 휘저어 흙탕물이 된다고 종교와 세상을 구정물이라고 생각해선 안됩니다. 정보화, 글로벌화된 세상에서 모든 사람이 지켜보는 가운데 종교 안에서 이루지 못했던 종교 영성들이 새롭게 태어난다고 생각합니다.”

▲ 소태산 성적지순례중 금강산 묘길상앞 기념사진(2007.8)

그는 교법과 같이 가는 생활종교로 자신의 성직자의 길을 열심히, 묵묵히 걷겠다고 했다. "타인 위에 군림하고 코치하려 들면 갈등이 생긴다. 상대를 치고 받는 갈등으로 치달으면 구정물이 되지만 언젠가는 후회하고 상대편을 존중하게 된다"며 "결국 소태산, 부처, 예수, 공자의 정신으로 한마음이 된다. '교법'은 하나이며 지향하는 목표는 같다. 근본으로 가는 것이다"는 것을 다시 한번 강조했다.

인터뷰 말미에 그는 종교와 언론의 역할은 같다고 했다.

"종교와 언론은 지혜의 감로수, 원천수의 역할을 해야 합니다. 영혼이 묻어 있어야 되지요. 그래야 향기롭게 전달되고 감동을 주게 됩니다."

그러면서 '이웃종교의 선행기와 미담 등을 많이 들려주어야 한다'는 바람을 강조했다. 갈등을 조장하는 '쏠림'이 있어서도 안된다고 지적했다.

원불교 서울회관 204호실에서 인터뷰를 마치고 내려온 구내식당에서 김 교구장은 물과 커피 등을 셀프서비스하는 등 여전히 분주했다. 성직자 직분에 구분없이 회색 옷을 차려입은(봄 · 여름에는 하얀 옷, 가을 겨울에는 회색 옷으로 통일됨) 복장으로 평신자와 일반인들과 함께 했으며 그런 그의 원불교 성직자로서의 자세가 이웃종교와도 거리감을 줄이고 있다는 느낌을 주었다.

一圓은 우주만유의 본원

한국의 민족종교 중에서 가장 성공한 종단이 원불교일 것이다. 민족종교이면서 많은 독신수행자를 길러내고, 신자들을 바르게 키우고 있는 원불교는 불교, 가톨릭, 개신교와 함께 국내 4대 종단에 속해 있다. 원불교는 1924년 소태산 박중빈朴重彬·1891~1943)이 '물질이 개벽되니 정신을 개벽하자'는 인류 구원의 목표아래 세운 종교다. 26세때 대각을 이룬 소태산은 처음에는 고향인 전남 영광에서 '불법佛法연구회'라는 이름으로 출발했다가 1947년 원불교라는 교명을 내외에 천명하기에 이른다. 소태산의 사상적 연원은 불교이나 유교, 선교, 동학, 증산교, 기독교에서도 영향을 받았다고 볼 수 있다. 그는 불교의 생활화·대중화를 주창했고, 결국 원불교라는 새 종교를 창립한 것이다.

원불교를 대표하는 상징물은 일원상一圓相이다. 흰색 바탕에 검은 줄이 둥글게 그려져 있다. 법당에는 원이 금색으로 칠해져 있기도 하다. 둥글다는 것은 누구봐도 원만함과 영원성, 소통의 의미를 띤다. 원불교에서 불상을 모시지 않는 것은 온 삼라만상에 부처님이 계시지 않는 곳이 없기 때문이다. 대신 원불교 교당에 가보면 일원상이 모셔져 있다. 원의 의미는 천지만물이 부처님의 마음이라는 뜻이다. 때문에 원불교는 법신불 일원상을 신앙과 수행의 표본으로 삼는다.

그렇다면 일원은 무엇일까. 일원은 우주 만유의 본원이며, 제불제성의 심이며, 일체중생의 본원이다. 또한 대소 유무에 분별없는 자리이며, 생멸거래에 변함이 없는 자리다. 선악업보가 끊어진 자리이기도 하다. 그야말로 절대자의 품속이며, 인간이

▲ 소태산 성적지순례중 평화통일기도식(2007.8 금강산 호텔)

돌아갈 본향과 같은 곳이다. 일원을 유가에서는 태극 혹은 무극이라 하고, 선가에서는 자연 혹은 도라 하고, 불가에서는 청정 법신불이라 한다. 명칭은 다르나 이 모두가 같은 것이라고 한다.

일원은 궁극적 진리, 궁극적 실재에 대한 상징적 표현이다. 모든 만물이 일원으로부터 비롯됐다. 일원으로 비롯된 일체 중생의 본성은 너와 나의 분별이 사라진다. 대소 유무의 분별이 없으므로 빈부귀천이나 남녀구별 또한 있을 수 없다. 일원상 진리는 모든 만물이 같은 근원처에서 바탕하고 있다. 거기에는 평등함만 존재할 뿐이다. 소태산이 일원상 진리를 신앙과 수행의 표상으로 삼은 것은 일원상 같이 원만구족圓滿具足하고 지공무사至公無私한 각자의 마음을 알고, 그 마음을 양성해 사용하자는 뜻이었다.

일원상 진리에 의하면 모든 만물은 상생의 관계요, 은혜의 관계다. 소태산은 모든 만물을 법신불의 일부로서 불성을 갖고 있는 부처로 보고 불공 들이라고 했다. 이것이 원불교가 강조하는 처처불상處處佛像이요, 사사불공事事佛供이다. 예컨대 남편은 아내에게 아내는 남편에게, 시어머니는 며느리에게 며느리는 시어머니에게 각각 부처님께 불공을 들이듯 정성을 다해 대하라는 것이다.

몸과 마음을 재계하고 법신불을 향하여 각기 소원을 세운후 일체 사념을 버리고 선정에 들든지, 또는 염불과 송경을 하든지 혹은 주문 등을 외워 일심으로 정성을 올린다면, 어찌 신심이 우러나지 않으랴. 이때 오묘한 일원상은 진리의 법음으로 다가올 것이다.

❀ 원불교와 불교의 관계

개요

소태산대종사가 1916년(원기1) 대각大覺 후 《금강경金剛經》을 보고 석가모니불을 성중성聖中聖으로 찬탄하고 불법에 근본한 교법제정을 선포하면서 이루어진 연원관계. 원불교의 종지인 일원상一圓相을 법신불法身佛로 파악하고, 근본 진리인 불법을 계승하며 전통불교의 제도를 혁신하여 시대화 · 대중화 · 생활화하는 새로운 교단을 창립했다. 이를 영산회상靈山會上에 대하여 새 회상으로 표현하며, 따라서 원불교는 새 불교로서 새 종교라 한다.

불법에의 연원

원불교를 창립한 소태산은 스스로 발심하여 어떤 스승의 지도 없이 오랜 구도고행 끝에 1916년 4월 28일 큰 깨달음을 얻는데, 이 날을 대각개교절大覺開敎節이라 부른다. 그는 당시의 시국을 살펴 지도강령을 '물질이 개벽되니 정신을 개벽하자'는 표어를 내걸어 동학 이후 당시 신종교의 개혁사조를 이어받고, 최조법어를 베풀었는데 후일에 정리된 바를 보면 '수신修身의 요법' · '제가齊家의 요법' · '강자 · 약자의 진화상 요법' · '지도인으로서 준비할 요법'이라 하여 유교적 치세관을 활용하고 있다.

그러한 대각 초기에 소태산은 과거 성자들이 이룬 깨달음의 경지를 알아보기 위해 여러 종교의 경전을 열람하다가, 불교의 《금강경》을 보고난 후 "나의 안 바는 옛 성인들이 또한 먼저 알았도다. 모든 경전의 뜻이 대개 적절하여 별로 버릴 바가 적으나 그 중에도 진리의 심천이 없지 아니한 바 그 근본적 진리를 밝히기로는 불법이 제일이라 서가모니불은 진실로 성인들 중의 성인이라"(《원불교교사》 제1편 제3장)고 찬탄했다.

이어서 "내가 스승의 지도 없이 도를 얻었으나 발심한 동기로부터 도 얻은 경로를 돌아본다면 모든 일이 은연중 과거 부처님의 행적과 말씀에 부합되는 바 많으므로 나의 연원을 부처님에게 정하노라.…장차 회상을 열 때에도 불법으로 주체를 삼아 완전무결한 큰 회상을 이 세상에 건설하리라"(《대종경》 서품2)고 불법연원을 선언했다.

소태산은 1919년(원기4) 10월 6일에 저축조합의 이름을 고쳐 '불법연구회 기성조합'이라 하고, 모든 기록에도 불법의 명호를 쓰게 하면서 "이제는 우리가 배울 바도 부처님의 도덕이요 후진을 가르칠 바도 부처님의 도덕이니, 그대들은 먼저 이 불법의 대의를 연구해서 그 진리를 깨치는 데에 노력하라.…근본적 진리를 발견하고 참다운 공부를 하기로 하면 이 불법으로 주체를 삼아야 할 것이며, 불교는 장차 이 나라의 주교主敎가 될 것이요, 또한 세계적 주교가 될 것이니라"(《원불교교사》 제1편 제5장)고 했다.

그가 이렇게 불교의 장래를 내다 본 것은 불법이 천하의 큰 도라는 관점에 연유하며, 그 이유를 첫째 참된 성품의 원리를 밝히고, 둘째 생사의 큰일을 해결하며, 셋째 인과의 이치를 들어내고, 넷째 수행의 길을 갖춤으로써 능히 모든 교법에 뛰어난 바 있다고 평가하고 있다(《대종경》 서품3). 또 불교는 무상대도無上大道이기 때문에 한량없이 깊고, 한량없이 넓으며, 그 지혜와 능력은 말이나 글로는 다 기록할 수가 없다.

부처님께서는 생멸 없는 이치와 다생겁래에 한없는 생이 있는 이치를 알았으며, 우주만유의 본래이치를 알았으며, 시방세계 일체중생을 악도에서 선도로 구제하는 능력이 있으며, 중생이 받는 고락과 우연히 받는 고락까지 알았으며, 복락을 자유자재하며, 어두운 지혜를 다시 밝게 하며, 탐 · 진 · 치貪瞋癡에 끌리는 바가 없으며, 육도사생六道四生의 이치를 다 알고, 자해타리自害他利로서 자신의 복락을 삼으며, 우주만유가 다 부처님의 소유요, 시방삼계가 다 부처님의 집이요, 일체중생이 다 부처님의 권속이 된다(《대종경》 서품17)고 했다.

종지 宗旨 법신불 일원상 一圓相

소태산은 대각을 이루고 그 첫 소감을 "만유가 한 체성이며 만법이 한 근원이로다. 이 가운데 생멸 없는 도와 인과보응 되는 이치가 서로 바탕 하여 한 두렷한 기틀을 지었도다"(《대종경》 서품1)라고 했다.

그는 일원상을 우주만유의 본원이며, 제불제성의 심인心印이며, 일체중생의 본성이라 규정하고, 모든 분별이 끊어진 돈공頓空의 자리이나 여기서 영지靈知의 광명을 따라 일체 현상이 생겨나고, 묘유妙有의 조화는 영겁을 통해 은현자재隱現自在하는 것이 일원의 진리라 했다(《정전》 일원상의 진리). 여기에 나타난 바와 같이 본원 · 심인 · 본성을 하나의 체성體性, 하나의 근원으로 본 것이며, 돈공의 자리는 불변 · 불멸의 세계이고, 이 돈공에서 영지의 광명을 따라 나타나는 현상은 변화하는 인과의 현상세계를 말하는 것이다.

하나의 체성에 바탕 한 불생불멸의 진리와 인과보응의 이치를 말하고 있는 것이다. 이 일원상을 그는 법신불이라 하고, 원불교인들의 신앙의 대상과 수행의 표본으로 제시하고 있다. "우주만유의 본원이요 제불제성의 심인인 법신불 일원상을 신앙의 대상과 수행의 표본으로 모시고 천지 · 부모 · 동포 · 법률의 사은과 수양 · 연구 · 취사의 삼학으로서 신앙과 수행의 강령을 정했으며, 모든 종교의 교지도 이를 통합 활용하여 광대하고 원만한 종교의 신자가 되자"(《정전》 교법의 총설)고 했다.

소태산은 28년간 활동하고 1943년(원기28) 열반하게 되는데 이보다 앞서 1941년(원기26)에 "유有는 무無로 무는 유로 돌고 돌아 지극하면 유와 무가 구공俱空이나 구공 역시 구족具足이라"(《정전》 게송)는 전법게송傳法偈頌을 내리게 된다. 그가 일생 동안 가르친 것이 일원의 진리요 그 진리의 핵심을 게송으로 나타낸 것이다. 원불교의 종지로, 신앙의 대상이요 수행의 표본인 '법신불일원상'은 불교의 핵심진리를 표현하는 개념이다.

불교와 원불교의 관계

원불교는 소태산에 의해 새로 창립된 새 불교다. 원불교가 새 불교인 이유를 3가지로 설명할 수 있다.

1. 근본진리인 불법의 일치

일반적으로 불교사상의 핵심을 연기緣起, 공空, 선禪 등으로 집약하고 있으나 이를 두 가지로 크게 나누면 불생불멸의 진리와 인과보응因果報應의 이치로 요약된다. 불교의 기본사상은 연기의 원리이다. 연기의 원리가 《구사론俱舍論》이나 유식학唯識學에서는 인연과 법칙을 중심해서 전개되었으며, 《중론中論》 등에서는 공사상으로 전개되었고, 화엄華嚴 · 천태天台 등에서는 법신사상法身思想으로 전개되었다고 할 수 있다.

반야般若의 공사상이 실천적인 면에서 선종禪宗에 수용되어 견성이라는 선불교를 형성했으나 공사상의 기저에는 불생불멸하는 영원성과 인연과 법칙이 깔려 있는 것이다(한종만, 〈불교와 원불교의 관계〉). 이렇게 보면 불교의 근본진리는 불생불멸의 진리와 인과보응의 진리라 할 수 있다. 이러한 불교의 근본적 진리와 소태산이 대각한 일원의 진리는 궁극적 경지에서 일치하는 것이다. 이런 의미에서 소태산은 석가모니를 진실로 성인들 중의 성인이라 하고, 그에게 연원을 정했으며, 불법을 주체삼아 회상을 건설한다고 했다.

원불교는 법신불을 일원상으로 상징하여 신앙의 대상과 수행의 표본으로 삼는다. 소태산은 "우리회상에서 일원상을 모시는 것은 과거불가에서 불상을 모시는 것과 같으나 불상은 부처님의 형체를 나타낸 것이요, 일원상은 부처님의 심체心體를 나타낸 것이므로 형체라 하는 것은 한 인형에 불과한 것이요, 심체라 하는 것은 광대무량 하여 능히 유와 무를 총섭하고 삼세를 관통했나니 곧 천지만물의 본원이며 언어도단言語道斷의 입정처入定處"(《대종경》 교의품3)라고 했다. 불교의 색신신앙을 절대적 진리 자체인 법신신앙으로 돌린 것이다.

불교의 법신론은 색신色身 신앙에서부터 다양한 보신불론報身佛論을 거쳐 화엄·천태의 법신론으로 전개된다. 이러한 법신론은 석가모니라는 색신불타를 절대적 진리 자체인 법신으로까지 승화시킨 것이다. 법신은 체성적인 면, 보신과 화신化身은 작용적인 면의 의미를 지닌다. 강열한 신앙심을 고취하는 데는 절대적 진리 자체인 체성적인 법신신앙 보다는 작용적인 보신과 화신의 위력신앙을 강조하는 것이 효과적이다. 그러나 보신과 화신의 위력은 그 바탕인 법신에 근거해야 한다. 그러므로 보신과 화신불 신앙은 결국 법신불 신앙에 귀착되는 것이다.

화신불 신앙에 중점을 두다보면 법신불에 대한 신앙심은 약화될 수 있다. 여기에 법신불 신앙을 강조하는 의미가 있다. 절대적 진리 자체인 법신불 신앙이 일반 민중에게 강렬한 신앙심을 고취하는 데 일시적으로 어려움이 있다 하더라도 미래의 종교 신앙 방향에 있어서 장엄신앙을 극복하고 절대적 진리 자체인 법신불 신앙으로 가야한다고 강조한 것이다. 일원상은 곧 청정법신불을 나타낸 바로서 천지·부모·동포가 다 법신불의 화신이요, 법률도 또한 법신불의 주신 바라고 소태산은 말했다(《대종경》 교의품9).

소태산은 법신불을 기점으로 하여 보신·화신의 경지까지를 법신불화 했다. "일원상의 내역을 말하자면 곧 사은이요 사은의 내역을 말하자면 곧 우주만유로서 천지만물 허공법계가 다 부처 아님이 없다"(《대종경》 교의품4)고 밝혔다. 우주만유가 다 법신불이라는 것이다. 화엄·천태에서 우주만유가 법신이라는 원리는 밝혔으나, 이를 신앙의 대상으로 하지는 못했다. 불교는 석가모니불이 신앙의 초점이 되기 때문이다.

2. 불교의 틀을 벗어난 새로운 종단

불교의 틀을 벗어났다고 하는 것은 불교의 제도와 방편의 혁신과 미래를 지향하는 새로운 틀을 짰다는 의미이다. 소태산은 불교에 대한 교설 중에서 대체적으로 '불교'와 '불법'을 구분하여 사용했다. 불교의 근본진리를 불법으로, 역사적으로 전개되어진 전래 불교를 불교로 구분했다(《대종경》 서품2·3·15·16). 그리고 불법에는 변함이 없으나 역사를 통해 형성되어온 불교에 대하여는 비판과 아울러 강력한 개혁의지를 보이고 있다.

그래서 그는 《조선불교혁신론》을 저술하여 과감하게 불교의 폐단을 지적하고 이를 혁신하여 불법의 시대화 · 대중화 · 생활화를 주창했다. 부처님의 무상대도에는 변함이 없으나 부분적인 교리와 제도는 이를 혁신하여 소수인의 불교를 대중의 불교로, 편벽된 수행을 원만한 수행으로 돌리자고 강조했다(《대종경》 서품16). 소태산은 불교 사원에서는 염불종은 염불을, 교종은 간경을, 선종은 좌선을, 율종은 계율 지키는 것을 위주로 하여왔다고 지적하고, 각종파의 통합을 주장했다.

불교의 각 종파를 크게 3대별하면, 좌선을 주로 하는 선종, 경전 연마와 관법을 주로 하는 교종, 계율을 중시하는 율종으로 정 · 혜 · 계定慧戒 삼학三學으로 종이 분립되어 있으나 소태산은 이 삼학을 병진 하도록 했다. 좌선과 염불로 사물과 잡념에 끌리지 않는 수양력(정)을 얻게 하며, 경전 연마와 화두단련으로 이무애 사무애理無礙事無礙)하는 연구력(혜)을 얻게 하며, 계율을 지키고 선행을 실천하여 취사력(계)을 얻게 했다. 이 같은 조선불교의 부분신앙, 부분수행에서 벗어나 전체신앙, 전체수행을 강조하고 각 종파불교를 통불교로 개혁 혁신한다고 했다.

소태산은 미래의 불법은 재래와 같은 제도의 불법이 아니라 사농공상을 여의지 아니하고 또는 재가출가를 막론하고 일반적으로 공부하는 불법이 될 것이며, 부처를 숭배하는 것도 국한된 불상에만 귀의하지 않고 우주만물 허공법계를 다 부처로 알게 되므로 일과 공부가 따로 있지 아니하고 세상일을 잘하면 그것이 곧 불법공부를 잘하는 사람이라 했다(《대종경》 서품15). 법통 전승에 있어서도 재가출가를 차별하지 아니하고, 신앙의 대상에 있어서도 처처불상 신앙을 하게하며, 생활과 수도를 일치시켜야 한다고 했다.

소태산은 불교를 무상대도로 보았고, 석가모니불을 '성인들 중의 성인'이라 하고 연원을 정한 후에 불법을 주체삼아 회상을 건설할 것이라 했다. 연원을 정한다 함은 하나의 종파를 의미하는 것이 아니고 같은 내용의 진리를 주체 삼는다는 의미요, 이를 전승하여 더 보완하고 완성시키자는데 뜻이 있다고 보아야 할 것이다.

그는 기존의 불교식 제도와 방편으로는 불법을 널리 펼 수가 없다고 생각하여 불교의 틀을 벗어난 새로운 종단을 창립한 것이다. 소태산이 불교를 무상대도라 규정한 것은 다른 종교들과 비교한 후에 내린 결론이다. 첫째 불법이 진리의 본체를 가장 잘 드러냈다는 점, 둘째 소태산 자신의 깨달음의 내용과 대체로 일치하다는 점, 셋째 그러한 내용을 통해서 만이 모든 사람이 구원을 받을 수 있다는 점이다. 이런 관점에서 불교를 무상대도라 한 것이다.

3. 새 불교 새 종교라는 의미

새 불교라는 의미는 무상대도인 불법에 기초하나 제도와 방편은 역사적 종교인 불교의 틀을 벗어나 새로운 종단을 창설했다는 의미이다. 뿐만 아니라 원불교는 과거 모든 종교의 장점도 이를 통합 활용 하고 있다는 의미에서 새 종교라 하는 것이다. 구태여 그 비유를 들자면 브라만교와 불교의 관계, 천주교와 개신교의 관계와 같다고 할 수 있다.

불교는 B.C. 6세기경 인도에서 발생되면서 그 이전의 전통사상의 영향을 크게 입었다. '업보 · 윤회'와 '수행 · 해탈'의 사상이다. 인도에서 선인선과 악인악과의 생각은 불교보다 수백년 전인 베다시대부터 브라만시대에 걸쳐서 일관되어진 사상이었다. 그리하여 우빠니샤드 시대에 윤회설이 확립되었다. 이 사상이 불교에 수용되어진 것이다. 특히 연기사상과 연결되어 업의 생성과 함장含藏 그리고 이의 발현 과정에 따른 인과의 원리를 설명하기 위해 갖가지 연기설을 전개시켰다.

우빠니샤드 철학에서는 사무색정四無色定의 선정공부를 한다. 석가모니가 출가해서 브라만식 선정을 했고, 사무색정 중에서 최고 경지인 비상비비상처정非想非非想處定에 까지 이르렀다. 이와 같이 불교 이전에 윤회설과 좌선법이 있었고 불교가 이를 수용한 것이다. 티베트의 라마교는 이름이 다르다고 하여 불교가 아니라고 할 수 없으며, 남방불교 입장에서도 북방의 대승불교는 훗날에 일어났으니 불교가 아니라고 주장할 수는 없는 것이다.

원불교의 교명과 관련하여 정산종사는 손님이 묻는 원圓에 대하여 "원은 형이상으로 말하면 언어와 명상이 끊어진 자리라 무엇으로써 이를 형용할 수 없으나, 형이하로써 말하면 우주 만유가 다 이 원으로써 표현되어 있으니, 이는 곧 만법의 근원인 동시에 또한 만법의 실재인지라, 그러므로 이 천지 안에 있는 모든 교법이 비록 천만 가지로 말은 달리 하나 그 실에 있어서는 원 이외에는 다시 한 법도 없는 것입니다"라고 대답하고 있다.

손님이 그렇다면 원도圓道라고 이름하는 것이 모든 교법을 포용하면서 불교에 대한 세상의 편견을 벗어나는데도 좋지 않은가라는 이어진 질문에 대해, "불佛은 곧 깨닫는다는 말씀이요 또는 마음이라는 뜻이니, 원의 진리가 아무리 원만하여 만법을 다 포함했다 할지라도 깨닫는 마음이 없으면 이는 다만 빈 이치에 불과한 것이라, 그러므로 원불圓佛 두 글자는 원래 둘이 아닌 진리로서 서로 떠나지 못할 관계가 있으며, 또는 과거의 불교로 말할지라도 근본 교의가 일부에 치우치는 것은 아니건마는 그 제도 여하에 따라 세상 사람들이 자연 일부의 교의로 오인한 것이니 그 제도를 새로이 하면 불법의 정체가 진리 그대로 원만하게 세상에 나타나게 될 것입니다"(《정산종사법어》 경륜편1)라고 했다.

천도교

▲ 최제우　동학의 창시자(1824~1864). 초명은 복술(福述) · 제선(濟宣). 자는 성묵(性默). 호는 수운(水雲) · 수운재(水雲齋). 37세 때 동학을 창도하였으며, 후에 사도 난정(邪道亂正)의 죄목으로 체포되어 참형되었다. 저서에 ≪동경대전≫, ≪용담유사≫ 등이 있다.

▲ 한국의 대표적 민족종교인 '동학(東學 · 천도교)' 창시자인 수운 최제우 선생(1824~1864) 유허지는 1997년 울산시기념물 제12호로 지정됐다. 1997년 유허비가, 1999년 비각이 세워졌다.

▲ 천도교 중앙대교당

▲ 경주 용담정

▲ 천도교의 발상지인 경북 경주시 용담정 일대의 모습.

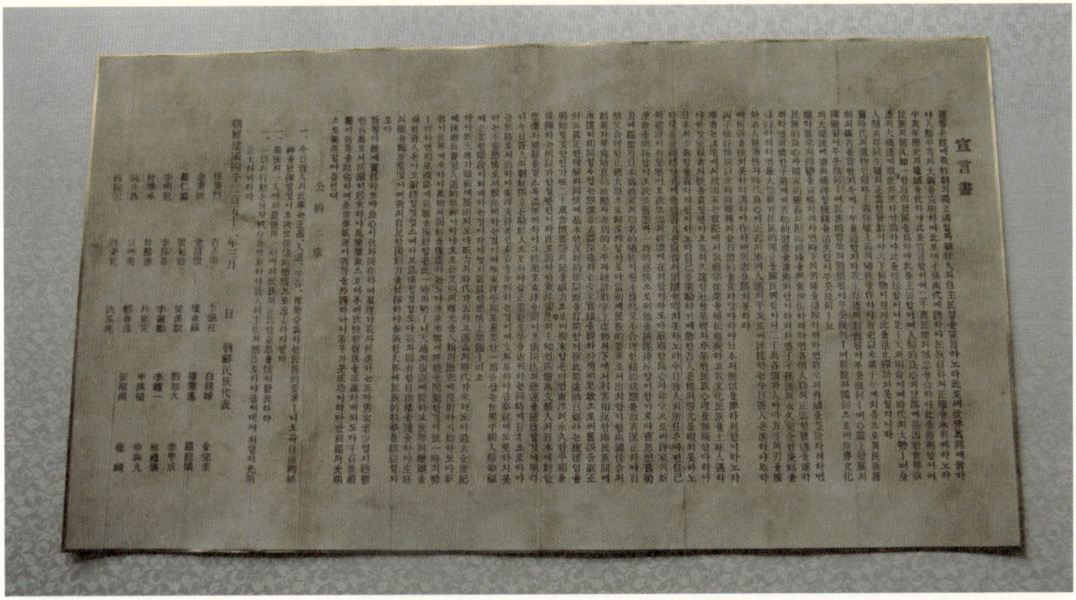
宣言書

公約三章

朝鮮民族代表

▲ 독립선언서

▲ 봉황각

▲ 의암 손병희 성사 존영

▲ 탑공공원 의암 손병희 성사 동상

천도교

박남수 교령

박남수(왼쪽)_천도교 교령

이 세상의 모든 이치는

밥 한그릇의 근본 이치와 가치를 아는데 씁니다

天道敎中央大敎堂

천도교 최고지도자인 박남수 교령은 2013년 4월 17일 취임한 이후 '한 달이 너무나 긴 시간이었다'고 말했다. 대담자의 취임소감에 대해 묻자 되돌아 온 첫 답변이었다. 천도교의 지난 역사가 심한 굴곡을 겪으며 가장 어려운 시기에 이를 극복해야할 임무를 맡았기 때문이다. 사람을 찾아 조직을 만들고 제도를 개선하기 위해 매일 새벽 다섯 시에 한시간 동안 하는 수련의 자세와 내용도 달라졌다고 했다. 그 어느 때보다 간곡한 기도를 하고 있으며 그가 항상 메모하는 수첩에는 각종 내용으로 빼곡히 적혀 있다.

▲ 박남수 교령

그는 천도교 '종무원장' '종의원 의장' 등의 중앙총부 주요 교직을 두루 역임한 바 있으며 천도교 전위단체인 (사)동학민족통일회 상임의장으로서 남북 교류 및 통일 운동에도 앞장서 왔다. 또한 종교연합기구인 한국종교연합(URI-KOREA)의 상임대표직을 비롯한 각종 종교, 시민사회운동단체에서 종교 간 대화, 종교계의 화합과 상생, 종교인의 사회적 운동 등에 관여한 개혁적인 인물로 천도교의 위상 찾기와 종교평화운동에 큰 기대를 한 몸에 받고 있다.

종교가 기복祈福, 구도求道, 개벽開闢의 소명과 역할을 한다면 그의 활동상은 세상을 바꾸는 개벽에 가깝다고 할 수 있다. 그렇게 내공이 쌓인 그가 취임 후 한 달간 긴 여정을 한 것처럼 느껴졌다면 그만큼 지난至難한 과제가 쌓여 있다는 이야기이기도 하다.

서울 종로구 경운동 천도교 중앙총부에서 천도교의 위상 회복방안과 미래, 종교의 역할, 종교화합을 위한 모색 등에 관해 대담을 나누었다. 그는 대사회적 활동에 앞장서 온 개벽정신의 소유자로 인식됐으나 대담 중 그의 구도자적 사상도 분명하게 보여 주었다.

신앙은 영성(靈性)으로 이루는 것

우선 박 교령의 신앙의 기본과 시초가 구도자적 성향이었다. 그는 천도교 입교 당시 스승의 말을 깊이 새기고 있었다. 당시 선생은 "가장 똑똑한 사람이 누군가?"하고 물었다고 한다. 그리고 "항상 모든 것을 모른다고 생각하고 공부하는 사람이 가장 똑똑한 사람"이라며 "마음을 비우고 공부하라"고 했고 그는 이를 깊이 새기고 수련했다.

종교를 이치로 접근하는 것은 학문일 뿐, 지식으로는 종교 존립이 불가하다고 했다. 영성으로 신앙을 이루는 것이며 그냥 수련에 빠져들면 '신앙=생활'이 된다는 논리다. 막히는 게 있으면 그때 교리에 물어보면 된다는 것이다. 그는 앞으로 종교영성운동이 대대적으로 일어날 것을 확신하고 있다. 신념의 마력은 종교인 아닌 철학자도 체험하는 것으로 그러한 영성을 기복, 미신으로 보는 것은 잘못이라는데 의견을 같이 했다.

김철 전 교령이 그에게 "어떻게 천도교에 입교했느냐"고 물어 보았을 때 자신은 "선생님이 좋아서"라고 답했다. 그러자 김 전 교령은 '교리 지식을 공부해서 됐노라'고 했으며, 자신은 '신도 깜'이고 김 교령은 '지도자 깜'이라는 결론을 지었다고 했다.

그러나 '신도감' 박 교령은 이제 최고 종교지도자가 되어 있고 그 신앙을 기본으로 천도교의 옛 위상을 되찾고 종교평화운동을 주도할 과업을 젊어지고 있다.

"천도교는 좋은데 천도교 믿는 사람은 바보다"

그는 모든 것이 자신으로부터 비롯됐다는 향아설向我說에 의한 철저한 반성을 통해 천도교의 위상을 회복하려 한다고 밝혔다.

세계민주화의 시초라 할 수 있는 대원군 시절의 광화문 복합상소伏閤上疏, 동학혁명군이 설치한 농민적 자치기관 집강소執綱所, 1904년 일본과의 협력으로 개화를 추진한 갑진개혁운동, 3.1운동 때의 역할 등을 거론하며 과거의 업적만 떠올리는 일은 이제 그만해야 한다고 했다.

전통과 명망있는 할머니의 국밥집을 최고라고 자랑하면서도 스테이크만 먹는 손자는 할머니의 정신을 잇지 못하는 것이어서 할머니 자식이 아니듯이 천도교의 자랑만 늘어놓고 그 정신을 잇지 못하는 천도교의 현실을 반성했다. 그는 수운-해월-의암의 가르침과 기본 정신을 이어나가야 한다고 했다. 인내천人乃天과 사인여천事人如天의 사상은 어느 누구도 부인할 수 없는 훌륭한 진리라고 했다.

▲ 정수

그는 서슴없이 천도교의 현실을 비판하며 개선점을 제시했다. 이제 만고불변의 진리는 유지하되 시대에 맞는 규범과 제도를 갖추고자 노력해야 한다는 것이다. "종교는 시대와 짝해야 한다."는 생각이다. 그래서 선거제도와 3년 단임제도 등 20년 전 만든 교헌敎憲의 개정 등 시대적 요청을 염두에 두고 있다. 우선 3년 단임으로는 통합과 화해의 장애요소가 된다는 것도 절실히 느끼고 있다. 정치적, 사회적 통합이 아닌, 편을 가르는게 없어지고 '마음의 통합'을 이루기엔 기간으로서는 부족한 기간이라는 것이다.

"가난한 자가 가난한 자를 도와야 한다"

박 교령은 천도교가 "무사안일에 빠졌다" "과거만 뜯어 먹고 산다"는 대담자의 비판을 고스란히 받아들였다. '교도들과 국민들에게 송구하다'고 했다.

약한 사람을 부둥켜 안고 희생을 해야 하는 종교의 사명을 다하지 못했다는 것이다. 원불교가 생활종교에 뿌리내려 교세가 커나가는데 비해 너무 위세가 약화된 데에는 그러한 정신이 부족했다고 했다.

'최일도 밥퍼 목사'처럼 막상 나누는데 앞장 서지 못해 포덕布德에 실패했다는 것이다. 천도교도 한때는 300만 교도 수가 있었다. 일제 강점기의 탄압과 남북분단, 이승만 정권의 배척 등으로 교세가 약화된 이유도 있지만 "가난한 자가 가난한 자를 도와야 한다"는 종교의 기본적 자세를 고수해야 했다는 반성이다. 박 교령은 현재 어린이 보육과 노인을 위한 복지법인을 신청해 놓고 있다고 했다.

천도교가 교육과 언론에서 진취적이지 못했던 것도 아쉬워했다. 그가 20년 전 종무원장을 맡았을 때 대학과 방송 설립을 추진했었는데 인가를 반납하고 만 것이다. 이제라도 시대에 맞춰 87년 전통의 월간 '신인간'을 바탕으로 신문과 인터넷으로 발전시키겠다는 의지는 그 아쉬움 때문이기도 하다.

▲ 남북종교인 모임중 금강산 구룡연 산행중 왼쪽 두번째부터 김영주 목사, 조불련 강수린위원장, 조계종 총무원장 자승스님, 박남수 교령, 원불교 교정원장 남궁 성교무등(2015.11)

"종교는 세상, 창생, 세속을 먹고 살아야 한다"

"현재 종교의 갈등은 경전과 교리의 차이에서 오는 게 아닙니다. 종교가 정치사회적으로 세력화됨으로써 오는 갈등입니다. 기독교에 대한 원조 특혜, 불교문화재에 대한 일방적 예산 지원 등의 현실적인 문제가 분쟁을 불러일으키는 겁니다."

범종교신문의 창간 취지로써 다종교 다문화 사회에서의 이해와 배려, 상생을 이야기하자 종교연합운동의 지도자로서 박 교령은 단호하게 종교갈등의 원인과 그 해결책을 분명하게 했다.

'각 종교가 자기 중심, 교리와 교주 중심으로 배타적인 태도를 보임으로써 갈등이 생겨난다'는 지적에 대한 답변이었다. 개신교계가 '다같이 예수믿고 천당가면 되는데' 여러 분파와 단체로 나뉘어 교회끼리, 교회 안에서 다툼을 벌이는데 대해서도 같은 판단이었다.

"그래서 종교가 마루 종宗, '으뜸'의 가르침을 못하게 되었고, 오히려 세상의 걱정거리로 공격과 불신을 받는 것입니다. 종교는 모름지기 세상, 창생, 세속을 먹고 살아야 합니다."

종교간 화합을 위해서 악수하고 합장하는 것은 눈으로 보이는 정치적, 홍보적 활동이라는 것이다. 세상과 함께 하며 서로 다름을 인정하는 밑으로부터의 차근차근한 연합활동이 진정한 종교화합을 이룰 수 있다고 했다.

5월 2일 한국종교연합이 개최한 제66차 평화포럼 '종교와 음식문화'가 그 일환이라며 자랑스러워했다. 종교적인 관점에서 음식문화를 접근할 때 각 종교간의 차이와 공통점을 상호 이해할 수 있는 좋은 매개체가 되었다는 것이다. 각 종교가 '식탁의 영성'에서 공감대를 형성한 것이다. 박 교령은 '종교와 음식문화'의 포럼을 올해 7차례 진행할 계획이다.

"해월 최시형 선생은 '밥 한그릇의 사상'을 말씀하셨습니다. 밥에는 만고불변의 진리가 담겨 있습니다. 이 세상의 이치를 아는 것은 밥 한그릇의 이치를 아는 데 있습니다. '내가 먹는 것이 곧 나'라는 것을 알고 내 앞에 놓인 밥 한그릇이 여기에 이르기까지의 전 과정을 볼 줄 아는 사람이 늘어난다면 이 세상은 지금과는 몰라보게 다른 밝고 맑고 깨끗한 세상이 될 것으로 믿습니다."

한국종교연합에서는 평화포럼 외에 청년문화캠프, 다문화가정 캠프, 전국종교인문화한마당 등의 행사와 함께 '종교평화지수' 제정을 진행하고 있다. 종교평화지수는 국내 종교 간 갈등 및 화해 · 상생의 사례들을 종합 · 분석해 수치화한 것으로 이를 통해 종교의 역할과 사명을 제대로 감당할 수 있도록 하자는 목적을 갖고 있다. 개신교계의 거부감이 있지만 잘 이해시켜 올해 발표할 예정이다.

'Buy Korea', 'Buy 천도교'

"천도교는 3.1운동과 모금운동 등 종교화합을 이끌어 낸 역사가 있습니다."

김 교령은 민족종교 천도교가 바람직한 다종교다문화사회의 정착에 큰 교훈이 될 것임을 확신했다. 그러기 위해선 천교도의 옛 역사를 자랑하는데 그치지 않고 그 기본정신을 회복해 천도교의 위상을 회복하는 게 중요하다고 했다.

"나는 교령으로서 민간외교사절의 역할을 할 것입니다. 'Buy Korea'를 했듯이 'Buy 천도교'에 전력을 다할 것입니다."

박 교령은 '강남스타일'과 '젠틀맨'의 싸이가 한국 문화를 'Buy Korea' 하는데 일조했다고 보았다. 그러나 그것은 세계문화선진국으로 나아가는 '전야제'에 그친다고 말했다. 우리 종교의 정신문화야말로 진정한 문화선진국으로 나아가는 길이라고 했다.

교조들의 기본정신을 계승해 'Buy 천도교'로서 내실을 다지는 동시에 이를 바탕으로 종교화합은 물론 한울님의 덕을 세상에 펼치겠다는 의지를 강하게 내비쳤다.

천도교와 중심 교리

천도교는 조선 말기에 수운水雲 최제우崔濟愚가 창도한 동학東學을 제3대 교조 손병희가 천도교로 개칭하여 재건한 종교이다. 천도교는 내세에서가 아니라 현세에서의 지상천국 건설을 최고 이상으로 지향하고 있다. 그러기 위해서 주관적으로는 개인의 인격을 완성하여 정신 개벽을 이루고, 객관적으로는 평등한 사회를 건설하고, 인간성 본연의 윤리사회를 이룩하여 세계의 신앙을 통일, 세계를 하나로 하는 방향으로 나아가야 함을 주장한다.

인격적이며 초월적인 유일신 한울님을 신앙 대상으로 하며, 천인합일天人合一의 인내천人乃天 사상과 사인여천事人如天 사상을 바탕으로 한다. 인내천은 사람이 곧 하느님이며, 만물이 모두 하느님이라고 보는 천도교의 중심 교리이고, 사인여천은 동학의 2대 교주 최시형이 시천주사상侍天主思想에 의거하여 세운 '사람을 하늘처럼 섬기라'고 한 가르침을 이른다.

쉬지 않고 약동하는 심령의 표상

국내 7대 종단에 속하는 천도교는 불교, 가톨릭, 개신교 등 어느 종단도 거부감을 갖고 있지 않다. 그만큼 국민적 친화력도 크고, 사상도 탄탄하다. 종교학 분야의 석학 오강남 캐나다 리자이나대 교수는 그의 저서 '세계종교 둘러보기'에서 천도교를 '가장 세계화할 가능성이 높은 종교'라고 전망한 바 있다.

천도교는 1860년 수운 최제우가 동학이라는 이름으로 창교했다. 당시 국내적으로는 양반, 토호들의 가렴주구로 백성은 도탄에 빠지고, 대외적으로는 제국주의의가 침략의 마수를 뻗치고 있었으며, 사회적으로 서학(기독교)이 번성하던 시대였다. 유교 가문에 태어난 수운은 구세제민의 뜻을 품고 암굴 등에서 수도 끝에 한울님(하느님)으로부터 인류 구제의 뜻으로 '무극대도無極大道'를 받게 된다. '인간평등'이라는 사상은 서학(기독교)과 다를 바 없으나, 우리나라에 맞지 않는다고 해서 동학이라는 이름을 붙였다. 동학은 민족의 주체성과 도덕의식을 바로잡으며 민족의 혼을 깨웠다. 동학은 제3세 교주 의암 손병희 때 일제에 의해 강제로 해산 당할 것을 우려해 천도교로 개칭(현도)된다. 천도교는 보성전문, 동덕여학교 등을 건립하며 민족교육에 뛰어들었고, 3·1만세운동의 주도세력으로 부상한다.

민중과 아픈 역사를 함께해온 천도교의 상징마크는 궁을원장弓乙原章이다. 백색 바탕 위에 붉은 점이 있고, 그 점과 같은 너비로 둘레에 원이 그려져 있다. 점과 원 사이에는 두 선이 반원형으로 지나간다. 궁을원장의 절반을 반대로 채색한 것이 천도교 교기敎旗인 긍을기弓乙旗다.

천도교 관계자에 따르면 중앙의 점은 한울님의 성품을, 두 선은 인간의 마음을, 둘레의 원은 인간의 몸을 각각 형상화하고 있다. 전체적으로는 무형의 한울님이 유형의 사람으로 형상화한 것이요, 심령이 쉬지 않고 약동하는 모습을 표상하는 것이라고 한다.

궁을원장은 천도교 제3세 교주인 의암 손병희가 일본 동경에 체류할 때 수제자인 권동진 오세창 양한묵 등 3인에게 지시해 제작됐는데, 궁을영부를 모티브로 삼았다고 한다. 수운 대신사는 경신년 4월5일에 한울님으로부터 '기형基形은 태극太極이요 우형又形은 궁궁弓弓이라'는 계시를 받는다. 이것이 궁을영부다. 수운이 백지 위에 받은 긍을영부의 원형은 전해져 오지 않지만, 마음 심心 자의 변형과 같았다고 한다. 이와 관련, 제2세 교주 해월 최시형은 "영부는 한울이 곧 나의 마음인 것을 부도符圖·그림문자)로 그려내어 심령의 약동불식躍動不息·쉬지 않고 약동하는) 형용을 표상하여 대신사께서 시천주侍天主의 뜻을 가르치신 것"이라고 해설한 바 있다. 궁을 모양은 천지의 형체이며 마음 '심' 자라는 것이다.

궁을원장은 의암이 동경에서 천도교를 공식 종교단체로 선포한 직후인 1905년(포덕46년) 에 제정됐고, 이듬해 당시 서울 다동에 있던 천도교중앙총부에 현판과 함께 처음으로 게양된다. 현재 궁을원장은 교당 정면, 교서教書표지, 베지 등에 사용되고, 궁을기장은 교기로 사용한다.

천도교는 1920년대 불교와 기독교 등을 제치고 200만명이라는 국내 최대 신자수를 보유했다. 일제 탄압의 후유증으로 지금은 신도수가 10만명으로 급감했지만, 민족종교의 맏형으로서 위치에는 흔들림이 없다. 종교에서 신도수란 허세에 불과할 수 있다. 실생활에서 '사람다운 사람'을 얼마만큼 키워내느냐가 중요하다. 천도교는 그 풍부한 토양을 갖추고 있다.

❋ 후천 개벽의 중심지는 한국

곧 새 세상…한국은 지상낙원의 主役國

개벽開闢의 문자적 의미는 새롭게 연다는 뜻이다. 열 개開와 열 벽闢의 합체로 '새롭게 열다'는 의미인 이 개벽은 중국의 창세기創世記격인 반고盤古신화에도 등장하는 동양 전통의 바탕을 가리키는 개념이다. 중국에서는 개벽을 '반고가 혼돈 속에서 세상을 처음 연 것盤古開天地'이라 푼다.

반고는 중국 창세신화의 주인공이다. 어떤 그림은 천하(우주)의 본체로, 음陰과 양陽이 채 나뉘지 않은 상태인 태극太極을 반고가 들고 있다. 주역의 개념으로, 우리 태극기의 그 태극이다. '개벽'과 우리 겨레의 또 다른 인연이다. 이 개천벽지開天闢地의 개벽이 동아시아 문명에서 일반명사처럼 쓰이기도 하다가 우리 근대사 정신문명의 고갱이로, '개벽 사상'으로 똬리를 틀었다. 개벽 사상은 한 세상(선천시대)이 끝나고 새로운 세상(후천시대)이 열린다고 본다. 불교의 미륵신앙처럼, 후천시대는 선천시대(개벽 이전)의 불합리가 해소되어 좋은 세상이 된다는 것이다.

중국 한대 ≪회남자 淮南子≫와 삼국시대 ≪삼오역기 三五歷記≫ 등에 기록된 고대 중국신화에 따르면, 개벽은 세상의 시작을 의미한다. 세상의 시작이라는 일대 우주론적 사건은 당연히 그 전과 후로 구분되게 마련이다. 이 일대사건 이전을 '선천先天'이라 하고 이후를 '후천後天'이라 한다. 이러한 맥락에서 ≪주역周易≫의 문왕역文王易은 후천이 되고, 그 전의 복희씨역伏羲氏易은 선천이 된다고 한다.

이처럼 개벽은 우주론적인 차원의 일대 전환적 사건을 의미한다. 그 전환은 태평성세의 이상세계가 도래하는 것을 의미하기도 한다. 개벽은 선천先天과 후천後天을 가르는 우주론적 시간의 일대 전환점이며, 동시에 인간이 여태껏 선천에서 경험한 온갖 고통과 혼돈을 극복하고, 다가올 후천에서 신선선경神仙仙境의 이상사회에서 살기를 원하는 희망이 합쳐진 우주론적 시간관의 표현이다.

새로운 시대가 열리는 우주론적 대전환점으로서 개벽은 음양오행陰陽五行과 역易을 포함한 상수사상常數思想 : 불교에서 이르는, 본디 정해진 운명사상)으로 해석되면서 동양의 전통적인 운세관運世觀을 이루게 된다.

시운時運의 변화에 따른 왕조와 사회의 변동을 담고 있는 전통적 운세관은 우리나라에서는 신라 말부터 시작하여 다양한 형태로 전수돼오다가 조선 중기 임진왜란과 병자호란 이후에 조선 왕조가 망하고 다른 성씨의 새로운 왕조가 일어선다는 참위설의 창궐을 부채질하였다. 19세기 중엽 서양열강에 의하여 중국이 위협을 받고, 조선이 풍전등화風前燈火의 위기에 처했을 때, 운세관은 새로운 세대를 대망하는 개벽의 꿈으로 표현됐다.

한국종교사에 나타난 개벽 사상

한국종교사에서 이와 같은 우주론적 미래대망 사상으로 볼 수 있는 것으로는 불교에서 온 미륵사상彌勒思想, 기독교에서 온 종말사상終末思想 그리고 개벽사상을 포함해 몇 가지 형태가 있다. 그 가운데 개벽사상은 한국에서 자생한 종교의 핵심사상으로 발전하여 19세기 이후 한국민족종교운동의 일대 특성을 이루는 사상적 요인이 됐다.

동학의 창시자 수운水雲 최제우崔濟愚, 정역正易의 창시자 일부一夫 김항金恒, 증산 교단의 창시자 증산甑山 강일순姜一淳, 원불교의 창시자 소태산少泰山 박중빈朴重彬 등 신흥 민족종교의 공통적인 키워드는 후천개벽後天開闢사상이다. 후천後天은 선천先天의 대칭 개념으로 풀이된다. 인지人知가 열리지 못하고 모순과 불합리와 상극이 지배하던 어두운 시대와 세상이 선천이라면, 인지가 열리고 통일과 합리와 상생이 지배하는 밝고 새로운 시대와 세상이 후천이다. 민족종교에서는 선천과 후천의 교역交易에 따라 선천의 시대가 막을 내리고 후천의 신천지新天地가 열리는 것을 후천개벽이라 한다.

19세기 말에서 20세기 초에 한국은 외세의 침범과 정치적 부패, 사회지도층의 타락과 유학儒學의 쇠락으로 나라가 위기로 치닫고 있었다. 여기에 서양 종교인 천주교(가톨릭)가 들어오면서 한국사회의 가치관은 근저에서부터 크게 흔들리게 됐다. 이에 따라 당연히 말세론, 미륵불 출현설, 각종 예언과 비결이 나돌았다. 정감록과 민간신앙의 말세구원론, 메시아 신앙이 불안한 백성의 마음을 파고들었다. 이러한 결과는 홍경래의 난, 삼남민란, 동학혁명 등으로 폭력화되기도 하고, 신흥종교 창시자들의 후천개벽사상으로 나타나기도 하였다. 이는 마치 중국에서 춘추시대 말기부터 전국시대에 걸쳐 공자 · 맹자 · 순자 등 제자백가가 나타난 것이나, 그리스에서 기원전 4백년을 전후해 소크라테스 플라톤 아리스토텔레스와 소포클레스 소피스트 등 일군의 학자 · 학풍이 나타난 것과도 비교된다.

19세기 중엽 이후 개벽사상은 한국에서 수운 최제우가 일으킨 동학을 효시로 하여 강력한 민중종교운동으로 나타났고, 이는 일부 김항의 ≪정역正易≫으로 정교한 이론적 발전을 맞이했다. 이론적 안목은 증산 강일순이 펼쳐나간 대대적인 신비종교운동의 근간이 되었고, 다시 소태산 박중빈이 치밀하게 전개한 종교사회운동의 원동력이 되었다.

민족종교운동의 맥 잇는 근거가 된 개벽 사상

수운 이후에 개벽사상은 한국 민족종교운동의 맥을 잇는 근거가 되었으며, 오늘날 모든 한국민족종교운동의 공통점을 이룬다. 수운은 ≪용담유사 龍潭遺詞≫에서 “만고 없는 무극대도無極大道/ 여몽여각 득도로다……한울님 하신 말씀/ 개벽 후 오만년에/ 네가 또한 첨이로도/ 나도 또한 개벽 후 노이무공勞而無功하다가서/너를 만나 성공成功하니/나도 성공 너도 득의得意”라 노래했다. 1860년(경신) 4월5일(양력 5월25일)에 자신이 경험했던 신비경험의 내용을 이렇게 노래한 것이다.

세상이 개창된 지난번 개벽이 이미 5만년이 지났고, 이제 무극대도가 열리는 일대전환, 곧 새로운 개벽의 시점에 왔다. 그 변화가 너무나 장엄하여 한울님도 “너를 만나 성공”한다고 하였다. 그만큼 변화의 기대가 장엄한 것이다. 그 장엄한 전환은 지금까지 경험한 쇠운의 시대 하원갑下元甲을 벗어나 앞으로 다가올 성운의 시대 상원갑上元甲으로 들어가는 것을 말한다. 수운은 분명히 거세게 밀려오는 서세동점西勢東漸의 시대적 상황과 특히 서교西教라 불리던 가톨릭 교세의 팽창에 동양의 문명사적 위협을 느꼈다. 그리하여 그는 보국안민輔國安民을 부르짖었다. 극도의 시대적 위기의식과 보국안민 사상은 지극한 민족애와 민족의 앞날에 대한 불굴의 희망에 의하여 하나로 이어진다. 극도의 위기의식과 불굴의 희망은 개벽사상의 두 얼굴이다.

수운은 성운의 주기와 쇠운의 주기가 윤회하면서 돌아가는 순환적 운세관에 근거하여 시간과 역사의 흐름을 해석한다. 이러한 순환적 역사관은 아득한 과거의 요순시대를 미래의 이상사회 재현을 위한 희망의 모델로 삼는다. 따라서 선천과 후천의 교역의 원리를 ‘무왕불복지리無往不復之理’, ‘순환지리循環之理’ 또는 ‘윤회輪廻같이 둘린 운수運數’라고 수운이 말한다. 이러한 개념들은 소강절邵康節이 잘 개진했던 중국의 도서상수학圖書常數學의 우주론적 운세 사상에 이미 들어있는 개념들이다. 그리고 순환적 역사관 역시 고대로부터 이어지는 동양의 전통적 역사관이다. 따라서 수운이 주창한 동학의 개벽사상은 그 안에 담긴 개념 소재들과 논리적 맥락이 모두 중국의 전통적인 상수철학常數哲學에서 영향을 받은 것이다.

그럼에도 불구하고 동학의 개벽사상은 독자적인 사상적 특성을 지닌다. 그것은 중국의 상수철학에서는 찾아볼 수 없는 사상적 동기이다. 수운은 ≪용담유사≫에서 십이제국十二諸國이 괴질운수怪疾運數에 빠졌으나 "다시 개벽"을 맞이하여 "태평성세 다시 정해 국태민안國泰民安할 것이니"라고 노래한다. 지금은 괴질운수에서 이상사회로 전환하는 개벽의 시점이다.

그런데 그는 국태민안을 언제나 "아동방我東方의 보국안민"이라는 의미로 말한다. "아국운수 기험하다/ 개갈은 외적놈아......한울님이 나를 내서/ 아국운수 보전하네." 라든가, 개벽시에 하늘님이 "만지장서滿紙長書 : 사연을 길게 쓴 편지) 내리시고/ 십이제국 다 버리로/ 아국운수 먼저하네"라는 노래에서 "다시 개벽"이후 후천세상의 중심은 한반도이고 그 주역은 한민족이라는 확신을 수운이 가졌다는 사실이 분명해진다. 이 점은 그의 전全 저술과 동학 교리 전체에서 일관되게 나타난다. 결론적으로 수운의 개벽관은 민족주의적 개벽사상이었다.

이처럼 수운의 개벽관은 민족주의적 동기와 사상적 지향성을 지니고 있다. 따라서 동양의 전통적 상수학과 순환사관은 수운의 개벽관의 논리적 형식이라면, 그 형식에 담긴 사상적 핵심 내용은 민족애와 민족정체성의 확립에 있다.

이러한 맥락에서 "유도불도儒道佛道 누천년에/ 운이 역시 다했던가/ 윤회같이 돌린 운수/ 내가 어찌 받았던가"라고 한 대목에서 잘 드러난다. 그는 유불도 삼교는 물론이고 삼신산 신앙이나 무속도 존중하면서 모든 종교가 하나로 돌아간다는 동귀일체同歸一體를 주장하였다.

그에 따르면 유불도를 포함하여 모든 종교가 "다시 개벽"을 맞이하여 근원으로 돌아가게 되는 데, 그 근원은 유불도가 아니라 오히려 "만고 없는" 새로운 질서다. 그 새로운 질서의 주역은 의심의 여지없이 한민족이고 그 중심은 한반도이다.

이러한 민족주의적 개벽관은 19세기 중엽 이후 동양권의 쇠퇴와 특히 조선이 망국의 위협을 받으면서 한국민족의 자존과 정체성을 확립하는 데 그 어떤 사상보다 강력한 힘을 발휘했다. 1894년 갑오동학혁명이 이를 말해 준다. 그 이후 일제의 강제 침략에 의하여 나라를 잃게 되는 과정에서 민족주의적 개벽관은 극일克日의 사상적 모범으로 널리 국민에게 수용되면서 민족주의 운동의 사상적 기틀이 되었다. 1919년 3월1일 독립만세운동을 동학의 후신인 천도교天道教가 주동하게 된 까닭이 우연이 아니다. 동학 이후 수운의 민족주의적 개벽관의 영향을 받고 수많은 종교들이 한국에서 자생했으며, 이 종교들이 스스로 한국의 민족종교라고 부른다. 이러한 민족종교의 흐름은 곧 한국적 개벽관의 흐름을 반영한다.

수운이 민족주의적 개벽사상을 종교운동으로 제창했다면, 그와 동년배였던 김일부는 개벽을 담은 운세관에 관한 정교한 재해석을 전개했다. 일부一夫의 재해석이 너무 새로워서 가히 "다시 개벽"이라 할 만하다. 일부는 주로 두 가지 면으로 그의 수도와 공부를 집중했다. 하나는 천문天文, 역산曆算과 역학을 통하여 우주론적 진리를 추구하는 것이었으며, 다른 하나는 '음아이어우'의 오음五音을 주송하며 춤추는 영가무도詠歌舞蹈를 통하여 신비경험의 경지로 들어가는 것이었다.

그는 오랜 양면적 수도생활 끝에 1881년 ≪주역≫의 설괘說卦와 다른 <정역팔괘도正易八卦圖>를 환각으로 받아 그리게 되었고, 그 후 4년 뒤 그의 나이 60에 마침내 ≪정역≫을 완성하였다. 일부는 ≪정역≫에서 ≪주역≫이 선천의 역인데 반하여 ≪정역≫은 후천의 역이라 말한다. 주역의 천지운행 도수度數는 1년이 365일과 1/4이고, 윤역閏易이 있어 이를 포함하여 천지가 주기적으로 운행한다.

그러나 이러한 운행은 바르지 못하여 극한과 극서가 나타난다. 그러므로 잘못된 운행의 도수를 바로잡으면, 자연재해가 없는 세상이 올 것이다. 이처럼 천지운행의 도수를 바로잡은 역이 바로 ≪정역≫이다. 정역에 따르면 주역의 부정확성을 조정하여 1년을 360일, 한달을 30일로 바꾸어 윤閏을 없애기 때문에 천지가 바른 도수로 바르게 운행하게 한다. 이 때 태양계의 변화가 일어나 23.5도로 기울어진 지축이 바로 서고, 자전과 공전의 궤도변화가 일어나 황도黃道와 적도赤道가 일치함으로써 지구가 태양 주위를 360일 만에 회전하게 된다. 따라서 주야 장단의 차이와 한서寒暑의 차이가 없어지고, 음양의 불평등이 사라져 화기和氣가 충만한 유리세계琉璃世界로 표현되는 이상사회가 도래한다.

이처럼 정역사상은 수운이 제시한 민족주의적 개벽 사상을 한층 더 체계적으로 해석했다.

첫째, 일부는 개벽의 후천운수가 도래하는 과정의 도수를 정교하게 차별화 했다. 둘째, 후천개벽을 단순히 기다리는 것이 아니라 천지운행의 도수를 적극적으로 교정함으로써 미래의 이상사회 도래에 능동적으로 참여하는 태도를 보여 준다. 이러한 적극적인 미래참여 태도는 중국의 운세관이 지닌 숙명론과는 그 내용에 있어서 전혀 다르다. 이는 분명히 한국적 사상의 특성 가운데 하나이다.

일부의 이러한 적극적 미래참여의 태도는 증산에 의하여 한층 더 극적으로 나타난다. 증산은 제자들을 가르치던 계룡산 남쪽 향적산香積山 국사봉에서 일부를 찾아가 그로부터 정역, 곧 적극적 미래참여 방법으로서의 도수변화 원리를 배웠다. 그리고 비인庇人 사람 김경소로부터 신비로운 태을주太乙呪를 얻어 수도 공부를 하다가 1901년 천지대도를 깨달아 성도成道하였다고 한다. 성도 후에 그가 화천化天할 때까지 9년간 '천지공사天地公事'라는 신비로운 적극적 미래참여의 종교행위를 했다.

증산 자신과 당시의 신도들이 그를 상제上帝, 곧 하늘님이라 불렀다. 증산은 동학의 후천개벽사상을 받아들였으나 1894년 전봉준全琫準이 이끄는 동학군이 고부古阜에서 무참히 희생되는 모습을 보고, 후에 그의 신도들에게 무력항쟁을 금했다.

그러나 동학의 민족주의적 개벽 사상을 깊이 수용한 증산은 ≪대순전경大巡典經≫에서 자신이 동학의 완성자이며, 천지공사가 참동학이라고 말한다. 증산은 수운과 일부의 사상을 자신의 신비주의적 맥락에서 종합하여 천지공사라는 일종의 영성운동을 대대적으로 전개하였다.

증산에 따르면 천지를 개벽하는 것이 곧 천지공사라고 말한다. 삼계대권三界大權을 지닌 상제인 증산 자신이 "무궁한 선경의 운수를 정하고 조화정부調和政府를 열어" 세상을 건지려고 한다. 이처럼 증산은 수운의 민족주의적 개벽사상을 한층 더 강한 적극적 미래참여의 태도로 전환하고 있다. 나아가 증산은 "천지운로를 뜯어고쳐 물샐틈없이 도수를 굳게 짜놓았으니" 그 짜놓은 도수대로 세상이 돌아간다는 신념에서 그 자신이 세상의 미래를 주관하는 상제라는 확신을 읽을 수 있다.

천지공사란 이처럼 미래의 이상사회에 대한 무한한 대망과 이상사회가 이루어지도록 하는 적극적인 사명감이 합쳐진 영성적 신비운동이다. 증산은 일본공사日本公事를 통하여 내일의 일본의 운명을 점지하였다. 그러므로 그 당시 민중은 증산의 신비운동에서 극일克日에 대한 확실한 희망을 갖게 되었고, 증산 사후에 갈라진 많은 증산교단에 구름같이 민중이 몰려들게 되었던 것이다

소태산은 1916년 신비 경험을 통해 득도를 하고 ≪대종경大宗經≫에 의하면, "물질이 개벽하니 정신을 개벽하자"고 주창했다. 이는 그가 수운과 일부 그리고 증산에 비해 시대의 문명사적 변화에 한층 더 민감하게 대응했다는 점을 분명하게 해 준다. 그는 물질의 변화가 정신문명의 퇴락을 가져온다는 사실을 경고하고 있다. 이런 맥락에서 그는 노력 없이 성공과 복을 비는 '낮도깨비'가 발을 붙이지 못하고, 인도人道와 정의가 가득한 대명천지大明天地를 이루어야 한다고 지적한다.

이처럼 소태산은 분명히 그의 선인들이 지켜온 민족주의적 개벽사상을 이어받았다. 그러나 그는 그의 선인들이 즐겨 쓰던 중국 상수철학의 개념들 보다는 일원상一元相이나 보은報恩과 같은 불교적 개념어를 더 많이 쓰는 점에 차이가 난다.

소태산이 1924년 '불법연구회'로 시작한 단체가 원불교의 출발이었다. 1918년 3월에 저축조합의 저축금을 수합하여 간척사업을 일으켜 다음해 정관평貞觀坪이라는 간척 농장을 세웠다.

원불교는 불법연구회에서부터 교육운동에 힘을 기울였다. 따라서 소태산은 한편으로는 교육운동과 경제자립운동을 통하여 대명천지의 도래를 위한 적극적인 태도를 지녔다. 소태산은 전통적인 한국의 적극적인 미래참여태도의 전통을 보다 근대적인 형태로 표현하고 있다. 이처럼 민족주의적 개벽사상은 수운 이후에 오늘의 한국민족종교 교단에 이르기까지 면면히 흐르면서 한국종교사상의 특성을 지어주고 있다.

개벽의 철학 · 사상적 의미와 후천 개벽의 세상은?

수운은 득도得道 과정에서 당시 제기된 모든 현실 문제를 일거에 해결할 수 있는 방법을 무한한 권능을 가진 하늘님으로부터 계시받았다고 한다. 수운이 접했다고 하는 초월적 존재의 명칭인 상제는 '상제님' '상뎨님' '하늘님' '하날님' 등으로 표기되어 있다.

"뜻밖에 4월에 마음이 서늘해지며 몸이 떨리어 무슨 증세인지 알 수 없었다. 말로 표현하기 어려울 때 무슨 신선의 말씀이 문득 귀에 들렸다. 놀라 일어나 물어보니 이르기를 '두려워하지 말고 무서워하지 말라. 세상 사람들이 나를 상제라고 하는데, 너는 상제를 모르느냐?'고 하였다." ('동경대전', '용담유사')

천도교에서는 시천주侍天主의 개념을 "시천주의 시侍자는 즉 하늘을 깨닫는다는 뜻이고, 천주의 주主자는 내 마음의 주라는 뜻이다. 내 마음을 깨달으면 내 마음이고, 천지도 내 마음이고, 삼라만상도 모두 내 마음의 한 물건이다."('대종정의')라고 정리하였다.

증산은 "말세 이래로 사람의 욕심이 제멋대로 행해지고 무도에 빠져 천하가 다 병들었다. 이에 모든 곳의 원冤, 모든 것의 원, 모든 일의 원이 있었다. 오직 우리 천사는 대순大巡의 성인으로 이 땅에 내려와 선천의 다 된 운수를 닫고, 후천의 무궁한 문을 열어, 병을 떨어버리고 원을 풀었다."('증산교사')

소태산은 "지금 세상의 정도는 어두운 밤이 지나가고 바야흐로 동방에 밝은 해가

오를 때에 그 광명이 서쪽 하늘에 먼저 비침과 같은 것이며, 태양이 중천에 이르면 그 광명이 시방세계十方世界에 고루 비치게 되나니 그때야말로 큰 도덕세계요 참 문명세계이니라."('대종경大宗經')

일부는 "정역正易의 근본사상은 과거 중국의 역학사상과는 반대로 선·후천의 개념을 다시 설정하고 후천개벽사상을 역학적 논리형식으로 체계화하여 선·후천이 천지 운도에 의해 자연히 교역된다."고 하였다.('정역연구')

개벽의 철학 · 사상적 의미

신흥민족종교들이 경쟁적으로 후천개벽을 종지宗旨로 내세우는 후천개벽에 있어 '개벽'의 의미는 무엇인가. 후천개벽은 선·후천 교역交易에 의한 후천세계의 도래를 의미한다. '개벽'의 개념에는 '교역'이란 뜻 이상의 의미가 내포된다. 즉 선·후천의 교역이 우주천도의 운행에 의해 자연적·필연적으로 도래하는 운도적運度的인 개념이라면 개벽은 능동적·인간의 지적인 의미를 내포한다. 즉 선천개벽이 우주와 천지의 창조를 의미하는 것임에 비하여 후천개벽은 기존세계의 대중화와 혁신의 의미를 포함한다. (신일고, 『후천개벽사상의 연구』)

후천개벽의 의미를 가장 명쾌하게 설파한 교조는 소태산이다. 그는 천지개벽을 정신문명의 발전(천개天開과 물질문명의 발달(지벽地闢로 해석했다. 이들이 주창한 후천개벽사상의 기본이념은 그들 각각의 독특한 생애와 처지에 따라 다소간의 차이점이 없지 않음에도 근저根底에는 공통적인 이념을 갖고 있다.

첫째, 지상적인 사상이다. 이를 위해 평화건설을 우선하면서 해원 · 상생 · 보은의 이념을 제시한다. 증산의 평화사상은 해원, 수운은 상생, 소태산은 보은의 원리를 기본으로 제시한다.

둘째, 차별이 없는 인간 평등사상이다. 평등이 이루어져야 지상낙원이 건설된다는 것이다. 남녀 · 노소 · 적서 · 반상 · 종족의 차별을 철폐하자는 주장이다. 수운은 인내천人乃天의 이념 속에서 평등을 찾고, 증산은 봉건적 신분계급 질서를 타파 · 지양한다는 개벽적 이념을 제시했다. 소태산은 자력양성 · 지식평등 · 교육평등 · 생활평등의 이른바 '사요四要사상'을 주장했다.

셋째, 지상낙원의 실제적 모습은 정신과 물질, 영과 육, 도학과 과학이 조화를 이루는 정신 · 물질의 병진사상이다.

넷째, 인존사상人尊思想이다. 인간의 가치와 중요성을 본질로 하는 인간중심적 세계의 건설이야말로 후천개벽사상의 기본이라는 것이다. 수운은 사람이 곧 한울님이라는 인내천 사상, 소태산은 인간을 비롯한 만물이 곧 불佛이라는 처처불상 사사불공處處佛像 事事佛供; 원불교 교리표어의 하나로 이 세상 모든 사람, 모든 우주 삼라만상이 다 부처님이므로, 모든 일에 있어서 부처님께 불공하는 마음으로 경건하고 엄숙하게 행하고 살아가자는 뜻)의 원리, 증산은 사람이 신을 부리는 천지공사天地公事를 주장하여 인간중심론을 제시하였다.

다섯째, 후천개벽의 중심지가 한국이라는 한국 중심론이다. 민족종교 창시자들은 한결같이 금후 인류사회를 영도할 정신적 지도국이 한국임을 명시했다. 한국이 후천개벽 지상낙원의 주역국主役國이라는 주장이다.

수운은 "12제국 다 버리고 아국운수我國運數 먼저 하네"라며 한국에서 정신적 지도자가 다수 출현하여 세계의 지도국이 된다고 갈파하였다. 증산은 조선이 장차 세계의 상등국, 대중화大中華가 되어 대국의 중심이 된다고 예언하였다. 소태산은 "금강산은 천하의 명산이라 멀지 않은 장래에 세계의 공원으로 지정되어 각국이 서로 찬란하게 장식할 날이 있을 것이며, 그런 뒤에는 세계 사람이 앞다투어 그 산의 주인을 찾을 것이다"고 내다보았다.

여섯째, 삼교합일三敎合一의 통합종교사상이다. 민족종교 지도자들은 각기 독특한 종교사상을 정립하는 한편 유불선儒佛仙 삼교의 융합을 제시했다.

수운은 유불선 삼교가 이미 인류의 정신을 지배할 힘을 잃었으므로 새로운 대도로서 천도天道를 중심으로 유불선 융합론의 원리를 제시하고, 증산은 후천의 새로운 시대를 맞이하여 유불선과 서도西道 등 모든 문화·종교의 융합과 통일을 내세우면서 한국 고유의 선仙사상 우위론을 주장하였다. 소태산은 우주만유의 근본인 일원상一圓相의 진리에 바탕하는 불법佛法 주체의 유불선 삼교와 기타 모든 종교의 통합활용론을 전개하였다.

후천개벽은 어떤 세상인가

국난기에 빼어난 선각자들이 제시한 후천개벽의 사회상은 어떠한가. '개벽적 세계상'이란 무엇인가.

수운이 그리는 세계상은 천당이나 극락 또는 그 밖의 신천지에 대한 동경이 없이 '지상에서의 선경仙境'을 염원한다. 그의 후천사상 또는 이상론은 현세적으로 도교적 선경의 이념에 바탕하여 국토·자연을 중심으로 추구되었다.

증산의 세계상은 보다 구체적이었다. 천하가 한 집안이 되고 △위무와 형벌이 없이 조화로써 중생을 다스리고 △원한과 상극이 그치고 △모든 행동이 도덕에 기본하고 △빈부와 차별이 철폐되고 △구름차를 타고 하늘을 날아다니고 △불을 때지 않고 밥을 짓고 △손에 흙을 묻히지 않고 농사를 짓는다는 등의 미래상을 제시하였다.

소태산은 후천세상이 되면 인지가 훨씬 밝아져서 모든 것에 상극이 없어지고 허실과 진위를 분간하여 천지만물 허공법계를 망라하여 경우와 처지를 따라 모든 공을 심어 부귀도 빌고 서로서로 생불이 되어 서로 제도하며 살게 된다는 불토佛土극락사상을 제시하였다.

조선 후기에 나타난 후천개벽 사상은 지치고 피곤해진 민중들에게 이상사회 건설과 새로운 메시아론을 제시한 종교사상이면서 사회개혁사상, 역사철학의 다의적多義的인 이데올로기였다. 수운의 천도天道중심사상, 일부의 정역正易중심사상, 증산의 선仙중심사상, 소태산의 일원一圓중심사상은 각기 독자적이면서 주체적인 원리에 입각하여 후천개벽의 혁신적인 사회개혁사상으로 제시되었다.

한국종교인 평화회의 (KCRP)

▲ 2013 이웃종교 화합주간 전국종교인화합대회에서 7대 종단 대표들이 상호 손을 맞잡고 '화합과 소통'을 외치고 있다.

▲ 한국종교인평화회의

▲ 조화 속의 하나 아시아의 종단별로 어린이, 청년, 여성, 장년 등 대표가 제8차 아시아종교인평화회의 '조화 속의 하나 되는 아시아'의 주제로 기도했다.

▲ 남북종교인 모임중 금강산 호텔

▲ 남북종교인 모임중 금강산 호텔

▲ 남북종교인 모임중 금강산 호텔

▲ 남북종교인 모임중 금강산 호텔

한국종교인평화회의(KCRP)

변진흥 사무총장

변진흥(왼쪽)_한국종교인평화회의(KCRP) 사무총장

세상이 염려하는 종교가 되지않기 위해선

정직, 질서, 배려정신 등

종교인 의식이 바뀌어야 합니다.

KCRP
한국종교인평화회의

범종교신문은 각 종교의 진정성을 두루 살펴보는 가운데 심층 신앙인으로 변화해 종교화합뿐 아니라 세상의 상생, 평화, 조화를 이루자는 취지로 5년째 발행하고 있다. 그러나 아이러니컬하게도 어느 종교에서도 재정적 지원을 받지 못하고 있다. 모든 것을 아우르겠다는 목적이 각 종교와 사회의 신념과 신앙, 기존의 틀에서 벗어나 아무데서도 아우름을 받지 못하고 있기 때문이다. 오히려 종교를 갖지 않은 비종교인들과 기존 종교에 회의를 느끼는 사람들에게 호응을 받고 있는 실정이다.

▲ 변진흥 한국종교인평화회의(KCRP) 사무총장

본지 발행인과 논설위원이 국내외적으로 공신력을 갖고 본지의 취지를 펼치고 있는 한국종교인평화회의(이하 KCRP)를 찾아 자유스런 방담의 자리를 마련했다. KCRP의 변진흥 사무총장은 지난해 정부가 수여하는 대한민국 소통상을 받았다. 종교계의 연합활동을 통해 우리나라 정치사회활동에 기여를 했다는 공로를 인정받았기 때문이다.

변 총장은 "종교계가 앞장서 정치사회의 소통을 위해 일한 사람에게 상을 주어야 하는데 거꾸로 종교계가 상을 받았다"며 겸연쩍어 했다. 그의 말 속에는 종교인들이 솔선수범해야 할 종교평화와 정치사회의 갈등 해소에 미흡했다는 반성이 담겨 있기도 했다. '종교가 세상을 걱정하는 것이 아니라 세상이 종교를 걱정하는' 모양새에서 정부가 격려 차원에서 주었다는 의미로 받아 들이고 있다.

종교화합과 평화를 모색한 정담鼎談에서 참석자들은 정부와 사회가 바뀐다고 종교평화와 세상의 갈등이 해소되지 않는다는데 의견을 같이

했다. 우선 종교인과 국민의 의식이 바뀌어야 세상이 변화한다고 했다. 시민교육이 우선되어야 한다는 것이다. 민간차원의 종교평화상 제정, 종교언론의 역할 등에 대해서도 허심탄회한 의견을 나누었다.

'종교 약국론'에 공감

젊은이들이 종교에서 멀어지고 있다. 종교와 종교인들이 모범을 보이지 못하고 일반 세속과 똑같이 행동하기 때문이다. 종교가 권한을 누리고 싶어하고 서로 갉아먹기에 몰두하니 종교에서 배우는 게 없다고 회의하기 때문이다. 종교를 보고 배워야 할 게 있어야 하는데 오히려 누를 끼치고 있는 것이다.

참석자들은 변 총장의 '종교약국론'에 절대적인 공감을 표시했다. 변 총장이 울릉도에서 종교청년캠프를 개최할 때의 에피소드다. 당시 캠프 참가자들을 안내하던 운전기사가 "이 좁은 섬에 교회가 스무 개 있을 뿐 아니라 성당과 절도 많이 있구요."라고 했는데 '종교시설이 많아서 좋다'는 것이 아니라 빈정대는 투였다.

이에 변 총장은 청년들에게 "여러분들이 동네에 약국이 많으면 좋다고 하는 것처럼 종교도 그렇게 인정받게 해야 빈정거림을 받지 않는다"고 했다. 몸을 치유하는 약국이 많이 있어 편리하듯이 정신을 치유하는 종교가 환영을 받아야 한다는 '종교약국론'이다.

각 종교가 집단 이기주의에 빠져 제 종교만을 강조하는 모습을 보이니 일반인들의 인식이 좋을 수 없다. 만약에 종교청년들이 각 종교를 떠나 울릉도의 오물처리 작업에 나서 깨끗한 울릉도 만들기에 나선다면 운전기사의 빈정거림은 사라졌을 것이다. 앞으로 모든 종교는 일상에서 뿌리는 내리는 생활종교가 되어야 한다.

‘다름의 아름다움’ 강조

모든 종교의 좋은 취지를 모으는데 어려움이 많다. 기독교의 설교와 불교의 법문을 한데 엮어도 거부감을 갖는다. 각 종교의 교리가 모두 생활 속의 좋은 교훈이자 영혼을 맑게 해주는데도 불구하고 자신의 울타리를 고수한다. 진정한 종교화합과 공존이 불가능하다는 한계에 부딪친다.

그래서 KCRP가 ‘타종교’라는 용어를 ‘이웃종교’로 개칭했다. 모든 종교의 뜻을 같이 하자는 의도다. 각자 종교의 교리가 달라 그 지향점이나 활동방향에서 어긋나고 갈등을 일으키는 일이 많다. 그러나 개인의 마음과 영혼을 깨끗이 하고 세상과 인류사회를 밝게 만들자는 목표는 같으며 그런 이정표를 갖고 있는 한 다른 종교가 아닌 이웃 종교가 될 수 있다.

자기만의 종교가 우월하다는데서 벗어나야 진정한 종교평화와 화합을 이룰 수 있다. 불교는 기독교를 거울로 삼고, 기독교는 불교를 거울로 삼아 좋은 것은 배우고 자기 정화기능을 강화시켜야 한다. 서로 교류하며 영성적인 부분까지 공유하는 지혜를 갖는다면 세상사람들이 다가설 수 있는 종교가 된다. 종교의 울타리를 넘나들며 '다름의 아름다움'이 존중되어야 한다.

상생과 평화, 종교 스스로 개척해야

정치와 사회가 종교의 평화를 위한 분위기를 만들어 준다고 생각해선 안된다. 종교의 화합을 비롯해 종교자유, 종교차별의 문제도 종교가 스스로 개척해 나가야 한다. 그런 다음에야 종교가 정치, 사회활동의 귀감이 될 수 있는 것이다.

김수환 추기경이 고백한 게 있다. "1980년대 우리사회에서 민주정권이 성립되면 모든 문제가 해결될 줄 알았다. 그러나 민주정권이 들어서고 민주화가 가속화되었지만 결국은 똑같은 현상이다. 저변의 국민의식이 바뀌어야 한다"라고 했다. 그래서 김 추기경은 우리가 일본보다 부족한 것은 정직, 질서, 배려정신이라며 우선 시민교육을 강조한 바 있다.

▲ 터키 순례는 천도교 박남수 교령, 불교 조계종 자승총무원장스님, 원불교 남궁성 교정원장, 천주교 김희중 주교회 의장과 문화체육관광부 나종민 종무실장 등22명이 참석하였다.

종교인 교육도 마찬가지이다. 각 종교가 정직, 질서, 배려정신의 바탕 없이 종교자유, 종교차별금지를 내세우면 갈등과 다툼이 생기기 마련이다. 종교 안에서 해결해야 한다. 정치가 바뀌어도 종교자유, 종교차별문제를 근본적으로 해결할 수 없다. 또 다른 차원의 갈등과 다툼만 야기할 뿐이다. 종교인들이 '다름의 아름다움'을 인정하고 다른 '약국'들의 정신적 역할을 인정할 때 저절로 종교자유, 종교차별의 문제는 해결된다. 그리고 젊은이들을 비롯한 많은 사람에게 종교의 필요성을 인정받게 되며 세상은 점점 밝고 아름답게 변화할 수 있다.

바람직한 종교언론과 종교평화상 제정

KCRP는 우리나라 7대 종단이 모여 국제세미나와 평화캠프, 예비성직자 프로그램을 통한 종교간 대화와 이해, 소통과 문화확산, 남북교류 등에 기여해 왔다. 특히 '종교화합주간' 행사는 각 종단의 문화공연과 전시회를 열어 이웃종교를 이해하고 공감하는 장 場 으로 만들었다. 물론 "종교간 대화와 평화가 없이는 사회갈등 해소를 통한 국가발전을 이룰 수 없다"는 인식이 생긴 정부차원의 뒷받침이 있기에 가능했다고 할 수 있다.

범종교신문처럼 일반 종교인들의 규합으로 순수하게 펼치는 종교이해와 종교화합운동으로선 감당할 수 없는 역할이었다. 그러나 앞으로 바람직한 종교 화합과 정립을 위해선 이러한 풀뿌리 운동이 중요해졌다. 정치가 변하기 전에 시민의식이 바뀌어야 하듯이 종교지도자가 이끌기 이전에 종교인들의 올바른 의식이 생겨나야 한다. 시민이 정치를 개혁할 수 있으며 일반

▲ 라미야란 종교청장과 함께 포즈를 취한 종교지도자들. 지난해 11월 30일 프란치스코 교황의 방문 시 술탄 아흐메트(일명 블루모스크)를 방문해 함께 종교의식을 행한 터키의 최고 지도자이다.

▲ 이옥용 매일종교신문 회장

종교인들이 종교지도자들의 자세를 변화시킬 수 있기 때문이다.

시민의식과 종교인의 의식을 선도할 언론이 제 역할을 못하고 있다. 우리 언론이 종교간 게임룰에서 벗어나 종교와 사회의 평화를 이루게 하는 '맑은 샘'의 역할을 해주어야 한다. 그러한 책임은 언론에 있다.

변 총장이 한 종교재단에서 경영하는 신문에 인터뷰를 했더니 타 종단에서 거센 반발이 생겨났다. 어떻게 이단의 신문에 대한민국 7대 종단을 대변하는 사람이 나와서 품위를 해치냐는 것이였다. 대한민국 종교의 중립적인 자세가 요구되는 KCRP의 현실적인 상황에서는 스스로 조심스럽게 행동해야 한다고 생각했다.

그러나 어느 곳에서나 '종교화합과 평화'란 좋은 취지를 널리 알리는 것이 필요한데 그것이 오해를 받는 것은 불행한 일이다. 이슬람국가에서도 기독교 선교가 이루어지지 않는가. 아직 이슬람이 한국에서의 역할과 비중이 크지 않아 KCRP의 회원이 되지 못하지만 언젠가는 그들과 이웃이 되어야 진정한 종교평화, 세계평화가 이루어진다고 보고 있다.

그런 의미에서 객관적이고 진정한 '종교평화상' 같은 것이 필요하다고 본다. 어느 특정 종교나 정부 주도의 상이 되어선 안된다. 7대 종단을 아우

▲ 금강산 무지개 남북종교인 모임중 비게인 아침에 상서로운 선물(2015.11)

르는 KCRP나 범종교신문에서 바람직한 종교평화상제정을 논의해 보자.

한국종교인평화회의(KCRP)와 변진흥 사무총장

KCRP는 1986년 서울에서 열린 아시아종교인평화회의(ACRP) 3차 총회를 계기로 불교, 개신교, 천주교, 원불교, 유교, 천도교 등 6대 종단이 창립한 종교연합단체이다.

종교 간 대화운동은 1960년대부터 종교지도자들을 중심으로 이어져 왔다. 초기엔 주로 종교지도자들을 중심으로 친목적 형태를 유지해 왔다. 그러다가 KCRP가 태동하면서 종교 간 대화 운동은 급물살을 타게 되었다.

변진흥 사무총장은 KCRP와 종교대화운동의 산 증인이다. 가톨릭 성직자의 길에 들어서려던 그는 호남대학교 교수로 있다가 민주화운동으로 해직당하고 천주교 주교회의 북한선교위원회(현재 민족화해위원회) 기획실장을 맡았다. 초대 KCRP 회장이었던 김몽은 신부와의 인연으로 KCRP 활동을 시작했다. 당시 김성곤(당시 민주통합당 국회의원) 의원이 사무총장이었고 변 총장이 차장을 맡았는데, 김 사무총장이 국회의원이 되면서 6개월여 만인 1996년 10월부터 사무총장을 맡게 되었다. 1996~2008년 제2대 사무총장을 맡은 데 이어 2011년 11월부터 제6대 총장으로 활약 중이다.

종교학자

조흥윤 박사

조흥윤(왼쪽)_한양대 명예교수 · 종교학자

무巫는 곧 우리 한민족의

원형이고 본향입니다.

▲ 계룡산 신흥암 산신각

종교(宗教 · Religion)에 대한 사전적 의미는 다음과 같이 요약된다. 신神 또는 초월적 절대자를 인정하여 일정한 형식 아래 그것을 믿고 숭배하는 것을 말한다. 또한 그런 행위를 통해 마음의 안락과 행복을 얻으려고 하는 정신 · 문화의 한 세계로 귀의자歸依者는 정신적 공동 사회나 교단을 형성한다. 종교의 종류는 자연 숭배 · 토테미즘(Totemism · 씨족이나 부족 사회에서 특정 동식물이나 자연물을 숭배하는 신앙형태)등의 원시적 종교로부터 주물呪物 · 다신多神 숭배와 같은 초급 종교를 거쳐 오늘날 세계적 종교로 부각된 불교 · 유교 · 기독교 · 이슬람교 등에 이르기까지 다양하기 이를데 없다. 더불어 종교는 기후 · 문화의 차이와 민족 · 지역 등에 따라 현격한 차별성을 갖게 되며 이는 곧 종파와 교파 분열로 이어진다

▲ 우반(又半) 조흥윤(趙興胤)박사

한국의 종교학자들이 우리의 종교 상황을 일러 '종교백화점'이라고 지칭해 온지는 이미 오래 전의 일이다. 수많은 종교가 이 땅에 존재하고 있음을 뜻하는 말이다. 실제로 국내에는 우리가 알지 못하는 사이 세계 각국의 종교가 뿌리내려가고 있다. 인접국의 민족종교에서부터 서구의 고등종교에 이르기까지 그 수를 파악하기조차 힘들 지경이다. 종교와 결사의 자유와 보장된 사회에서 인위적으로 어쩔 수 없는 현실적인 단면이기도 하다.

그러나 이토록 난립한 수많은 종교에도 그 뿌리와 원형은 있기 마련

이다. 유구한 역사를 면면히 이어온 한민족의 종교원형은 무엇이고 그 뿌리는 어디서 찾아야 하는가. 한국종교의 원형을 찾아 평생을 연구하며 매진해온 종교 · 문화인류 학자가 있다. 바로 우반又半 조흥윤趙興胤박사다. 한양대 문화인류학과 교수로 재직하다가 2012년 정년퇴임을 하고 현재 동 대학 명예교수인 그를 잠실나루 전철역 오붓한 찻집에서 만났다.

- 신간 「서여사랑방 작은 인문학」을 읽었습니다. 스승에 대한 간절한 그리움과 미래 인문학의 지름길을 명료하게 제시해 놓으셨더군요.

"감사합니다. 서여西餘선생님이 순천 송광사와 충남대에서 특강하신 내용을 압축하고 여러 인문학자들과 제자들이 나눈 담론을 노트 형태로 엮은 것인데 의외로 독자들 반응이 뜨겁습니다. 한국 인문학계의 우뚝 선 태두이신 데다가 문화인류학의 새 지평을 연 학자이셨지요. 저는 지금도 선생님의 얘기만 나오면 나도 모를 신명과 함께 큰 동력을 얻습니다."

전남 해남 출신의 서여 민영규閔泳珪 · 1915~2005)박사는 서지학의 권위자로 저명한 동양사학자 겸 불교학자이다. 평생 연세대 문과대학 교수로 봉직하며 연세대 도서관장 · 동방학연구소장 · 국학연구원장을 역임하면서 많은 후학을 양성해 냈다. 동 대학 사학과 출신인 조흥윤 박사는 서여의 여러 제자 가운데 수제자이다. 조박사가 저술한 수많은 저서와 논문 중 '한국의 원형신화와 원앙부인 본풀이'를 근거로 인류의 종교 기원과 한국종교의 원형에 관해 물었다.

"종교의 기원은 인류의 역사만큼이나 오래 되었고 인간은 원래부터 종교심성을 갖고 태어났다고 생각해요. 인류 역사의 모든 시기를 막론하

▲ 신선도

고 어떤 형태로든지 종교는 신봉돼 왔다고 사료 됩니다. 인간 모두가 종교심성을 지니고 있으므로 인간이 존재하는 모든 곳에는 무슨 종교든 존재하기 마련이지요. 지식 · 덕성 · 신앙의 이 세가지 요소는 나면서부터 우리 의식 속에 내재돼 있다고 믿기 때문입니다. 나는 한국종교의 원형을 무巫에서 찾고 있습니다."

– 조 박사께서 집필하신 '한국 신령체계와 성격'을 보니 "한국 귀신에도 계급이 있다"고 언급 하셨는데…

"그렇습니다. 그런데 이 회장께서도 나를 꽤 많이 연구하셨는데요!" (웃음)

조 박사는 찻잔의 대추차가 식는 줄도 모르고 특유의 제스처와 함께 담론을 이어갔다.

"한국의 기본 굿이라 할 수 있는 서울 · 경기지역 천신 굿에 모셔지는 신령의 역할과 비중에서 신령 등급을 확인 할 수 있는데 모두 일곱 계급입니다. 가장 높은 등급이 첫째 제석 · 천존 · 일월성신 · 칠성 · 불사등의 천신 계통으로 이들 신령 모두는 '하늘'에 근원을 두고 있기 때문에 최고 권위와 영험을 지니고 있습니다. 둘째 본향산신 · 본향조상 등의 산신계통 입니다. 이들 신령은 각 지역에 오랫동안 뿌리 내려온 '토착세력'으로 주민들의 주체성과 정체성의 반영이어서 영향력이 큽니다. 셋째 유비 · 관우 · 장비 · 제갈량 등 중국에서 바다를 건너온 외래 신령들이지요. 대부분 별도의 건물에 모셔지므로 전래신傳來神으로도 불립니다. 넷째 최영 · 임경업 · 신립 장군 등 우리민족 고유의 장군신이며 다섯째 집을 지켜주는 성주, 마을이나 국가를 호위하는 군웅 등 가택 신계神界입니다. 여섯째 터주 · 서낭 · 지신 할머니 등 잡귀신 신계, 마지막 일곱째 시왕 · 넋대신 · 사자 등 저승과 관련된 귀신들이지요. 무당은 귀신의 등급부터 제대로 알아야 합니다."

귀신들은 등급에 따라 젯상의 위치가 달라지고 신가神歌도 구별되는 등 차별 대우를 받으며, 등급이 높을수록 젯상이 앞 쪽에 놓여지고 낮으면 대청마루로 밀려난다고 조 박사는 강조한다. 그러면서 현재 동 · 서양 종교의 각 종단이나 교단에서 종무 행정을 위해 설정된 위계질서와 별반 다를 게 없다고 덧붙인다.

독일 함부르크대학교 대학원 민속학과에서 철학박사 학위를 받은 우반은 동 대학민속박물관 연구원으로 재직하면서 이 분야와 관련된 권위 논문을 주로 발표해 학문적 성취를 인정받았다.

1984년 귀국 후 그가 펴낸 저서는 「한국의 무巫」「무와 민족문화」「한국무의 세계」「무巫-한국무속의 역사와 현상」「한국의 샤머니즘」 등 무巫에 관한 전문서적이다. 문화인류학을 무에 접목 시킨 한국의 대표 학자로 자리매김하며 수많은 국제회의와 학계세미나를 주관해 왔다. 스승 서여와 현지답사로 저술해 낸 「촉도장정」은 한 · 중간 고대문화를 잇는 가교로 학계의 높은 평판을 이끌어 낸 바 있다.

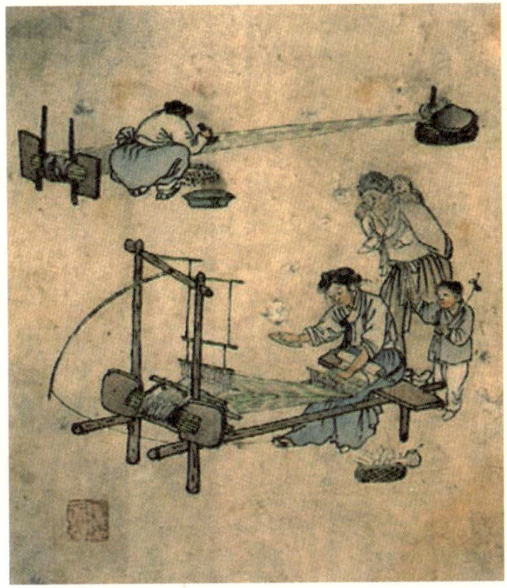

▲ 김홍도의 '길쌈도' 추석 축제놀이의 하나인 길쌈은 8월15일 보름날에 우열을 가려 진편에서 술과 음식을 내고 함께 어우러져 춤과 노래로 여러 가지 유희를 즐겼다.

– 용어에 관한 것입니다만 무속巫俗·무교巫教·무巫 가운데 어느 것이 맞습니까?

"무속은 불교학자 이능화(1869~1943)선생이 샤머니즘을 전통적 관습으로 해석해 처음 사용한 명칭으로 현재 국문학자와 민속학자들이 주로 사용하고 있지요. 무교는 개신교 신학자 유동식 선생이 쓴 용어로 샤머니즘을 불교 유교 기독교 이슬람교처럼 독립된 종교로 존중하는 입장이며 종교학자들 간에 회자됩니다. 무는 내가 처음 명명한 단어로 한국의 샤머니즘을 독특한 개성을 가진 전통으로 존중한다는 뜻을 갖고 있습니다."

– 현재 한국의 무인巫人수는 어느 정도 입니까?

"전 세계적으로 무가 우리나라처럼 오랜 역사를 갖고 신앙돼온 나라는 없습니다. 중국의 샤머니즘은 민간도교로, 일본의 샤머니즘은 불교의 영향을 받아 신도神道로 변질됐지만 한국의 샤머니즘은 유 · 불 · 도교를 수용해 특유의 무로 재탄생시켰어요. 한 통계에 따르면 사제에 해당하는 무당 수만 20~30만 명에 이릅니다. 무당 1인당 단골 신도를 최소 20명으로 볼 경우 한국 무의 신도는 500만 명을 헤아립니다. 우리의 전통 무는 조상신을 섬기는 조상숭배의 한 형태이지 원귀나 잡귀의 한을 풀어주는 것이 아닙니다.

– 한국종교의 원형을 무에서 찾는 근거는 무엇입니까?

"한국의 무는 단군신화에서부터 비롯됩니다. 비록 다른 종교로 탈바꿈해 명칭과 의식도 달라졌지만 현존하는 전통 종교의 내면에 습합된 무의 본질은 얼마든지 찾아볼 수 있으니까요."

– 미국의 저명한 종교 심리학자 제임스 류바(James Leuba 1868~1946)는 종교의 정의를 다섯 가지로 내리면서 지구상의 모든 종교는 이 부류에 종속된다고 했습니다. 즉 '① 종교란 거룩한 것에 의해 야기된 감정이나 태도이다. ② 종교란 삶의 의미에 대해 탐구하며 무엇이 가장 가치 있는 것인가를 확정하려는 추구이다. ③ 종교란 삶에 힘을 갖게 하는 초인적 존재에 대한 믿음이다. ④ 종교란 인류의 복지에 대한 헌신이다. ⑤ 종교란 영적 세계의 실재를 내포하는 경험이다' 입니다. 조 박사께선 오늘날 한국종교가 종교 본연의 제 몫을 다하고 있다고 보시는지요.

"예리한 지적입니다. 기억하시겠지만 1970~1980년대 우리 사회에는 국민들의 종교 선택에 이상 기류가 작용했습니다. 이를테면 사회 저명인사나 유명 연예인이 다니면 그 종교가 좋은 줄 알고 무작정 따라 믿는 사회적 분위기였지요. 단적인 예로 무신론자였던 어떤 중량급 인물이 특정 종교로 나간다면 무작정 그 종교를 따라 나가는 '종교적 쏠림현상' 같은 것이었습니다. 한 때는 종교단체 간 서로 모셔가려는 유치작전이 치열하기도 했어요. 그러나 지금은 어떻습니까? 국민들의 사회적 수준과 민도가 오히려 종교지도자들을 능가하고 있어 어림없는 발상입니다. 종교가 호화찬란하게 건물만 크게 짓고 진정한 영성靈性없이 말로만 외치다가는 가차없이 외면당합니다. 이미 일부 종교의 경우는 신도수가 급감하고 있으며 고질적인 대형화 · 물량화 · 세습화에 강력한 도전을 받고 있잖습니까? 천당과 지옥을 이분화二分化시켜 대중을 우롱하는 시기는 지났습니다."

▲ 日 원정굿

종교의 바른 역할과 사회적 선도 사명에 관해 계도성 발언을 서슴지 않던 조 박사가 이번에는 문화인류학적 입장에서 종교의 원형으로 접근하며 슬며시 그 대안도 제시했다.

"'종교宗教'라는 단어는 '으뜸이 되는 가르침'이란 뜻으로 과학과 철학의 이상理想인 것이며 인간 삶의 근본 법도를 다루는 가르침입니다. 종교심성은 누구에게나 본질 속에 뿌리박고 있기 때문에 종교는 모든 인간에게 최우선적 과제로 대두되는 것이지요. 특히 문화에서 가장 핵심적 요소라고 할 수 있는 종교를 다룰 때는 사회구조적 측면에서 통찰해야 합니다. 문화는 주어진 것이 아니라 창조되는 것으로 보는 견해를 문화적 사고(Culture Thinking)라 하는데 종교문화도 이와 무관치 않다고 여깁니다. 문화적 사고는 문화변혁과 문화창조 내용까지 포괄하고 있으니까요."

- 조 박사께서는 한국종교의 원형을 무巫에서 찾고 계신데 지금 한국 종교계에서의 무의 위상을 어떻게 보십니까?

"결론부터 말하자면 개탄스럽기 그지없습니다. 아시다시피 신라 역대 왕이 시조에게 제사 올리는 전통은 제2대 왕인 남해차차웅南解次次雄 · AD4~24)으로부터 시작됩니다. 그 남해차차웅이 무당인 사실은 이제 두루 알려져 있거니와 그의 여동생 아로阿老 또한 무당으로 밝혀졌습니다. 이렇듯 한반도 고대 국가의 왕실과 권력층은 무당과 연관됐음이 관련 학계의 연구를 통해 속속 드러나고 있어요. 샤머니즘은 시베리아를 중심으로 널리 몽골 · 만주 · 한국 · 일본을 포함해 우랄알타이 계통의 여러 민족들 사이에 나타나는 원시적 종교형태입니다. 샤먼(Shaman · 무당)이란 영매靈媒 · 예언 · 치료 · 예능의 역할까지 해내는 무사巫事 전문가를 말합니다."

▲ 제주 굿 시연 모습

찻집 여주인이 따라준 녹차로 목을 축인 조 교수가 말을 이었다. "한국인의 무가 미상불 한국인의 거대한 정신 · 심리의 복합체를 이루고 있음에도 불구하고 무巫의 위상이 바닥에 떨어진 건 일정한 배경과 원인이 있습니다. 나는 그것을 조선조 이래 형성되어온 무 천시 선입관에서 찾고 있으며 일제와 기독교의 부정적 안목 및 서양의 종교 진화론에서 기인된다고 봅니다. 성리학을 통치이념으로 내세웠던 조선조의 권력층이 그들의 권익 보호를 위해 무를 무속으로 전락시켜 무당은 팔천민八賤民중의 하나로 전락되고 만 것입니다."

조선시대 8천민은 ① 사私노비 ② 승려 ③ 백정 ④ 무당 ⑤ 광대 ⑥ 상여꾼 ⑦ 기생 ⑧ 공장工匠이었다. 무당은 여무女巫를 가리키며 남무男巫는 박수라 불렀다. 개중에는 기생이 무녀로 변신해 무계巫界 질서를 흐려 놓기도 했다. 해주에 사는 젊은 생강 장수가 평양기생에게 유혹 당해 모두 털리고 쫓겨 나며 읊은 자탄시가 전해 온다. 예나 지금이나 생강은 비싸다. 원간노마목遠看老馬目 · 멀리서 보니 늙은 말의 눈 같더니만 근견환농창近見患膿瘡 · 가까이 보니 고름 든 환부의 상처같구나 양변개무치兩邊皆無齒 · 양쪽 어디에도 이빨 하나 없는데 끽진일선강喫盡一船薑 · 내 생강 한 배를 다 먹어 치웠네.

한국인의 굿판에 강한 애정을 갖고 있는 조 박사이지만 그렇다고 그가 굿판에 대해 무조건적으로 긍정적이진 않다. 오랜 기간 동안 한국인의 치유 방법으로 군림해 온 샤머니즘은 지나치게 현실위주이고 실리를 추구해 이기적 경향을 조장 할 수 있다고 일침을 가한다. 아울러 요행과 운수를 통한 술수로 비합리성을 부추겨 사회윤리의 부재현상을 초래한다는 고언苦言이기도 하다.

– 모든 종교인들이 이상향으로 여기는 천당과 극락에 관한 소견은 어떻습니까?

"폴란드의 옛 수도인 크라코의 유대인 마을에서 실제로 있었던 일입니다. 유대교 랍비 아이시크가 살고 있었는데 '멀리 보헤미아의 수도 프라하로 가서 왕성의 다리 밑에 숨겨진 보물을 찾으라'는 꿈의 계시를 세 번이나 받았어요. 마침내 프라하에 도착한 아이시크가 천신만고 끝에 그 다리를 찾았으나 수비병들이 철통같이 지키고 있었습니다. 기회를 엿보며 서성거리던 그에게 수병이 다가와 연유를 물어 꿈얘길 했더니 수비병이 말 했어요. '나도 비슷한 계시를 받았는데 크라코의 아이시크 집 난로 뒤 지저분한 구석에 엄청난 보물이 묻혀 있으니 그걸 찾으라'는 것이었습니다. 곧바로 아이시크가 집으로 돌아와 구석을 파고 보물을 찾아냈지요. 여태껏 눈여겨보지 않던 허술한 곳에 값진 보물이 있었던 것입니다. 아이시크가 그곳에 기도소를 세우고 하나님을 섬겼는데 오늘날까지 그 이름을 지니고 있답니다."

그러면서 조 박사는 "유사 이래 수많은 사람들이 임사臨死체험이나 가사假死상태를 통해 극락을 보고 천국을 다녀왔다고 말하지만 그들은 결코 죽지 않고 다시 살아난 것이다"며 "산 사람이 내세나 저승을 논함은 단연코 자기주장일 뿐이다"고 강조한다. 스승 만영규 박사가 '예루살렘 입성기入城記(1976)'에서 고백한 구절을 소개한다.

예루살렘 성을 떠나 유대 광야를 거쳐 요단강 주변을 방황하는 동안, 그 거리가 멀어질수록 그에 반비례해서 생명체에 위협을 주고야 말 가혹한 자연을 느끼지 않을 수 없었다. 생각하면 우리는 우리 조상의 시대로부터 너무도 아름다운 자연의 조건 속에서 살아왔다. 이 아름다운 자연이었었기에 우리 조상은 마귀나 악령의 존재를 모르고 지내왔고 유일신과 같은 절대적인 존재의 필요도 느끼지 않고 지내올 수 있었다. 우리에게 있어 자연이란 우리를 길러주고 우리를 그 속에 안아 주는 어머니의 품속과 같은 것이었다.

▲ 기메　인간과 신을 이어주는 무속도구 중 하나로 제장(祭場)을 장식하는 용도로 쓰이는가 하면 의례를 진행하는 데 필요한 도구로 쓰인다. 과거에 비해 굿판이 간소화되면서 많은 종류의 기메를 찾아볼 수 없지만, '일만 팔천 신들의 고향'이라 불리는 제주에는 아직까지 60여 종이 넘는 기메가 전승되고 있다.

- 조 박사의 저서를 보면 '한국인의 본향은 고향과 다른 무巫 상상계의 꽃밭이고 훨씬 근원적인 함의含意를 갖는다'고 서술 하셨던데 한민족과 꽃은 어떤 상관관계가 있습니까?

"우리 신화에서 꽃밭은 실체를 구체적으로 묘사하지 않고 은근히 감춰둔 채 그 원리의 성격만 펼쳐 보이고 있습니다. 그것은 우리의 신화를 알고 찾는 사람에게만 열리고 보이는 것입니다. 한민족은 유난히 꽃을 좋아해 소월의 '진달래꽃'을 비롯해 '꽃밭에서' '고향의 봄' 등이 늘 우리 마음속에 흐르고 있잖습니까? 비근한 예로 김춘추 시인의 '꽃'이 가슴에 다가옵니다. '내가 그의 이름을 불러주기 전에는/그는 다만/하나의 몸짓에 지나지 않았다/내가 그의 이름을 불러 주었을 때/그는 나에게로 와서/꽃이 되었다…(후략) 우리의 본향은 바로 이런 꽃밭입니다."

조 박사는 "사람이 죽었을 때 우리가 '돌아갔다'고 표현함은 그가 본향으로 돌아갔음을 이르는 말이다"며 우리 민족의 노래 '아리랑'도 고개 넘어서 본향을 찾아간다는 의미라고 풀이해 준다. 장지로 향할 때 꽃상여를 타고 감도 본향을 찾는 민족의 심성과 연결된 것이라고 덧붙였다. 조 박사는 '화랑의 종교문화(1995)'란 논문을 통해 화랑을 국가 무당 후보 집단으로 규명해 낸 바 있다. 화랑도花郎徒는 꽃의 낭도라는 해석에서 기인된 것이다. 이는 신라 진흥왕 37년(576) 봄에 받들었다는 원화源花 또는 '꽃의 사람'으로 근원 꽃을 나타낸다고 해석했다. 그의 저서 '…원앙부인 본풀이'를 떠 올리게 한다.

– 평생 동안 남이 마다하는 무의 연구로 시종일관한 학자 입장에서 소회가 남 다르시겠어요.

"나는 지난 50년 가까이 무巫 · 샤머니즘)를 공부 한다며 먼 길을 꽤나 부지런히 걸어 왔습니다. 그 길에서 무당들이 천대 받고 있는 것을 보고 격분하기도 했지요. 일부 박수와 무당은 국가지정 중요 무형문화재로 지정돼 한을 풀기도 했지만 대다수가 천민으로 멸시받고 있습니다. 급할 때는 그들을 찾아 위로 받으면서도 돌아서서는 모른 체 합니다. 천민이 존재하는 사회는 결코 사람답게 사는 사회일 수가 없어요. 무를 종교로 봐야 한다고 외치면서 굿판에 앉아 날이 지나고 달이 바뀌는 것을 잊기도 했지만 아직도 요원합니다."

그는 돈도 안생기고 인기조차 없는 인문학 중에서도 다수가 기피하는 무 연구에 평생을 바친데 대한 무한한 자긍심을 갖고 있었다. 모든 종교를 가까이하고 연구하다 보면 결국 무의 세계와 맞닿아 교감할 수 있기 때문이다. 뒤늦게 믿는 종교 교리의 잣대로 먼저 살다 간 조상을 정죄할 수 없듯이 무는 곧 우리 한민족의 원형이고 본향이기 때문이다. 이런 그가 한국바둑협회 · 국제바둑협회 · 한국바둑문화학회를 직접 청립해 조직적으로 이끌어온 바둑의 고수인 줄은 나중에서야 알았다.

▲ 조흥윤 박사와 필자

찻집을 나서며 한국 종교언론의 사명과 역할에 관한 종교학자의 견해를 듣고자 청했다.

"역사는 반드시 기록으로 남아지며 문화현상은 놀랍게도 반복됩니다. 오늘의 정치 · 사회 현실을 100년 전, 혹은 50년 전의 역사와 대비시켜 볼 때 그 증거는 더욱 명확해지는 거죠. 당장은 인터넷 시대로 SNS(사회관계망) 등이 공중을 점프하고 있지만 역사는 기필코 정론으로 쓰여진 종이신문이 정사正史로 보존됩니다. 거대한 언론재벌조차 힘겨운 한국 언론 풍토에서 종교 전문지를 발행한다는 건 투사 정신으로 보아야 할 거예요. 다행히 이 회장께선 종이신문과 인터넷신문을 동시 발행하고 있으니 상호 보완관계가 잘 이뤄질 것입니다. 힘들겠지만 그늘지고 빛 못 보는 구석진 종교들을 보살피며 정론직필正論直筆로 펼쳐나가길 기대합니다. 이 회장의 안광眼光이 범상치 않은데요!"(웃음)

인터뷰를 마치고 창밖을 바라보니 태양이 서산마루에 걸렸다 기탄없이 너댓 시간을 '토론'한 것이다.

▲ 임효 화가

화평서신

和平書信

이옥용 매일종교신문 회장

▲ 몸이 없으신 창조주 신을 대신해 종교가 창조주 신이 원하시는 빛과 소금의 역할을 맡는 것이다. 창조주 신의 후광 後光을 받아야만 종교의 능력을 바르게, 옳게 발휘할 수 있다. 그래야만 모든 종교가 창조주 신을 한 뿌리로 해서 창조주 신 · 사람 · 만물 모두에게 좋은 세상을 만들어나갈 수 있다. 이러한 의미를 형상화했다(일러스트=박지웅 화백)

▲ **예루살렘 聖무덤성당** 예수 무덤 위에 세워진 사당 앞에서 기도하는 필자(2015년 7월 14일)

▲ 백두산 천지에서의 필자

백두산

백두산 정상에 올라서보니
백두산은 보이지 않네
여기가 백두산인가
고요한 적막만이 있을 뿐이네
여기가 백두산인가
하얀 도포를 입고 긴 수염에
지팡이 산신령 보이지 않네
여기가 백두산인가

백두산을 바라보니
천지의 물이 구름이요
천지의 물이 하늘이요
천지가 하늘 가득 담아
내얼굴을 비추네
아~ 여기가 백두산

2000. 7. 1.
이옥용

▲ 이스라엘 바란광야 골짜기에서 기도하는 필자

종교 본질은 교조적(教條的)이 아니다

– 보수 · 진보교단의 찬반논쟁이 보수 · 진보정당 다툼 떠올려 –

▲ 다윗왕의 가묘에서 유대교 랍비와 필자

종교적이란 말이 교조적教條的이란 의미로 받아들여지는 경우가 많습니다. 어떠한 시대나 환경, 현상에 관계없이 절대적이고 영원한 진리와 가치를 갖고 있는 것이 종교라는 인식 때문입니다.

실상 종교가 교조적이었기 때문에 권위와 존엄성을 더해졌다고 봅니다. 이에 따라 종교지도자나 성직자들 역시 교조적으로 보이고 또한 그렇게 행세하는 경향이 있습니다. 유일한 창조주 신, 하나님의 뜻을 대신하는 심부름꾼으로서가 아니라 전지전능하신 하나님의 권위와 존엄을 그 자신에게서 드러내려는 것입니다.

목적이 어디에 있느냐에 따라 선과 악이 판별됩니다.

교조적인 종교지도자들은 몽매한 사람들을 현혹시 키고 미망에 들게 합니다. 그들이 만든 교조적인 틀 안에서 생활하고 신앙하길 강요하기도 합니다. 일부 그러한 종교와 종교지도자들이 있기에 종교가 세상의 위안이 아닌 걱정거리가 된다는 비판을 받고 있습니다.

성전의 확장, 타종교 폄훼와 눈살을 찌푸리게 하는 전도, 금권 · 교권 다툼 등 세속의 욕심을 넘어서는 행위가 갈등과 분쟁, 전쟁까지 유발합니다. 교조적 틀에 갇히게 된 몽매한 신자들을 희생양으로 삼고 있습니다. 그들은 성스러운 수난, 순교임을 자랑스럽게 여기며 영육의 희생자가 된 것입니다.

예수님은 낮은 곳에서 아프고 슬프고 연약한 사람들과 함께 하셨습니다. 부처님의 뜻은 법(진리)을 따르고 '자신의 상은 불사르라'는 것이었습니다. 무함마드는 하나님(알라)의 충실한 심부름꾼(사도)임을 내세우며 자신을 드러내지 않았습니다.

종교가 애초 교조적이고 권위적이지 않았다는 생각을 합니다. 종교문화가 차츰 발전과 변화를 해 오면서 교조적 · 권위적인 면을 갖추게 됐다고 봅니다. 종교를 종교답게 하는 역할을 했다는 생각도 합니다. 그러다보니 점점 종교가 우상화 성격을 띠기 시작했으며 급기야 하나님의 심부름꾼인 교주들에 대한 우상화도 이루어졌습니다.

'내 것만이 최고다'는 교조주의는 이기주의입니다. 창조주 신과 사람과 만물에 모두 이로운 종교가 되기 위해선 종교가 교조적이어선 안된다고 봅니다. WCC(세계교회협의회)한국총회를 앞두고 국내 보수 · 진보 교단이 벌이는 찬반논쟁은 마치 보수 · 진보정당이 벌이는 세력 다툼과 똑같이 느껴집니다. 쓸데없는 소모전으로 사람들을 허망하고 실망하게 만듭니다. "WCC가 '타 종교에도 구원이 있다'는 종교다원주의을 용인하는 것은 이단행위"라는 보수교단의 성경적 해석으로 '공산주의 찬양, 개종전도금지주의, 동성연애 용인' 등을 들먹이며 개최 반대를 주장하는 것은 다분히 교조적인 것으로 보이게 합니다.

교조적일 수밖에 없는 보수교단의 신앙으로선 도저히 풀 수 없는 난제이기에 가슴이 더 답답합니다. 그래서 모든 종교가 교조적인 태도를 벗어나야 한다는 생각입니다. 종교탄생에서 그러했듯이 말입니다.

▲ 명동성당에서 수녀님과 필자

부처님이 설법하신 삼법인三法印 중 제행무상諸行無常이 마음에 와닿습니다. '세상에 고정된 것이 없으며 모든 것은 끊임없이 변화한다'는 것으로 저는 '교조적인 자세에서 벗어남'으로 풀이하게 됩니다. 인간이 만든 것에 영원한 것이 어디 있겠습니까. 교조적인 말과 행동보다 하나님과 사람과 만물에 깃든 좋은 말과 행동이야말로 영원한 가치라고 믿습니다.

그런 의미에서 1962년 바티칸 공의회에서 요한 23세 교황이 "교회 생활의 모든 분야가 현대 세계에 '적응'하는 차원을 넘어 완전히 의식 변화를 해야 한다"고 천명한 것은 우리 종교사상 대단히 중요한 사건이라고 봅니다. 바티칸 공의회에서는 신앙의 자유, 종교와 정치의 제 역할 찾기, 다른 종교와의 대화, 전례典禮 개혁을 비롯한 교회의 현대화 등을 촉구함으로써 교조적인 자세를 벗어났다고 보기 때문입니다.

이후 우리나라에서 조상에 대한 제사가 수용됐으며 각국의 토착화된 성모상 등장, 미사 집전에서의 모국어 사용, 평신도의 역할 부각 등 시대적 변화와 적응을 이루게 되었습니다.

바티칸 공의회의 정신을 오늘날 한국사회에 펼치는 김희중 천주교 광주대교구 교구장(한국종교인평화회의 대표회장)을 지난 6월 27일 만났습니다(범종교신문 76호 15-16면). 대전 한밭체육관서 열린 '이웃종교화합주간 전국종교인화합대회'에서 였습니다. 국내 7대종단 종교인들간의 이해와 화합, 우의를 다지는 뜻깊은 행사장이었습니다.

그는 "이웃종교의 장점과 소중한 가치를 서로 존중하자"며 "지역과 시대에 따라서 민중들이 무엇을 기대하는가, 무엇을 필요로 하는가를 알고 이에 부응하는 것이 교회가 할 일"이라고 강조했습니다. 또한 교회의 확장보다 영적 성장을 중요시하며 "하느님은 숫자와 양으로 일하시는 분이 아니다. 하느님의 뜻을 충실히 이행하는 소수 영적靈的인 사람이 더욱 중요하다"고 해 필자를 공감케 했습니다.

종교가 교조적인 것을 벗어나 시대의 변화를 읽는 동시에 사람간의 정도 함께 나누는 훈훈한 종교가 되어야 한다는 것을 생각케 해준 만남이었습니다.

SNS와 종교 세상의 현시욕(顯示慾)

▲ 이스라엘 지중해안에서 필자

사이버 세상에서의 정보와 소통, 인간교류가 일반매체를 압도하고 있습니다. 매스컴이 쏟아내는 뉴스와 주장보다 1인 미디어라 할 수 있는 SNS(소셜네트워크서비스; 사회관계망)가 던져주는 메시지가 훨씬 많습니다. 각 가정과 거리에서 신문과 방송 대신 스마트폰이 자리를 차지했습니다.

20세기 말 카페, 블로그, 사이월드 등이 활성화되더니 2004년 페이스북, 2005년 트위터 등이 나타나 세계의 사이버 생태계를 점령하고 있습니다. 페이스북은 세계 11억 인구가 공유하고, 우리나라에도 가입자 수가 1100만 명을 돌파했습니다. 토종 SNS 카카오톡과 카카오스토리는 국내에서는 페이스북과 트위터 가입자 수를 뛰어넘어 각각 3700만 명과 3100만 명이 사용하고 있습니다. 카톡으로 나누는 메시지는 하루 수십억 건이 되었고, 페이스북을 통해 전달되는 이야기와 정보는 이미 하루 1조 건의 조회를 넘어선지 오랩니다.

SNS에서 쏟아내는 이야기와 정보, 메시지는 일반매체와 비교할 수 없는 다양하고 엄청난 소식을 전하고 있습니다. 크고 작은 세상일에 위로받고 위로하고자 하는 희노애락이 담긴 개인적인 메시지를 비롯해 웃음을 선사하는 유머, 아름다운 자연의 풍경을 보여주려는 사진, 각종 사건과 사고 소식이 전달됩니다. 사회 현안에 대한 주의주장을 펴 나르기도 합니다. 이러한 세상이야기를 슬쩍 훔쳐보고 마는 관음증觀淫症 환자도 있지만, 대부분 SNS 유저들은 자신의 존재를 타인 뿐만 아니라 자기자신에 대해서도 분명하게 드러내려는 현시욕顯示慾을 갖고 있는 듯합니다. 희 · 노 · 애 · 락 모든 현상에서 말입니다.

그 표현이 외향적인 경우에는 더 말할 나위없이 과시욕망이 드러나지만 내향적인 경우에도 희노애락의 표현을 더욱 확대시켜 스스로 위로하고 때론 자학하며 카타르시스를 느끼게 됩니다. 그래서 더욱 SNS 세상은 활기를 띠게 되는가 봅니다.

현시욕이 가장 강한 것은 그중에서도 이념과 신앙이 아닌가 합니다. 이념과 신앙은 양보할 수 없는 절대적 신념이므로 상대에게 위화감, 거부감을 주고 때론 격렬한 마찰을 빚기도 합니다. 이념과 신앙이 같은 사람끼리는 똘똘 뭉쳐 자신들과 같지 않는 사람을 적대시하는 가운데 별도의 모임방을 만들어 더욱 자신들의 신념을 다져 나갑니다. 그리고 그러한 신념을 확산시킬 것을 결의합니다. 더 많은 사람이 SNS세상에서 종교와 정치이야기를 꺼려하는데도 말입니다. 그리고 이들을 회색분자, 불의한 자, 몽매한 자로 치부하며 자신의 현시욕을 점점 강화시킵니다. 물론 다양한 이념과 신앙을 들여다보고 비교해가며 자신을 성찰해 보는 사람도 있을 것입니다.

강한 현시욕은 남을 자신의 틀 안으로 끌어 들여야만 직성이 풀리는 것 같습니다. 자신의 행동과 모습을 보여주며 그저 공감하고 따라오게 하는 것을 넘어서 바로 추종하게끔 하고 싶은 욕망이 생겨납니다. 아름다운 이야기와 사진을 보여주며 함께 즐기는 차원을 넘어 섭니다. 물론 자신은 있는 그대로를 보여 준다고 강조하긴 하지만 현시욕을 충족시키기 위해 은연 중 사람들을 충동하고 미혹에 빠지게 합니다.

다양한 생각의 스펙트럼이 있는 SNS 세상에서 다양한 취향도 있기 때문입니다. 그리고 일부 미혹에 빠진 사람들을 보고 고무되어 더욱 자신의 이념과 신앙을 확신하게도 됩니다.

내 집의 강아지가 가장 예쁘고, 내 아픔이 가장 고통스럽듯이 내가 생각하는 신앙이 가장 고귀하며 내 종교에 가장 큰 사랑과 연민의 정을 품고 있습니다. 그래서 누구보다 강하게 드러내고 싶을 겁니다. 자신을 위무慰撫해 줄 종교를 쇼핑 나온 사람은 이러한 현시욕과 궁합이 맞을 수 있습니다.

이들이 자신의 믿음이 유일무이, 최고의 신앙이라는 과신 내지 확신을 하게 되는 동시에 교주나 지도자들은 우상화, 신격화의 과대망상에 젖게 됩니다. 그래서 동서고금을 통해 각종 신新종교가 계속 탄생하는 것 같습니다.

곤충들은 캄캄한 밤에 횃불을 보면 달려들어 타 죽습니다. 곤충들이 왜 횃불에 덤벼들었다가 타 죽은 것일까요? 캄캄한 밤에 환한 불빛이 보이니까 태양이 떠 올라 환한 줄 알고 좋아서 밝은 데로 가려다가 타 죽습니다. 구분할 줄 모르는 곤충이기 때문입니다.

종교지도자와의 대담 시리즈로 이번에는 한양원 민족종교협의회장을 만났습니다 그는 갱정유도회更正儒道會의 도정道正 · 최고지도자)이지만 30년 동안 민족종교협의회장을 맡으면서 한번도 기자들에게 갱정유도회의 교리를 말하거나 전도에 앞장서지 않았다고 합니다. 그래서 민족종교협의체 뿐만 아니라 대한민국 7대 종단의 모임인 한국종교인협의회(KCRP), 종교지도자협의회의 화합활동을 지속한다는 생각을 했습니다.

그는 모든 종교 교리가 '지상낙원, 인류평화와 상생'를 지향한다는 것을 강조했습니다. 그러함으로 그는 90평생 개신교, 천주교, 불교, 유교계의 인물들을 진심으로 존중해 왔습니다. 심지어 사이비종교의 대명사로 여겨져온 '백백교'가 독립운동으로서 나름의 역할을 했다는 비화도 털어놓음으로써 그의 포용력을 엿보게 했습니다. 그리고 자신의 뿌리깊은 정신은 스스로를 다스리는 마음자세를 의관으로, 행동으로 보여주었습니다. 강한 현시욕이나 미혹을 거부한 것입니다. 다름을 인정하고 그저 나타나는 모습으로 자기 믿음의 참모습을 보여주는 것이 참으로 아름다웠습니다.

전도 퇴치카드와 종교인의 자세

▲ 이스라엘 실로암 연못가에서 필자

서울대 동아리 Free Thinkers가 '길거리 전도사'에게 거부 의사를 밝힐 수 있는 '전도퇴치 카드'를 만들어 학생들에게 배포하고 있습니다. 명함 크기의 카드엔 '종교와 생각의 자유를 존중해 달라'는 내용이 담겨 있습니다. 이들은 페북(페이스북)에서 "학내 종교 동아리만 16개에 달하는데 정작 종교를 믿지 않는 대다수의 학우들이 종교집단이 내는 큰 목소리에 묻혀 종교인들로부터 피해를 볼 때가 많았다"며 동아리 설립취지를 밝혀 놓았습니다. 무신론자 혹은 '안티 크리스트'라는 반발을 의식한 듯 "타인에게 피해를 주지 않는 개인의 종교에 대해서는 문제삼지 않고, 근본주의적인 Anti-Christ 사상은 경계하는 건전하고, 도덕적이며, 합리적인 사람들의 모임"이라고 소개했습니다.

젊은 사람들이 '악마의 조종'이라는 등의 항의와 협박에도 불구하고 용감하게 동아리를 만들었다는 생각입니다. 이들의 활동이 공감대를 형성해 각 대학으로 확산되고 있고 언론으로부터 주목도 받고 있습니다.

아닌게아니라 공격적이고 광신적인 전도활동에 많은 사람들이 피곤해하는 상황입니다. 'Free Thinkers'에 비해 노골적이며 비속어와 육두문자까지 써가며 편협하고 광기어린 전도에 반발하는 경우도 많아졌습니다. 'Religion is like a penis'이란 제목의 외국 길거리 표지판이 친절한 번역을 달아 SNS 세상에 떠다니고 있습니다.

'Religion is like a penis.

It's fine to have one.

It's fine to be proud of it.

But please don't whip it out in public and start waving it around.'

<종교는 페니스와 같습니다. 하나 갖고 있는 건 좋습니다. 자랑스러워해도 괜찮습니다. 하지만 공공장소에서 꺼내 흔들어대지 말아주세요.>

한국 불교 선종禪宗의 맥을 이은 선승이자, 1960년~1970년대 '욕쟁이 스님'으로 유명한 춘성 스님의 일화도 요즘 부쩍 회자되며 떠돌아다닙니다.

어느날 춘성 스님이 전차를 탔는데 '예수 믿으면 천국, 불신지옥'을 써서 들고 다니는 사람들이 스님이 탄 칸에 우르르 몰려와 이런 대화가 오갔다고 합니다.

"죽은 부처를 믿지 말고, 부활하신 우리 예수를 믿으시오. 그래야 천국 갑니다."

그러자 전차 안의 모든 사람들이 두 눈이 휘둥그레졌습니다. 춘성 스님이 기골이 장대하기 때문에 필시 싸움이 일어날 걸로 생각했습니다. 춘성 스님이 그 말을 한 사람을 가만히 올려보더니 물었습니다.

– 부활이 뭔데?

– 죽었다가 다시 살아나는 것이지요. 부처는 죽었다가 다시 살아나지 못했지만, 우리 예수님은 부활하셨소. 그러니 죽은 부처보다 부활하신 예수님이 더 위대하지 않소? 예수님을 믿으시오.

– 죽었다가 살아나는 게 부활이라?

– 그렇소.

– 그럼 너는 내 X을 믿어라. 나는 지금까지 살면서 죽었다가 다시 살아나는 것은 X밖에 보지 못했다. 내 X은 매일 아침 부활한다. 예수가 내 X하고 같으니 너는 내 X을 믿거라.

굳이 성기까지 등장시켜 이렇듯 전도에 대한 거부감을 나타내는 것은 기존 종교에 대한 비아냥이 잔뜩 배어있다는 것을 엿보게 합니다. 인구의 절반이 되는 무종교인 뿐만 아니라 심층신앙에 다가선 종교인들마저 이러한 비아냥에 동조하고 있음을 느낍니다. 아이러니한 일이 아닐 수 없습니다. 젊은이들이 종교에서 멀어지고 있는 상황과 배경도 SNS 세상에서 보게 됩니다.

비교종교학자 미르체아 엘리아데는 무신론자를 포함해 '인간은 모두 종교인'이라 했습니다. 미지의 세계와 우주를 살아가는 연약한 인간은 근본적으로 종교를 생각하게끔 되어 있고, 따라서 '모든 종교는 근원적으로 일치한다'고 보는 것 같습니다. 그러나 근래들어 종교인과 무종교인, 타종교 · 타종파와의 반목이 더욱 심화되는 것 같습니다. 무신론자들의 목소리도 더욱 커지고 있습니다. 마치 이념과 빈부, 정치사회의 갈등처럼 종교의 갈등이 세속적으로 번져나갑니다. 공격적이고 광신적인 전도를 공격 타겟으로 하지만 그 이면에는 종교적이지 못한 종교의 모든 행태에 대한 환멸이 도사리고 있을 것입니다. 종교의 바람직한 활동과 역할도 덤터기로 묻혀가는 것입니다.

종교지도자가 바로 생활하지 못하면 사기꾼이 됩니다. 모든 종교는 "이웃을 내 몸같이 사랑하라"고 가르칩니다. 자기 교인만 사랑하고, 헌금 많이 하는 사람만 사랑하면 자기 종교와 신을 욕먹이고 이웃에게 손가락질 받게 될 것입니다.

진정한 종교인이라면 상대의 비아냥과 비판, 공격을 귀담아 들을 필요가 있다고 생각합니다. 자신의 틀이 된 내 종교, 내 생각을 벗어나 남의 생각, 남의 종교를 한번쯤 들여다 보아야 할 것입니다. 자신의 틀을 잠시 벗어나보면 상대를 이해할 수 있고 스스로를 점검해 볼 여지가 생긴다고 생각합니다. '모든 인간은 종교인'이므로 근본적으로 일치하는 삶과 죽음에 대한 관점을 발견할 수 있기 때문입니다. 내 틀에서 벗어나려면 우선 많이 공부하고 생각하며 너그럽게 세상을 봐야겠다는 생각을 하게 됩니다.

유연한 종교개혁과 "I love me"

내 것만이 절대적인 가치라고 생각한다면 남이 생각하는 절대적 가치가 뭔지도 생각해보는 자세가 개혁과 혁명의 시초다. 내 것만을 고수하며 이를 주입시키려 노력하는 행태는 반목과 다툼을 더해 줄 뿐이다.

최근 개혁적인 프란치스코 교황의 행보를 보면 중세시대의 프로테스탄트, 즉 개신교의 종교개혁이 연상됩니다. 거꾸로 가톨릭이 개신교의 부패와 권위주의적 자세를 개혁하는 모습을 보여줍니다. 역사의 반복을 느낍니다. 가톨릭의 전통관례를 파괴하는 프란치스코 교황의 발언과 아래로의 행보가 이어지며 많은 사람의 찬사를 받고 있습니다. 그는 무신론자들에게도 관용을 베푸는 듯한 발언을 했습니다. "신을 믿지 않아도 자신의 양심을 따르면 신은 자비를 베풀 것"이라고 했는데 이는 가톨릭의 핵심가치나 개신교의 교리를 뒤엎는 파격적인 발언입니다.

'예수를 믿지 않아도 구원 받을 수 있다'는 종교 다원주의 문제로 WCC 총회 개최를 놓고 격심한 대립을 벌이고 있는 개신교의 입장에서는 엄두도 못낼 발언입니다. 중세시대 개혁교회도 놀랄만한 개혁적인 선포입니다.

교황은 그밖에도 이슬람 신자와 여성에게 사상 처음으로 세족식을 거행했으며 가톨릭에서는 터부시 됐던 동성애자, 낙태에 대한 배려도 보여

주고 있습니다. 여성 사제의 서품에도 긍정적 태도를 갖고 있는 듯 합니다. 그렇다고 그의 권위와 위엄이 사라지지 않습니다. 이슬람 왕비에게 고개 숙여 인사하고 대학생 등 일반신자들에게 불쑥 '깜짝 전화'를 하지만 그의 권위와 위엄은 더욱 돋보이고 겸손과 청렴성을 갖춘 종교지도자로서의 존경심이 생겨납니다. 저뿐만 아니라 진취적인 개신교 성직자를 비롯한 수많은 종교인, 그리고 국민의 절반을 차지하는 무신론자들 사이에서 나오는 평판입니다.

물론 교황의 이러한 개혁적 행보에 대한 반발이 나타나기도 합니다. "교황이 가톨릭 신자인 것은 맞느냐"는 이야기까지 등장했습니다. 개신교 근본주의자들이 종교다원주의를 표방하는 진보 개신교계에 대한 비판과 같습니다. 보수적이기 때문에 약화되어 가는 가톨릭의 세력을 회복하기 위한 노력으로 보는 사람들도 있습니다. 그러나 개혁적인 예수회 출신 교황의 자연스런 행동과 실천으로 보입니다. 모든 개혁에는 항상 반발이 있어 왔고, 또 반복의 역사를 보는 듯 합니다.

종교가 권위와 위엄을 쌓아가며 그 속에서 안주하는 모습을 고금古今을 통해 많이 접해 왔습니다. 종교뿐 아니라 세속 사회의 생리가 그러합니다. 이를 거부하고 탈피하는 것이 개혁이고 혁명입니다. 기존의 전통가치에 집착해 타인과 타 세력을 비판하고 매도하는데 전력을 다하는 것은 갈등과 분쟁을 초래할 뿐입니다. 내 것이 절대적인 가치라고 생각한다면 남이 생각하는 절대 가치가 뭔지도 생각해보는 자세가 개혁과 혁명의 기초입니다. 그로 인해 종교적으로 말하는 '세상의 평화와 화합'이 마침내 이루어질 것입니다.

내 것만 고수하며 이를 주입시키려고 하는 행태는 반목과 다툼을 더해 줄 뿐입니다. 각 종교에서 하나님 뜻이 절대적이라며 각자 포섭하고 억압하게 마련인데 결국 파국으로 치닫게 된다고 봅니다. 세상의 화합과 평화를 파국으로 끌고 가는 것은 어느 종교에서든 진정한 '창조주 신의 뜻'이 아닐 것입니다.

근래 한국사회에서는 종교인 · 비종교인을 막론하고 가톨릭의 유연한 모습에 대한 평판이 좋아지고 있습니다. 신자 수가 늘어나는 것이 이를 반영합니다. 가톨릭의 유연함에는 개혁적, 관용적 자세가 들어 있다고 봅니다. 한국적 풍속을 융화시키는 제사의식 등을 비롯해 타 종교에 그다지 배타적이지 않은 모습이 그것입니다. 이러한 모습은 지난달 별세한 최인호 소설가의 인생여정에서도 느낄 수 있었습니다. 그는 1987년 어머니의 죽음을 계기로 가톨릭에 귀의해 '베드로'라는 세례명을 가졌습니다. 그러나 그의 영혼은 자유로웠고 유연했습니다. 하나님을 '엿장수'로 보았습니다. 고지식한 신자들에겐 불경스런 비유라 하겠지만 정말 자연스럽고 적합한 표현이었습니다. 자신을 엿장수 마음대로 하는 엿가락으로 비유하는데선 찬탄이 절로 나왔습니다.

그는 또한 '불교에 길을 묻고 천주교에 의지한' 초종교적 인물로 평가되고 있습니다. 그는 "내 정신의 아버지가 가톨릭이라면, 내 영혼의 어머니는 불교다. 그런 의미에서 나는 '불교적 가톨릭 신자'라고 나 자신을 부르고 싶다."고 거침없이 이야기했습니다. 프란치스코 교황이 만인의 존경받는 종교지도자라면 최인호 소설가는 만인의 귀감이 되는 신자임에 틀림없습니다.

이번 달에는 종교지도자와의 대담으로 경국사 주지인 정산 스님을 만났습니다. 그는 총무원장선거로 불교계가 한창 어수선할 때도 의연하게 자신의 연구와 구도에만 전념하고 있었습니다. 그는 세상 사람들과 종교에 'I love me'를 설파했습니다. 운동하면 건강이 따라오듯 나와 내 종교를 사랑하면 남과 타 종교도 사랑하게 된다는 것입니다. 자기 종교 때문에 타 종교를 폄훼하고 피해를 보게 하는 것은 진정한 자기사랑이 아니라고 했습니다. 'I love me'하면 'I love you'가 자연스럽게 이루어진다고 했습니다. 문득 김수환의 추기경 생존시의 '내탓이오' 운동이 떠올랐습니다. 나의 마음부터 개혁함으로써 세상과 종교도 개혁할 수 있다는 생각도 들었었고 한편으로는 사람의 마음 안에서의 갈등, 사도바울 신앙고백 중에 사람이면 누구나 있음을 부인하지 못할 것입니다. 진정한 개혁과 평화는 각자 자기 마음부터가 아닌가 나 자신을 돌아보게 됩니다.

이단(異端)과 사이비(似而非)의 기준

종교계에서 이단異端, 사이비似而非란 말이 난무하고 있습니다. 이단의 사전적 의미는 '자신이 믿는 이외의 도道'를 배타적 시각에서 보면 종교의 옳고 그름을 떠나 자기 종교 이외는 모두 이단이라고 할 수 있습니다. 또 다른 사전적 의미인 '전통이나 권위에 반항하는 주장이나 이론'이란 측면에서도 이단은 많을 수 밖에 없습니다.

▲ 거창 금원산 문바위

초기 기독교는 정통 유대교에 도발적이었기에 이단이었으며, 그리스 로마신화 체계에 도전적이었기에 로마에게도 이단이었습니다. 루터는 중세 가톨릭에 반항했으므로 가톨릭의 이단이었고, 근래 들어선 순복음교회 역시 이단이란 비난을 받으면서 한국 최대교회로 성장했습니다. '이단'의 개념정의로 볼 때 통일교를 비롯해 천부교, 하나님의교회, 신천지, 엘림선교회 등 새로 등장한 종교는 모두 이단으로 취급됩니다. 기독교의 교파는 세계적으로 2만5000여 개가 넘으며 모두 성서에 근거를 두고 새로운 교리가 등장하는데 서로 모순되는 내용이 많고 각각 자기네 교파에게 유리하게 해석하며 여타 교파를 이단이라고 하는 경향이 있습니다.

신라시대 토속신앙에 저항한 불교 순교자 이차돈 역시 이단이었으며, 조선시대 유교전통을 무시한 기독교는 '참살'할 양귀洋鬼이자 이단이었습니다.

이단이란 표현이 사이비로 치부되기도 합니다. 사이비종교란 '겉으로는 비슷하나 속은 완전히 다른' 사기성 종교를 일컫습니다. 배타적일 수밖에 없는 각 신앙인의 입장에서 표현하는 '이단'을 바로 사이비종교로 몰고 가는 것입니다. 이단의 의미가 '올바르지 않은 도'로 해석되는 것입니다. '이단=사이비종교'라는 등식이 성립되고 이단과 사이비를 죄악시합니다. 서로서로 이단이라고 비난하며 갈등과 분열만을 조장하는 종교계에서 이제 '사이비의 기준'을 정해야 진정한 종교화평을 이룰 수 있다고 생각합니다.

한 블로거의 포스트에 '사이비 종교의 10대 특징'이 올려졌습니다. 종교지도자들이 자신의 종교 틀을 강요하며 신자들을 현혹시키고 불행하게 만드는 것이 주요 내용입니다. 역사적 검증과 평가, 교세의 크기와 신도 수, 주위 평판 등의 기준은 없습니다. 교인과 교인 주변 사람의 생활과 마음을 불편하게 하느냐, 해를 끼치느냐의 평가 잣대가 마음에 와 닿았습니다. 많은 신도를 거느린 공인된 '정통종교'라 할지라도 권력다툼, 세습 등의 분란으로 교인들에 막대한 정신적 물질적 피해를 준다면 그게 바로 이단이자 사이비인 것입니다. 아무리 그럴듯한 성전을 가졌다하더라도 신자들의 아픔을 보듬어주지 못하면 이단이며, 신자들에겐 법의 심판보다 하나님의 심판을 받으라면서 자신들은 소송에 휩싸여 있으면 사이비인 것입니다.

창조주 신의 뜻은 창조주 신과 사람, 만물 모두에게 좋은 세상을 만드는 것이라 믿습니다. 그 뜻에 충실하지 않으면 이단이고 사이비인 것입니다. 내가 믿는 것이 아니기 때문에 옳지 못한 사이비, 이단이 아니라는 것입니다. 사람이 종교를 이단과 사이비로 단정할 수는 없습니다. 다만 치유능력 등 교주의 신격화, 시한부 심판설, 반사회적 · 반윤리적 교리, 기성종교에 대한 적개심이나 증오심 유발, 무분별한 교리의 혼합 등이 사이비, 이단의 대표적 특징이라 할 수 있습니다. 전통교리에 충실한 전통종교임을 내세우거나, 이단과 사이비가 아님을 외부에 알리려 하는 행동이 창조주신의 눈으로는 부질없는 짓일 것입니다.

무슨 종교, 교파냐가 아니라 어떤 종교, 어떤 교파냐를 보아야 할 것입니다. 한 블로거가 올린 글로 '이단과 사이비의 기준'의 맺음말을 대신하고자 합니다. "어느 종교를 믿어도 좋다. 단지 자신의 시야를 좁히지 말자. 자신이 행하는 오류를 보지 못하고, 상대방을 공격하고 상처를 주는 일만 하면서 그것이 자신이 믿는 '진리'가 시키는 것이라 생각하지 말자. 모두에게 좋은 세상을 만드는 것이 올바른 종교의 사명이다."

종교도 흥망성쇠, 그러나 미래는 밝다

인터넷 매체 〈매일종교신문〉 창간을 전후해 각 종교 지도자들과의 대담을 진행했습니다. 가톨릭, 개신교, 불교, 천도교, 민족종교, 이슬람교 지도자에 이어 마지막 차례로 원불교의 지도자를 만났습니다. 전 세계적으로 비중이 큰 종교이며 국내에서 영향력을 행사하는 공인된 종단을 위주로 했습니다. 이들 종교지도자들과 대화를 나누며 '종교의 미래는 밝다'는 결론을 내렸습니다. 비록 종교간 갈등, 종교내 파벌과 교권다툼 등으로 종교가 세상에 걱정을 끼친다고 하지만 모든 종교지도자들의 마음은 한결같이 '자신의 신앙을 바탕으로 한 좋은 세상만들기'였습니다.

"하느님은 숫자와 양으로 일하시는 분이 아니다. 교회의 신장보다 영적 성장이 중요해졌다."(김희중 대주교), "모든 종교에 도道가 있다. 사랑을 파는 종교에서 사랑을 나눠주는 종교가 되야 한다."(한양원 한국민족종교협의회장), "이 세상의 이치는 밥 한그릇의 이치를 아는 데 있다. 종교는 세상, 창생, 세속을 먹고 살아야 한다."(박남수 천도교령), "종교지도자들이 공부해야 종교가 바로 선다. 신도 수 자랑보다 하나님 말씀을 제대로 전해야 한다."(나채운 성서학자), "종교와 믿음보다 신뢰가 중요, 신뢰할 수 있는 종교인이 돼야 한다. 병 없으면 의사가 필요없듯, 고통이 없으면 종교도 필요없다."(정산 스님), "개종 강요나 선교를 하지 않는 실천의 종교"(신만종 한국이슬람중앙회 이사장) 등의 발언에서 종교의 본질과 지향점은 모두 같다는 것을 느꼈습니다.

원불교 김대선 평양교구장과의 만남은 '매일종교신문 릴레이 대담'의 피날레로 장식하기에 충분했습니다. 자기 종교 · 교리에 국한되지 않고 이웃 종교와 협력하는 '일원一圓주의'를 기본으로 하는 원불교의 교리가 매일종교신문의 발행 취지와 일치하기 때문입니다. 김 교구장은 '소태산, 부처, 예수, 공자가 지향하는 목표는 같다'며 '이웃종교와 같이 좋은 세상을 만들어야 한다'고 강조했습니다. 그렇다고 그가 자신의 종교에 대한 확고한 믿음이 없는 것은 아니었습니다. 그는 3대에 걸친 독실한 원불교 집안이었습니다.

철저하게 자신의 근본신앙으로 성직자 생활을 하고 있는 가운데 이웃 종교와의 이해와 협력을 통해 좋은 세상을 이룰 수 있다는 신념을 갖고 있었습니다. 그리고 그러한 신념을 몸소 실천하고 있었습니다. 원불교 성직자인 첫째 아들은 개신교인 며느리와 인연을 맺었으며, 출가를 앞둔 둘째 아들의 현장실습은 이탈리아 성당으로 보냈습니다. 그 자신도 목사, 스님, 수사 등과 어울려 '사인방四人幇'이라 불리며 이웃종교와의 교류, 사회참여를 적극적으로 하고 있습니다. 보기가 좋았습니다. 100년의 역사가 안된 원불교가 많은 사람을 감화시켜 위상을 갖춘 종교로 자리 잡은데에는 이러한 종교심성이 커다란 작용을 했을 것입니다.

원불교가 모든 종교의 장점을 취해 시대화 · 생활화 · 대중화의 개혁에 앞장섰기 때문에 이 시대, 우리 사회의 생활과 심성에 깊이 자리 잡았다는 생각입니다. 물론 릴레이 대담에 나서 주신 각 종교의 지도자들도 일반사회에서 피상적으로 느끼고 있는 것과는 달리 모두 '열린 마음'을 갖고 있었습니다. 그래서 '종교의 미래는 밝다'는 확신이 생기게 된 것입니다.

남산제례문화원이 원구단에서 전통제례의식에 따라 개최한 '단기 4346년 개천축제'(11월 5일)에서는 제가 천고문天告文을 올렸습니다. 비록 대종교의 위상이 낮아져 개천절에 대한 주위의 관심은 낮아졌으나 이 행사에 참여한 사람들의 기도와 정성은 대단하게 느껴졌습니다. 이들과 함께 봉행의식을 치르며 종교의 본질을 생각해 보았습니다. 각 종교의 신앙교리는 다를 수 있지만 그 교리가 영원추구, 이상적 삶, 좋은 세상 만들기는 일치한다는 것입니다. 종교는 다르더라도 이러한 공통 지향점을 놓고 이웃종교, 종파와 덕담을 나누며 사랑과 정성을 함께 하면 '창조주신, 사람, 만물' 모두에게 기쁜 세상이 될 것이란 생각을 했습니다.

종교에도 흥망성쇠興亡盛衰가 있는 듯 합니다. 시대와 국가, 지역에 따라 종교의 부침浮沈이 있습니다. 세상사회에서 보수는 부패하고, 진보는 분열하며 진퇴를 거듭하듯이 종교 역시 그런 역사를 보여주고 있습니다. 그러나 각 종교가 추구하는 종교심만은 변함이 없는 것 같습니다. 미국 '퓨 리서치 센터'가 최근 밝힌 종교 보고서에 따르면 "미국인 68%가 종교는 믿지 않지만 하나님을 믿고 있다."고 했습니다. 무신론자 혹은 불가지론자라고 인정한 사람은 6%에 불과했습니다. 대다수 사람이 종교심성을 갖고 있습니다. 각 종교가 청렴하고, 포용성을 가지고 좋은 세상 만들기에 나선다면 이들은 각자의 성향에 맞는 종교로 돌아 올 것이란 생각입니다.

종교 간에도 자기 종교가 옳다고 싸우고 하여 창조주신이 종교 분란의 주인공처럼 되었고, 종교인도 선한 사람이 되려고 신앙생활을 하는 것이 아니라 자기 종교를 확장시키고, 자기 복 받기 위해 창조주신을 이용하고 있다는 것을 세상이 보고 있습니다.

올해 초 영국에서 처음 선보인 소위 '무신론자들을 위한 교회'가 전 세계로 확산되고 있다고 합니다. 이들은 신앙이 아니라 휴머니즘을 추구합니다. 휴머니즘도 중요한 종교심의 하나입니다. 만약 각 종교가 이들의 마음까지도 포용할 수 있다면 정말 좋은 세상이 될 수 있다는 꿈같은 상상을 해봅니다. 그리고 지난 종교지도자들과의 대담에서 그런 종교의 밝은 미래를 보게 됐습니다.

▲ 개천절기념식 원구단에서 천고문하고 있는 필자

죽음문제에서 찾는 종교의 본질

만약 인간이 죽음을 의식하지 않았다면 종교가 생겨나지 않았을 것이라고 봅니다. 사후死後의 세계는 누구도 경험할 수 없는 미지의 세계이기에 더욱 두려워 합니다. 제 아무리 영화를 누리더라도 인간의 한계를 절감합니다. 그래서 초자연적인 신이나 절대적인 힘에 기대게 됩니다. 구원과 영생, 환생과 부활의 세계를 동경합니다. 현세에서 고달픈 삶을 사는 사람들도 내세의 행복을 기약합니다. 그래서 인간세상에는 수백만 개의 종교가 탄생했고, 또한 탄생하고 있는 가운데 사람들을 위로하며 선하게 이끌어 주려고 합니다.

▲ 종묘제례에서 제관하는 필자

삶의 방식 바꾸는 죽음에 대한 인식

종교를 뜻하는 'religion'의 어원은 라틴어의 'religio'로서, 초자연적인 존재에 대한 외경과 그것을 표현하는 의례 등의 행위를 의미합니다. 종교宗敎라는 말은 원래 근본이 되는 가르침을 의미하는 불교용어입니다. 결국 종교는 초월적 · 절대적 존재에 대한 외경과 그에 따르는 논리와 행동방식, 의례들을 공유하는 공동체라는 종교학자들의 분석입니다. 각 종교는 지리적, 문화적 환경에 따라 나름대로 초월적 · 절대적 존재를 해석해 냈습니다.

유일신이냐 다신이냐, 창조주신의 모습을 어떻게 문자화 · 형상화시키느냐에 따라 서로 다른 종교가 됩니다. 하늘 나라의 존재 유무와 구조를 어떻게 보느냐에 따라서, 부활과 윤회 등 사후세계를 보는 관점에 따라 새로운 종교 공동체가 태어납니다. 어떻게 살아야 구원 받고 천당을 가는지에 대한 교리 해석에 따라 공동체가 또 다시 분화되기도 합니다. 영혼의 형태, 심지어 귀신들의 존재와 성격 규명으로 다른 종교와 종파가 생깁니다. 한 공동체였던 종교가 분화된 교파의 교조주의에 젖어 갈등과 이단시비를 벌이기도 합니다. 죽음문제를 넘어서 삶의 방향과 방식에 커다란 영향을 끼치는 것입니다.

궁극적으로 종교의 문제는 죽음과 사후세계를 어떻게 받아들이고 해석하느냐의 문제인 것 같습니다. 삶과 죽음을 사계절의 순환처럼 자연스럽게 보는 동양적 문화와 사후의 심판과 구원을 절대시하는 서양적 문화는 다른 형태의 종교를 가질 수 밖에 없습니다.

종교의식 중 가장 비중있고 엄숙한 장례의식과 절차 등 생활양식에 영향을 줍니다. 또한 포용성과 배타성 등 삶과 신앙의 자세가 틀려집니다. 종교신념을 지키기 위한 실천 방법에서 차이가 나는 것입니다.

죽음의 문제를 해결하려는 원초적 목표를 가진 종교가 이제는 정치 · 경제 · 사상 · 예술 · 과학 등 사회의 전 영역에 넓고 깊이 관여하고 있습니다. 종교의 원초적 영역인 기복祈福과 구도求道에서 나아가 사회를 발전, 변혁시키고자 하는 개벽開闢 신앙이 뿌리 깊이 자리 잡았습니다. 모든 종교의 공통된 지향점입니다. 개별 종교의 교리는 모두 이러한 사명을 명기明記하고 있습니다. 어느 종교의 교리가 절대적이라거나 우수하다고 평가할 수가 없을 정도입니다.

어떤 교리든 절대선, 절대진리가 아닐 수도 있으며 역설적으로 절대선, 절대진리이기도 합니다. 그 좋은 교리를 진심으로 믿고 행하고 따르면 바로 절대선, 절대진리가 된다고 생각하기 때문입니다. 문제는 실천인 것입니다.

종교사명 다 못해 무신론 대두

종교가 좋은 세상을 구현하는 실천을 하지 못하니 무신론이 대두됩니다. 무신론이 종교의 영역인 죽음의 문제를 깊이 있게 거론하고 세상의 호응을 얻습니다. 베스트셀러 「죽음이란 무엇인가」의 저자인 셸리 케이건 예일대 교수가 한국에 와서 "나는 영혼과 사후 세계가 없다고 믿는다."며 "죽음을 직시함으로써 현재의 삶이 소중하고 가치가 있다"고 했습니다.

오히려 종교인보다 종교적 삶을 이야기해 국내 독자들에게 호응을 얻었습니다. 이외에도 중세시대에는 죽임을 당했을 발언들이 현대에 와서 설득력있게 쏟아지고 있습니다. 「만들어진 신」을 펴낸 영국의 진화생물학자 리처드 도킨스 교수는 "아마도 신은 없을 것이다. 걱정 말고 인생을 즐겨라"라는 무신론 광고운동을 펼쳤습니다. 9 · 11사태 이후 기독교 근본주의, 이슬람원리주의 등 근본주의자들이 야기한 전쟁과 테러 등에 대한 반발을 가진 사람들에게 공감대를 형성시켰습니다. 프랑스의 알랭드 보통은 에세이 「무신론자들을 위한 종교」를 통해 철저한 무신론자가 오히려 종교의 효용성을 부각시키는 발언으로 포용력을 보여주기도 했습니다.

그러나 그런 무신론들이 인류의 근원적인 문제를 해결해 줄 수는 없다고 봅니다. 다시 종교가 근원적인 죽음문제로 돌아가, 원초적인 종교의 의미를 되새겨 봄으로써 종교의 본질을 회복해야 된다고 봅니다. 창조주신을 향한 종교의 지향점은 하나임을 재인식할 때 종교간, 종파간 이해와 화합도 이루어진다고 생각합니다.

종교는 사람과 사람 사이에 철판 같은 마음의 벽을 만들어 놓았습니다. 종교가 이 세상에서 천국을 이루고자 하는 사명도 중요합니다. 그렇다고 그 방식을 놓고 진영을 나누어 갈등과 다툼을 벌이는 모양새는 좋지 않습니다. 제각각 자신의 방식이 옳다고 목소리를 높임으로써 세상을 지옥처럼 만들고 있는 게 요즘의 종교현상인 것 같습니다. 이제 패를 가르는 지나친 사회참여보다는 차분히 종교의 근원적인 문제인 죽음을 생각함으로써 종교의 본질을 회복하는 게 필요한 것 같습니다. 그래야만 천국 같은 세상이 가능할 것이란 생각도 듭니다.

'종교공해론'의 실체

모든 종교가 추구하는 공통점은 사람을 행복하게 하는 것입니다. 그러나 종교 때문에 불행을 초래하는 사람이 속출합니다. 각종 불미스런 종교관련 사건들이 국내외에서 빈번히 발생하고 있습니다. 언론에 보도되지 않는 종교적 폐해까지 떠올리다 보면 〈매일종교신문〉의 발행인 입장에서도 '종교공해宗教公害'란 말까지 거북하게 들릴 수 밖에 없는 지경입니다.

왜 종교가 이 지경이 됐는지 종교인은 물론 사회학자, 인류학자들이 나서서 분석해 볼 문제입니다. 특히 종교인들은 과연 종교공해를 야기시키는 종교적 실체가 무엇인지 다시금 돌아보아야 할 것입니다. 필자 역시 그동안 만났던 각 종단의 종교지도자, 도인 및 각 종단에서 나오는 간행물을 접하는 가운데 내 나름의 정리를 해보게 됩니다.

만약 이러한 정리가 이루어지지 않는다면 이 사회의 종교는 많은 사람들에 계도되어 미신이나 미망으로 취급받고 무신론자들의 세력은 더욱 더 커질 것입니다. 현재 한국은 50%에 달하는 무종교인이 있으며, 종교가 생활 속에 뿌리 박힌 미주, 유럽에서도 무종교인이 두 자릿수로 불어나고 있고, 종교건물이 경매 등으로 나오고 있습니다. 이는 국내에서도 일부 그렇습니다. 전체 인구 424만 2048명인 뉴질랜드에서 올해 시행한 인구조사에서도 종교를 갖고 있지 않다고 밝힌 사람이 160만 명에 이르렀는데 이는 지난 2006년 인구조사 때와 비교할 때 26%나 늘어난 수치입니다. 놀라운 일입니다.

▲ 강화 마니산 참성단아래 천제암궁지 앞에서 필자

나는 종교공해가 생기는 이유를 감히 '종교 지도자의 목적을 위한 신도만 있고, 사람이 없는 종교' 때문이라고 진단합니다. 사람을 편안하고 행복하게 해 주며 육신 속에 잠재하고 있는 영혼을 성숙케 하는 것이 종교의 목적인데 종교 자체와 종교 지도자의 목적만 위해 사람의 평안과 행복, 영혼의 성숙이 희생당하는 것은 아닌지 염려하게 됩니다.

실상은 종교 폐해가 모두 종교의 세불리기 전도, 나만 옳다는 이단론, 교주의 그릇된 욕심 등에서 비롯된 것이라 볼 수 있습니다. 그들은 한결같이 내 종교 안에서만이 평화가 있고, 통일이 있고, 행복이 있고 천국이 있다고 주장합니다. 자신만이 유일하게 하나님의 계시와 교리를 갖췄다며 사람들을 현혹시킵니다.

이들은 현세 사람들에게 추앙받고, 죽어서도 추앙받으려 표상을 나타내며 성역화하고 있는 것입니다. 자신의 종교가 종교공해를 일으키고 있는데도 불구하고 자신이 하면 '하나님의 계시'이고 다른 종교가 행하면 '사탄의 장난'이 됩니다. 지난 역사도 그러했고 오늘날에도 변한 것이 전혀 없습니다.

겉으로는 평화를 주장하지만, '나는 옳고 너는 그르다'하여 서로 주도권을 잡기위해 싸움을 계속하고 있습니다. 그러한 기성종교를 바로잡겠다 하며 지금도 새로운 종교가 나타나고 있습니다. '세상을 구원하겠다, 내가 재림주다, 미륵불이다, 하나님이다' 하며 실체를 드러내고 주장하는 사람이 있는가하면, 정체를 드러내지 않고 남모르게 세를 확장하며 유도하는 존재도 있습니다.

가짜일수록 조용하지 못하고 큰 소리치고 요란하게 선전하고 떠듭니다. 진짜는 진짜이기 때문에 가만히 있지만, 가짜는 불안해서 가만히 있을 수가 없어서입니다. 욕심 많고 어리석은 사람은 큰소리치고 요란한 선전술로 홀립니다.

사람을 현혹시키는 종교의 실체를 밝혀내 밝고 좋은 세상을 만드는 게 진정한 종교인의 자세라고 생각합니다. 또한 그러한 종교를 움직이는 정체가 무엇인가 하는 근본적인 질문도 스스로 해 봐야 할 것입니다. 거기서 해답을 찾았다면 또 다른 '이단'이 되겠지만, 분명한 것은 몸이 없는 창조주신이 진정으로 원하는 것은 '창조주신과 사람과 만물이 더불어 행복한 세상'이며 종교를 움직이는 실체는 그러한 원칙을 전제로 해야 할 것입니다.

종말론과 스피노자

▲ 이스라엘 고대 재단

종말론은 어떤 의미에서 종교로 인도하는 매력적인 이론입니다. 특정 종단이나 교파에서 줄곧 제기한 종말론에 현혹되어 갖가지 불상사를 야기시켰습니다. 번번이 그 예언이 빗나갔으나 사람들은 여전히 종말론 신앙에 매료되었고, 그로인해 종교가 득세하는 것이 현실입니다.

대개의 종말론은 성경(특히 요한계시록)을 특정 자연현상이나 사회현상에 꿰맞춰 자의적으로 해석하고 시한부 종말론을 내세웠습니다. 미국의 '다윗파'(안식교의 한 분파) '태양사원' '천국의 문' '인민사원', 일본의 '옴진리교'를 비롯해 국내의 '오대양', '다미선교회' 등이 대표적 사례들입니다.

지난 2012년 등장한 종말론은 좀 새로웠습니다. 고대 마야인들이 역사 기록에 사용한 주기 중 394년을 뜻하는 박툰(baktun)이란 것이 있는데 이들이 사용한 달력은 기원전 3114년 8월을 시작으로 해서 13박툰이 지난 2012년 12월 21일로 끝이 납니다. 이것이 기후변화, 지축이동, 태양풍의 내습 등 과학적 예측들과 결부되어 지구종말설로 꿰맞춰진 것입니다. 국내외 언론에서 이를 흥미롭게 다루면서 감수성이 예민한 청소년층을 중심으로 발빠르게 종말에 대한 공포가 퍼져갔으며 심지어 지레 겁을 먹고 자살하는 소동까지 벌어졌습니다.

이를 소재로 한 할리우드 블록버스터 「2012」가 전 세계 극장가에 올려지며 지구종말설은 더욱 성행하며 확산되었습니다. 급기야 미국항공우주국(NASA)이 공식해명하고, 특정 종교에서는 '상영불가'를 주장하는 등 진화작업에 나섰지만 지구 멸망에 대한 사람들의 두려움을 역이용한 '종말론 마케팅'에 기름에 불을 붙이는 데 일조했을 뿐입니다.

영화흥행이 성공했을 뿐 아니라 가스 마스크, 자외선 차단 담요, 태양열 발전기 등 종말대비 물품들이 불티나게 팔려 나갔습니다. 결국 이러한 소통은 말 그대로 해프닝으로 끝났습니다. 그러나 종말론은 다른 방식으로 재등장하여 여전히 이 세상 사람들의 마음을 사로잡습니다. 종말론을 이용한 교세확장과 마케팅은 인류역사에서 사라지지 않을 것이란 생각이 듭니다.

지난 18일에는 지구의 종말을 두 차례나 예언했던 미국의 해롤드 캠핑 목사가 끝내 '지구의 종말'을 보지 못한 채 자신의 종말을 맞았습니다. 그는 기독교 성서에 기록된 일련의 숫자들을 수학적으로 해석해 '지구 최후의 심판일(Judgement Day)'을 예상했는데 그의 예언은 미국 뿐 아니라 남미, 중국까지 확산돼 지구 종말의 날을 앞두고 이혼하거나 자살하는 등 피해가 속출했습니다. 그만큼 많은 사람들을 현혹시켰던 것입니다. 그는 자신이 20년 동안 주장해 온 지구 종말론이 틀렸음을 시인하고 사과 성명을 발표하고 "추종자들을 잘못 이끌었으며 자신의 행동을 후회하고 있으며 사과한다"고 만천하에 밝힌 바 있습니다.

저희 신문은 '바람직한 다문화 다종교사회의 정착'을 추구합니다. 각 종교에서도 종교평화와 화합을 통해 사회적 약자인 결혼이민자와 다문화가정, 외국인 노동자 등의 문제와 해결점을 모색하고 있습니다. 이러한 활동이야말로 궁극적인 종교의 역할이라고 봅니다. 종말론으로 사람을 미망에 빠져들게 한다든가 교세를 키우는 일보다 '더 좋은 세상 만들기'에 나서야 할 것입니다.

'내일 지구가 멸망하더라도 나는 오늘 한그루의 사과나무를 심겠다'는 스피노자의 말이 더욱 와닿게 되는 종교계의 현실입니다.

돈과 종교

종교 헌금이 종종 법의 심판대에 오르고 있습니다. 권력을 가진 사람이 기업체 등에 압력을 넣어 헌금이나 시주를 하게 한 것이 '뇌물죄'로 적용되는 경우가 종종 생깁니다. 순수한 마음으로 헌금이나 시주를 주선한 사람은 물론 단순한 시주금으로 받은 스님까지 영어囹圄의 몸이 되는 황당한 일이 벌어지기까지 합니다.

그런가 하면 재산 헌납으로 비롯된 가정파괴 등이 커다란 사회문제가 되기도 합니다. 신성해야 할 '신앙의 문제'가 세속의 돈 문제로 얼룩지고 세속의 심판을 받는다는 게 모순될 뿐만 아니라 종교언론을 담당하고 한 종교인으로서 씁쓸한 일이 아닐 수 없습니다. 그러나 이러한 현상은 종교계에서는 이미 비일비재합니다.

종교와 돈은 이율배반二律背反적인 것 같으면서도 불가분不可分의 관계에 있습니다. '창조주신의 뜻'은 이 세상의 부와 영광보다 더 소중한 '정성과 마음'에 있지만, 그 '뜻'을 펼치기 위해선 성전건축, 조직의 운영과 관리 등을 위한 돈이 필요합니다.

될 수 있는 한 많은 헌금을 걷어 더 크게 뜻을 펼칠 수도 있고, 사회봉사와 운영을 위한 기본적인 자금으로 순수하게 '창조주신의 뜻'을 이어갈 수도 있습니다. 각각 나름의 사명으로 이루어지는 것인데 '네가 그르다, 내가 옳다' 등 극단의 주장은 종교인의 자세가 아니라고 봅니다.

신앙은 '창조주신과 나와의 관계'로 각자의 분수와 양심에 따르는 것이지 아전인수식 판단이나 법정의 재판 등으로 평가될 대상이 아니기 때문입니다. 종교와 신앙이 세속의 판단과 재판에 의해 시비를 가리는 일이 없도록 해야 민심을 얻습니다. 세속을 심판해야 할 위치에 있는 종교가 거꾸로 세속의 심판을 받는다는 것은 부끄러운 일이지요. 그러기 위해선 종교지도자의 역할이 무엇보다 중요하다고 생각합니다.

종교지도자는 '창조주신의 뜻'을 전하는 중보자仲保者의 역할입니다. 신앙의 이름으로 사람을 종교의 틀에 가두어 로봇이나 허수아비로 만들지 말고, 창조주 신의 성전이 될 수 있도록 선도해야 할 것입니다.

교단은 개인을 위하고, 개인은 교단을 위해서 존재돼야 합니다. 그러나 교단을 위해 개인의 희생을 요구만 할 뿐 개인의 신앙과 행복은 등한시하고 있는 게 오늘날 종교계의 현실입니다. 사람은 어렵고 고통스러울수록 창조주신을 찾고 의지하려는 마음으로 헌금하고 봉사를 합니다. 그를 통해 위안을 받으려고 하는데 교단은 이들을 진정으로 위로하고 배려하기 보다는 교단의 입장과 이익 · 편리를 앞세우는 경향이 있습니다. 심지어 '누구는 가난한데도 불구하고 이만한 헌금을 내서 복을 받게 됐다'는 등의 간증과 설교를 통해 신도들을 미혹에 빠지게 하는 경우도 허다하게 많습니다.

헌금문제로 다른 교인에 대한 소외감 또는 부담감을 느끼고 종교를 멀리하는 사람도 많이 있다는 것을 알아야 합니다. 분위기에 휩쓸려 약정금을 써냈다가 이를 감당하지 못해 죄의식에 사로잡혀 고통을 받고 있는 사람도 부지기수입니다.

그들의 입장을 하나하나 배려할 수 있는 종교지도자가 되어야 할 것입니다. 전 재산을 헌납한 교인에게 '하나님이 주신 것이니까 다시 관리하라'며 돌려 준 목사가 있습니다. 그 교인은 그 후 사업을 번성시켜 더 많은 헌금을 냈다고 합니다. 어느 종단에서는 시주금액을 기록했다가 시주자가 형편이 어려워지면 다시 돌려주는 제도를 시행하고 있습니다. 좋은 본보기라 하겠습니다.

창조주 신은 '재물'보다 '마음과 정성'을 중히 여기십니다. 창조주 신은 사람을 보실 때 높고 낮고 귀하고 천한 것이 없습니다. 높은 건물, 호화스런 치장을 보지 아니 하시고 마음을 보시고 찾아오십니다. 종교지도자를 비롯한 모든 종교인들은 이성적으로 이러한 근본정신을 되새겨 볼 필요가 있습니다.

일본 총리의 야스쿠니 신사참배를 보며

▲ 야스쿠니신사

요즘 중국 인터넷에 올라온 글을 번역한 이야기가 우리나라 SNS(소셜네트워킹서비스)에서도 인기를 끌고 있습니다. "하나님께서는 대통령이 부족하자 만델라를 데려 가셨고, 핸드폰이 없자 잡스를 데려 가셨고, 댄스 파트너가 없자 마이클 잭슨을 데려 가셨고, 운전기사가 없자 '분노의 질주'의 배우 폴 워커를 데려 가셨다. 전능하신 주여, 혹시 '개'가 필요하지 않으신가요? 아베 신조 좀 데려 가시죠!"

이 글의 백미는 12월 26일 야스쿠니 신사를 참배한 일본 총리 아베 신조를 거론한 부분입니다. 아베의 시대착오적 돌출 행동에 중국과 한국이 공분한 모습입니다. 일본의 식자층도 우려를 나타내고 있습니다. 이러한 분위기에서 만약 야스쿠니 참배를 이해하는 내용의 발언을 했다간 매국노, 정신이상자로 몰릴 것은 뻔합니다. 일본에 강점 당해 온갖 핍박을 겪은 우리 입장에서는 더욱 당연한 일입니다.

욕지거리로 아베의 행동을 비난하는 감정적 대응이 속 후련하고 때론 효과적일 수도 있다고 봅니다. 그러나 일본의 입장과 정서를 알고 이성적으로 대응하며 그들의 잘못을 지적하는 것이 더 효과적이고 설득력있지 않을까 생각했습니다. 그래서 이시바시 겐이치 도쿄東京특파원의 야스쿠니 신사에 대한 기사를 〈매일종교신문〉 인터넷판에 올렸습니다. 일본인인 그는 야스쿠니 신사의 유래와 의미, 일본인의 정서, 그리고 참배를 둘러싼 찬반 입장을 차분하고도 명료하게 정리했습니다.

그는 8월 15일이 한국에선 '광복절'이지만 일본에선 '종전의 날'로 추도식이 이루어지는 날이라고 전제했습니다. 잘못된 전쟁으로 세계평화를 교란시킨 A급 전범을 합사한 곳에 아베 총리가 참배한 것은 잘못이라 반발하는 일본인들이 많지만, 250만 명에 이르는 조상의 영령이 있는 곳에 의례적인 행사로서 총리가 참배하는 것을 고마워하는 일본인들도 있다고 밝혔습니다. 또한 미국 군정시대에 미군이 이 신사를 태워버리려고 한 적이 있으나 당시 주일 로마교황청 대표자인 브루노 비터(Bruno Bitter) 신부가 "전승국이든 패전국이든 국가를 위해 죽은 병사들에 대해 존경할 권리와 의무가 있다."고 맥아더 사령관에게 조언했고, 그에 따라 소각이 취소된 역사가 있다고 밝혔습니다.

일본 군인들은 "죽으면 야스쿠니에서 만나자!"고 서로 약속하면서 죽어갔고, 가족에게는 "야스쿠니 신사에 와서 손을 모으고 기도하면 나를 만날 수 있다"는 말을 남겼다고 합니다. 일본인들은 죽으면 '야스쿠니신사'로 영혼이 가는 걸로 굳게 믿었는데, 어느 종교에나 있는 죽음에 대한 종교적 의례라고 할 수 있다고 했습니다.

이러한 기사를 인터넷신문뿐 아니라 SNS에도 띄웠는데 가장 많은 조회수를 기록하며 의외의 호응을 받았습니다. 야스쿠니 참배를 이해하고 두둔한다는 비판을 받을 줄 알았는데 말입니다. 오히려 이러한 일본의 입장과 정서를 바탕으로 총리의 야스쿠니 참배에 대한 논리적이고 거시적 안목의 지적과 대응이 가능해졌다는 반응이 주를 이루었습니다.

마찬가지로 우리나라의 양분된 국정논란도 각 진영논리의 도그마에 사로잡혀 감정적으로 무조건 단정짓지 말고 상대 진영의 입장과 이야기도 진정으로 들어보며 이성적으로 대응해야 한다는 생각을 해 보았습니다. 그래야 진정한 소통이 가능하다고 봅니다. 철도파업, 국정원 대선개입 등 박근혜 정부의 치정治政을 놓고 보혁, 세대간에 극한대립을 보이고 있습니다.

종교계에서는 그 갈등을 해소하기는커녕 오히려 불을 지피고 있는 상황입니다. 천주교 정의구현사제단의 시국미사를 시작으로 전국 각지에서 개신교, 불교, 원불교, 천도교 등의 진보 종교인들이 잇따라 시국선언에 나서고 정권퇴진 운동까지 벌입니다. 보수 종교계는 이에 대항해 '종교인 아닌 종북 · 정치인'이라는 매도와 함께 집회와 성명서를 연일 발표하고 있습니다.

상대의 입장과 정서, 논리를 알려고 하는 노력이 안 보이는 현실입니다. 말로는 서로 소통이 중요하다고 강조하지만 오히려 불통의 장벽이 쌓여 가고 있습니다. 그러다 보니 점점 극심한 도그마의 노예에 빠져듭니다. 소통을 위한 대화가 아닌 일방적 주장으로 무장대결을 하기 때문입니다. 상대는 도저히 용납할 수 없는 고집불통, 막무가내의 진영으로 보입니다. 자기진영이 아니면 불의의 집단으로 매도합니다. 서로 '불의를 보고 분노하지 않는 것은 비겁하다'며 정의파라고 자부합니다.

오히려 야스쿠니 신사 참배에 대한 공분보다 우리 내부에서의 진영간 분노심과 배척이 거센 것 같습니다. 그래서 저에겐 사안 자체보다 양편의 질시와 공방이 더 무섭게 느껴지고 혼란스럽습니다. 자신의 신앙에 충실하되 이웃종교를 이해하는 자세가 절실한 때입니다. 종교와 세상의 평화가 자리잡듯이 다른 진영논리를 그들 입장에서 알아보며 자신의 진영논리를 펼칠 때 오히려 설득력이 더해집니다. 그리고 소통과 평안의 사회가 온다고 봅니다. 종교계가 우선 그러한 모습을 보여 주면 좋겠습니다.

기성교단과 신흥교단

▲ 헐버트 박사의 묘소에서 필자

'종교증오범죄피해자연합 STOP종교증오(STOP종교증오)'가 '문화체육관광부의 종교정책으로 확산된 종교증오범죄 피해자 증언대회'를 열고 "기성종교와 사이비종교를 나누지 말라"고 주장했습니다. 지난해 10월 종교증오에 대한 인식전환 캠페인을 펼치기 위해 출범한 'STOP종교증오'는 지난 번에는 종교증오범죄를 확산시킨 검찰 규탄 피해자 증언대회를 여는 등 소위 '사이비종교'를 비호하는 듯한 모습을 보여줍니다. 이들의 활동을 보면서 과연 종교에 '사이비'가 있을 수 있는가, 그리고 '사이비'로 변질되어가는 종교의 특질을 다시 한번 생각해 보게 되었습니다.

우리나라에서는 수혈과 집총거부 등 사회문제를 야기惹起시켜 이단시異端視되는 여호와의증인이 몇 해 전 북미에서 가장 급신장한 교단으로 밝혀졌습니다. 미국교회협의회가 북미지역 교단의 자료를 바탕으로 만든 '2011 미국 · 캐나다교회연감'에서 나온 통계입니다.

여호와의증인 신자는 전년 대비 4.37% 늘어난 116만2686명으로 조사대상 227개 교단 중 20위를 차지했습니다. 여호와의증인 창시자인 찰스 테즈 러셀(1852년생)이 20세 때 제칠일안식일재림교(안식교)의 지도자 페인터의 책을 읽다가 자신과 같은 생각을 가진 사람들과 성경연구모임을 시작하며 1879년 '파수대'(아침의 여명)라는 잡지를 발간한 지 130여년 만에 주요 교단으로 자리잡은 것입니다.

한편 러셀에게 영향을 준 안식교도 전년대비 4.31%의 높은 증가율을 보이며 처음으로 25위권에 진입했습니다. 안식교는 침례교인이었던 윌리엄 밀러(1782년생)가 1863년 발족시킨 개신교 계통의 한 교단입니다.

1823년 조지프 스미스(1805년생)가 하늘의 계시를 받아 모라이산에서 '몰몬경'을 받고 창시한 모르몬교는 현재 신자 수가 605만 8907명으로 증가해 미국의 4대 교단이 됐습니다. 여담이지만 여호와의증인, 안식교, 몰몬교 교주 모두 17세 때 계시나 환상을 보았다는 공통점이 있습니다. 한국 통일교의 문선명 교주는 16세 때인 1936년 부활절 새벽에 예수가 나타나 선지자로 명했다고 합니다.

그밖에 미국의 신흥교단인 하나님의성회와 하나님의교회 교인 수도 각각 291만 4669명, 107만 6254명으로 증가한데 반해 기성교단은 몇 년째 감소하고 있는 실정입니다.

미국 최대 교단인 남침례교와 2위인 연합감리교회 신자 수는 각각 전년 대비 0.42%와 1.01% 줄어든 1616만 88명과 777만 4931명으로 나타났습니다. 2009년 3.28%로 최대 감소폭을 보인 미국장로교(PCUSA)는

2010년에도 2.61% 줄어 277만 730명이 됐으며, 진보침례교는 무려 59.60% 감소돼 101만 명에 불과합니다. 이런 현상에 대해 종교인들은 "기성 대형교단의 배타성에 염증을 느낀 이들이 신흥교단의 금욕적, 윤리적 모습을 오히려 참신하게 느낀 것이다"고 해석하며 기성교단의 자성自省을 촉구하고 있습니다.

16세기 초 마틴 루터가 로마 가톨릭교회의 타락을 고발하고 신학자장 칼뱅이 개신교의 신학적 바탕을 제공한 종교개혁에서 비롯된 것이 기독교(프로테스탄트)입니다. 16세기 말 영국 국교회에 대항해 칼뱅주의를 바탕으로 모든 쾌락을 죄악시, 성직자의 권위 배격, 철저한 금욕주의를 주장하며 생긴 것이 청교도(퓨리턴)입니다. 청교도는 당시 가톨릭에 염증을 느낀 중세 사람들에게 참신함을 보여주었다고 생각합니다. 그래서 오늘날의 수많은 개신교단의 뿌리가 되어 전 세계에 퍼져나간 것입니다.

우리나라에서도 신흥교단들의 교세가 확산되고 있습니다. 대형교회들의 이권과 권력다툼, 세습, 성직자들의 윤리적 타락 등에서 눈길을 돌리는 현상이라고도 봅니다. 신천지, JMS, 안상홍증인회 등 신흥종단들이 적극적인 포교를 하면서 기성교단들을 긴장시키고 있는데, '이단 대책'을 논하기에 앞서 자성해보는 계기가 되어야 한다고 봅니다.

신흥교단에도 문제가 없는 것은 아닙니다. 어느 정도 교세가 커지면 기성교단과 마찬가지로 새로운 권력, 권위로 부상합니다. 또한 빠르게 부패하기도 합니다. 긴 역사에서 검증된 교단은 확고한 근본교리나 정신으로 회귀할 수 있겠지만, 새로 발생한 신흥종단은 검증을 거치지 않아 그 권세와 권위, 그에 따른 부패는 하늘을 찌를 듯하다고 봅니다.

신흥교단은 몸이 없는 창조주신을 대신할 종從으로서의 역할을 벗어납니다. 주변의 원로들도 무엇이 두려운지 '창조주 신의 아들딸'이기 되기보다는 '신흥교단의 종'이 됩니다. 기성교단보다 신흥교단에서 종의 역할에 더 충실한 이유는 신흥교단이 더 생존을 위한 단합이 필요하기 때문일 것입니다. 그러나 그러한 신흥종교는 먼 훗날 기성교단이 되지 못하고 여전히 '이단'으로 남을 것입니다.

"모든 종교는 하나님께서 사람들을 바르게 가르치기 위해서 세우신 선생"이라는 한 블로거의 글이 마음에 와 닿았습니다. 기성, 신흥교단 모두 이러한 하나님의 뜻으로 이루어졌을 것입니다.

신흥, 기성교단은 물론 모든 종교가 권위와 권세를 버리고 '창조주 신의 아들딸'으로서의 겸손한 자세와 행동을 보여야 '사람을 바르게 가르치는 선생'이 될 것입니다. 종교지도자는 물론 일반 종교인, 특히 종단의 원로들이 그러한 각성을 해야 한다고 생각합니다. 요즘 각 교단의 분쟁과 법정다툼에서 원로들이 패를 나누어 더욱 분란을 부추기고 있는 양상을 보이는데, 하나님의 뜻에 중심을 두고 풀어나가야 할 것입니다. 지도자 또는 자신의 세력과 이익을 위한다면 신흥, 기성교단 모두 가릴것 없이 '사이비'가 되고 말 것입니다.

창조주 신을 믿으라고 하면서 신의 뜻대로 가르치는 것이 아니라 돈을 생각하고, 세력을 키워 자기를 나타내려는 지도자는 신과 사랑과 진리를 팔아먹고 사는 부도덕한 장삿꾼입니다. 병고치고, 신도들 많이 모이게 하고 돈 많이 걷어 성전 건축하는 것이 목적이 아니라 신도들의 마음을 창조주 신이 같이 할 수 있는 선한 마음이 되게 하지 않으면 사기꾼됩니다.

의료의 발달과 믿음의 퇴화

▲ 갈릴리호숫가에서 필자

주초 입원수술을 하고 퇴원했습니다. 두 번째 탈장수술이었는데, 개복수술이 아닌 복강경 기구를 사용해 포트(구멍)을 뚫어 했기 때문에 이틀 만에 병원문을 나설 수 있었습니다. 나이가 들면 자연히 몸에 이상이 생기기 마련이라는 자연의 섭리를 받아들이니 마음이 편했고 또한 의술의 발달이 대단히 좋아졌다는 생각을 했습니다. 십 수년 전만 해도 감히 시도하지 못할 수술방법이었고 반세기 이전에는 많은 사람이 고통을 겪으며 죽음을 맞이했을 것입니다. 인간의 평균수명 연장에 의술이 큰 기여를 했다고 봅니다.

짧은 입원 기간 중이지만 많은 기도를 했고, 또한 많은 사람으로부터 쾌차 기원기도를 받았습니다. 위안과 힘이 됐습니다. 기도의 효력을 느낄 수 있는 기간이었습니다. 그런 한편으로는 과연 '세상의 종교와 신앙이 의료기술만큼 발전했는가'를 생각해 보는 계기도 되었습니다. '믿음'

이란 것이 발전 · 진화할 요소가 아니고 절대적인 것이긴 하지만 세상의 종교와 신앙, 믿음이 여전히 미망과 현혹에 휩싸인 현실을 떠 올린 것입니다. 믿음도 의술처럼 발달하는 것이라면 이러한 지경에 이르지는 않았을 것이란 생각입니다.

입원 전 주에 미망으로 인해 미국에서 발생한 한심한 사건이 있었습니다. '성령의 기름 부음을 받은 자는 믿음만 있으면 독사에 물려도 해를 입지 않는다'는 이른바 '뱀 구원설'을 신봉해왔던 목사 이야기입니다. 그가 독사에 물려 사망하는 변을 당하고 말았습니다. 자신이 목회하는 교회에서 뱀에 물렸는데, 치료를 거부하고 귀가했다고 합니다.

현대사회에 '뱀 구원설' 등 신비주의 현상을 이용한 개신교의 전도 행위가 미국 일부 지역에서 공공연하게 벌어지고 있다고 합니다. 미망에 빠져들어 전도하는 지도자를 믿고 현혹되는 신자들이 있기 때문일 것입니다. 믿음의 힘은 위대하기도 하지만 두렵기도 한 것입니다. 한번 젖어든 미망에서 헤어나오기는 여간 어려운 것이 아닙니다. 우주선이 지구 밖을 떠다니는 시대에 아직도 중세의 천동설天動說을 믿는 미국인이 있다는 조사결과가 있습니다.

종교도 시류에 따라 조화를 맞추고 진화합니다. 중세 가톨릭은 '지구가 우주의 중심'이라며 지동설地動說을 주장하면 사형을 시켰습니다. 면죄부免罪符를 사면 죄가 없어진다고 선동했습니다. 이교도를 박해하기 위한 '마녀사냥'도 서슴지 않았습니다. 터무니없이 허황된 믿음은 굳건한 것이었습니다. 이제 그러한 믿음은 언제 그랬냐는듯이 미망으로 치부됩니다.

프란치스코 교황은 "가톨릭만이 진실이라는 태도를 보여선 안된다"는 한층 나아간 강론까지 펼칩니다. "무신론자도 양심을 지키면 신이 자비를 베푼다"는 메시지도 보냈습니다. 인터넷 시대에 "대화는 다른 사람도 뭔가 가치있는 이야기를 하려 한다고 믿고 상대방의 관점이나 견해를 들어줘야만 성립된다"는 의미였지만, 중세시대라면 바로 사형에 처해질 발언입니다.

기독교뿐만 아니라 여타 종교도 이러한 시대와의 조화를 맞춰 왔다고 봅니다. 그러나 아직까지 근본적인 믿음과 신앙을 고수하는 종파가 비일비재합니다. '천동설'을 고수하듯이 말입니다. 그런가하면 '뱀 구원설' 등 신비주의 현상을 내세운 신흥종교가 수없이 생겨나고 있습니다. 믿음이란 것이 의료기술처럼 눈에 드러나는 것이 아니라 절대적 신념체계여서 어떻게 평가할 수 없기 때문입니다.

세상이 어수선하고 피폐할수록 요상한 믿음이 우후죽순처럼 형성되고, 그에 현혹되어 따르는 사람들이 생겨납니다. 집단적 광기狂氣 현상까지 보입니다. 근본주의, 집단광기를 보면 믿음과 신앙이란 것이 퇴화하고 있다는 생각이 듭니다.

비교종교학자이자 '종교 너머, 아하!' 이사장인 오강남 교수는 심층종교를 역설하고 있습니다. "종교가 각자의 울타리에 갇혀 개인적인 소원 성취에만 연연하는 '표층종교'의 시대는 이제 종언을 고하고 있다"며 "종교의 본질을 탐구하는 심층종교가 대안이다"고 갈파합니다. 표층종교의 믿음이 퇴화돼 미망과 현혹, 아집이 생겨난다는 의미일 것입니다. 그는 심지어 "우리가 존재를 인정해야만 마음이 놓일 정도로 그렇게도 자신감이 없는 신이란 말인가? 신은 그의 존재 여부를 놓고 왈가왈부하는 대신 그의 존재와 관계없이 사는 사람들을 더 좋아하지는 않을까?"

하는 반문도 던지고 있습니다.

종교인들의 믿음의 퇴화는 잘못 된 믿음 때문이라는 생각이 듭니다. 신앙생활을 하는 목적이 선과 사랑과 진리의 사람이 되려는 것이어야 하지 복 받고, 병고치려는 기복祈福이 되면 외면적인 가치만 중히 여기는 표층 신앙인이 되고 사람이 달라질 수가 없어 부작용이 많이 발생할 수 있다는 것입니다.

'없이 계신 이'를 놓고 입맛대로 해석하고 믿음을 주장하는 표층종교에 대한 경고로 와닿았습니다. 종교학의 창시자 막스 뮐러는 "한 종교만 아는 사람은 아무 종교도 모른다"고 설파했습니다. 자신의 울타리에 갇힌 것이 미망이자 현혹일 수 있다는 것입니다. 의료기술이 발달하는 것처럼 믿음도 진화되는 모습을 보고 싶습니다.

껍데기는 가라

4월이 다가오면서 신동엽 시인의 '껍데기는 가라'가 떠오릅니다.

▲ 중국 공자상 앞에서 필자

사월도 알맹이만 남고
껍데기는 가라

껍데기는 가라
동학년 곰나루의, 그 아우성만 살고
껍데기는 가라

그리하여 다시
껍데기는 가라
이곳에선 두 가슴과 그 곳까지 내 논
아사달과 아사녀가
중립의 초례청 앞에 서서
부끄럼 빛내며
맞절할지니

껍데기는 가라
한라에서 백두까지
향그러운 흙가슴만 남고
그 모오든 쇠붙이는 가라

1960년대 4.19혁명을 역사적 배경으로 하고 있는 시입니다. 평론가들은 '껍데기란 속알맹이가 없는 것, 실속 없이 겉만 화려한 것, 허구에 차 있는 것'으로 해석하고 있습니다. 당시 시대 상황에 비추어 본다면 민중을 속이고 정권욕에 혈안이 되어 있던 거짓 정권, 진실과 배치되는 거짓된 것들을 은유적으로 질타한 것입니다.

변영로의 '논개'란 시도 생각납니다.

거룩한 분노는
종교보다도 깊고
불붙는 정열은
사랑보다도 강하다.
아, 강낭콩 꽃보다도 더 푸른
그 물결 위에
양귀비꽃보다도 더 붉은
그 마음 흘러라.

스스로 기생이 되어 촉석루 잔치에서 왜장을 유인해 그의 허리를 껴

안고 남강에 빠져 순절한 논개를 칭송한 시입니다. '거룩한 분노가 종교보다도 깊다'는 시구가 전율을 일으키며 모골이 송면해 집니다.

이번 〈화평서신〉은 '종교보다도 깊은 시'로 일관합니다. 종교가 그 본연의 모습을 잃고 껍데기로 남아 있는 현실을 일깨워주는 시들입니다. '세상을 구원하겠다는 종교가 세상의 심판을 받고 구원을 구하게 되었다'는 안타까운 소리가 들려오는 가운데 차라리 시와 '거룩한 분노'가 세상을 올바르게 보게 하고 사랑과 용기, 희생정신을 일깨워주기 때문입니다. 종교의 알맹이인 사랑과 희생, 용기는 사라지고 껍데기인 권위와 허세, 미망과 현혹이 눈에 띄게 드러나는 시대이기 때문입니다. '알맹이만 남고 껍데기는 가라'는 외침이 종교세상에 필요해진 세태가 안타깝습니다.

〈매일종교신문〉의 이번 '종교지도자와의 대담'은 원영진 대종교 제19대 총전교를 만났습니다. 일제시대에 이미 30만 교인이었던 대종교의 위세는 현재 많이 위축되었습니다. 홍은동 산 정상에 벽지 초등학교 같은 건물에 대종교 총본사가 있습니다. 정부의 정책에 밀려 미신, 우상으로 인식되기도 한 아픈 역사를 갖고 있습니다. 미군정 때 유교, 불교, 천도교, 기독교 등과 함께 5대 종단의 일원으로 등록되었던 대종교는 이제 기성종교로부터의 냉대와 배척을 당하기도 합니다. 그러나 제 눈에는 오히려 권위와 허세란 껍데기를 벗어던진 알맹이 신앙으로 보였습니다.

원영진 총전교는 '한얼님과 하늘님, 하나님은 같은 분'이라고 피력했습니다. 미신이나 우상숭배가 아닌, 모든 종교를 포용할 수 있는 조화원리를 갖춘 범세계적 종교라고도 했습니다. '단군 할아버지는 신화 속의 인물이 아닌 하나님의 심부름꾼(메신저)이자 선생'이라고 대답했습니다. 종교의 기본정신을 갖고 있다고 생각되어 새삼 다시 보게 되었습니다.

교세가 위축되고 타종교로부터 냉대를 받았으면서도 껍데기는 가고 알맹이만 남은 것입니다. 반만년 역사(4471년)를 내려온 '홍익인간 이화세계 弘益人間 理化世界' 정신을 그대로 간직하고 있다고 보여졌습니다.

최근 한 도사도 만났습니다. "어떻게 하면 도를 잘 닦을 수가 있나?" 하고 묻자 "닦을수록 더러워지는 것이 도"라고 했습니다. "도라 일컬으면 이미 도가 아니다"라고도 했습니다. '도'를 '도'라 하면 이미 껍데기라는 것이었습니다. "자신의 종교만을 참 종교라고 내세우면 이미 종교가 아니다"라는 말로도 들렸습니다.

도사가 나에게 어떻게 정성기도를 하느냐고 묻자, 나는 "밥 잘 먹고, 똥 잘싸고, 잠 잘자고, 일 열심히 하여 이웃에 피해 주지 않고 도움을 주려고 하며, 창조주 신께서 우주만물을 관리하고 운영하시느라 얼마나 바쁘고 고생이 많으실까? 미안하고 죄송해서 기도는 많이 못하지만 효심으로 나아가고자 노력하고 있습니다."라고 했습니다. 창조주 신도 사람의 부모처럼 자신을 마음에 모시고 사는 효자 효녀가 필요할 것이라고 생각하며 창조주 신을 믿고 원하는대로 살아야 창조주 신을 닮게 되고, 그런 사람이 신이 있는 곳으로 가는 것이 진리일 것입니다. 신을 자기 편리대로 끌어다가 자기 소원을 이루고자 신앙생활 하는 사람이 껍데기이고 창조주 신의 뜻에 합당하지 않으면 껍데기라고 주장합니다. 창조주 신의 뜻대로 생활하는 것이야말로 껍데기를 벗어던진 알맹이 종교생활이라고 생각되며 크나 큰 울림으로 다가 왔습니다.

교회 이름 지을 때의 초심(初心), 종교의 초심을 회복하자

▲ 예수님이 세례받았던 요단강에 손을 담고 기도하고 있는 필자

'소망교회는 소망이 없고, 순복음교회는 순純 복음이 없으며, 사랑의 교회는 사랑이 없고, 통일교회는 통일이 없다' -무종교인이나 안티기독교 카페의 문구가 아닙니다. 내가 만나는 종교인들에게서 회자되는 말입니다. 그러기에 신앙의 가치를 높이 알리는 종교신문을 만드는 입장에서 더욱 듣기 민망하고 자괴감이 들었습니다. 어떻게 이런 비아냥거리는 말을 스스로에게 서슴없이 해대는 지경이 됐을까 하는 낭패감이 생깁니다.

물론 위에 거론한 교회들이 내분과 갈등, 행정소송 등에 휘말렸기 때문에 그렇다고 하지만, 모든 교회와 종교가 싸잡아 폄훼당하는 분위기입니다. 교인 수에 따라 교회를 팔고사는 거래, 퇴직목사 은퇴비 마련을 위한 성직 매매 등이 공공연한 비밀이라는 폭로가 잇따랐고, '고액 헌금 유도'를 위한 구멍 뚫린 헌금 봉투 등 낯뜨거운 사건들이 밝혀진 가운데 그렇지 않은 교회와 종단도 함께 엮여지고 있는 상황입니다.

한 신문이 국내 5만여 교회의 이름을 분석해서 관심을 끈 바 있습니다. 대개 위치한 곳의 지명을 쓰기도 하지만 대부분 '안디옥' '갈보리' "사랑' '은혜' '성령' 등 성경에 나오는 지명, 단어가 들어간 교회이름들입니다. 이 신문은 '누구나교회' '큰나무' '별빛' '도토리' '세상에서 가장 낮은 교회' 등 개성 만점의 이름도 소개했는데 작명作名시 엄청난 의미를 담기 위해 얼마나 고심하고 기도했는지 느낄 수 있습니다.

그러나 작명할 때의 초심初心을 갖기가 어려운가 봅니다. 형편이 어려우면 어려운대로, 번창하면 번창하는대로 이름의 의미를 실천하고 드높이는 데에 소홀해지는 것을 종종 볼 수가 있습니다.

작명에서 뿐만 아니라 종교 자체의 초심도 잃어 가고 있는 것은 아닌지 염려스러워집니다. '창조주 신과 사람, 만물이 다 좋은 세상'을 만들고자 하는 것이 종교의 초심일 것입니다. 그러나 각자의 신앙과 종교에 몰입해 그 안에서 그들만의 구원과 화평, 융성과 생존을 추구하다 보니 '모두에게 좋은 세상'을 만든다는 종교의 초심에서 멀어진 것 같습니다.

그저 나와 내 신앙만 강조하는 표층종교에 점령당한 것입니다. '나만 잘 되는 것이 아니라 나와 신, 나와 이웃, 나와 모든 존재가 하나라는 깨달음'의 심층종교가 바로 종교의 초심을 찾는 것이며 성숙한 종교라고 생각합니다. 「종교, 이제는 깨달음이다」란 대담집에서 '표층종교'에서 깨달음에 바탕을 둔 '심층 종교'로 나아가야 한다고 주장해 관심을 끌은 바 있습니다. 종교학자 오강남 교수는 「종교, 심층을 보다」란 책을 통해 종교의 '심층'을 깨친 역사 속 인물들을 소개했습니다.

오 교수는 이 책에서 "이들의 공통점은 자신과 신神, 이웃, 나아가 만물이 다 하나라는 것을 깨달은 분들"이라고 설명했습니다. 오 교수의 연이은 저술과 주장으로 다시금 '종교의 초심'을 일깨워줘 공감하는 바가 컸습니다.

혹세무민惑世誣民의 상징으로 여겨지는 무당이 주요 일간지의 세 페이지 짜리 와이드 인터뷰로 소개되면서, 최근에는 영화화까지 됐습니다. 한국의 굿을 세계에 알린 '대한민국 대표 무당' 김금화 인간문화재입니다. 혹독한 시집살이에서 도망쳐 '만신'(여자 무당)이 된 그는 "어렵고 힘들고 마음 아픈 사람을 끌어안는 게 무당"이라고 했습니다.

그는 굿과 공연에서 작두를 타는 신 내린 무당이지만, 그를 찾아 오는 사람에게 "절이나 교회에 다니며 기도하고 살아라"고 돌려 보냅니다. 자신과 다른 삶을 살아가는 사람들에게 교회나 절을 찾아 신심을 기르고 구원 받기를 원하는 것입니다.

김금화 무당은 해외 공연 때마다 '하나님 믿는 분들은 하나님의 은혜가 있을 것이고, 불교를 믿는 분은 부처님의 자비가 있으실 것이다' 고 강조한다고 합니다. 80여년 삶의 경륜이 그를 굿만 하는 표층 토속신앙인에서 모든 이웃과 종교를 이해하는 심층 종교인으로 승화시켰다고 봅니다. 종교의 초심을 찾은 진정한 종교인이라고 여겨집니다. 신심이 성숙해지면 모든 종교와 통한다는 생각도 듭니다. 교회 이름 지을 때의 초심, 그리고 종교의 초심을 다시 생각해 보아야 할 때가 지금입니다.

종교지도자가 창조주신과 진리를 자기를 내세우고 먹고 살기위한 방편으로 삼아서는 안될 것입니다.

동물을 기르는 목자는 동물의 살만 찌개 먹이고 키우면 되지만, 사람을 가르치는 목자는 신도들에게 선과 사랑과 진리의 새 생명을 줘야합니다.

국가개조, 종교개조, 자아개조

일부 성직자들이 세월호 참사에 관련해 교인들에게 쏟아 놓는 말들이 귀를 의심케 합니다. 수양을 깊이 못한 일반인들도 속으로만 생각하지 도저히 입밖으로 내놓을 수 없는 발언을 성직자라는 사람이 교인들에게 당당하게 전하고 있습니다. 공인으로서, 종교지도자로서 할 수 없는 발언을 스스럼없이 드러내놓으니 성직자로서의 자질에도 의문을 품게 됩니다. 물론 그들이 의도한 발언이 거두절미되어 인터넷 상에 떠돌아 억울하게 매도되는 측면도 있으리라고 봅니다. 그러나 그들에게 사회의 공분을 살 만한 의식이 잠재해 있다가 은연 중 표출되었다는 것은 분명히 느낄 수 있습니다.

모 교회 담임목사가 주일예배 설교에서 한 발언이 논란을 불러일으키고 있습니다. 그는 '하나님이 대한민국이 침몰되지 않기 위해 세월호와 학생들을 침몰시켜 국민에게 기회를 주었다'고 합니다. 그가 믿는 하나님은 어떤 하나님이시기에 죄 없는 어린 학생들을 희생시켜 나라를 구하려 했을까요. 전 인류를 구제하려고 하나님을 믿지 않는 나라를 '쓰나미'로 휩쓸어 버렸다는 한 성직자의 과거 발언이 연상됩니다.

그런 하나님을 믿는 교회를 하나님이 휩쓸어 버리진 않을까요? 국내 기독교의 대표적 개신교연합단체의 부회장은 희생된 학생들을 두고 "가난한 집 애들이 설악산이나 경주 불국사로 수학여행을 가면 되지, 왜 배를 타고 제주도로 갔느냐?"는 발언을 해 물의를 일으켰습니다. "박근혜 대통령이 눈물을 흘릴 때 함께 눈물 흘리지 않는 사람은 모두 다 백정이다"라는 발언도 해 네티즌들의 공분을 샀습니다. ㅇㅇ의교회 목사는 국민여론의 뭇매를 받았던 서울시장 후보 아들의 '국민미개' 발언을 두둔하며 "사실 잘못된 말이기는 하지만, 틀린 말은 아니다"라고 해 또 한번 희생자와 가족들에게 상처를 주었습니다.

종교지도자뿐만 아닙니다. 그들에게서 그릇된 세뇌를 받은 일부 신자들의 발언은 더욱 경악을 느끼게 합니다. "하나님이 이단인 구원파를 망하게 하기 위해 세월호 사건을 만드셨고, 학생들을 죽음으로 몰고 가셨다"는 한 독실한 개신교 할머니의 발언이 SNS 상에 떠올랐습니다. 세월호 사건에서 드러난 구원파의 행태는 당연히 뿌리뽑아야 합니다.

하나님이 구원파를 멸망시킨다고 세월호 참사가 사라지는 것은 아닙니다. 하나님이 자기종교, 자기교파, 자기교회가 아닌 것을 무너뜨린다면 이 세상에 세월호 참사는 계속될 것입니다. 언젠가는 할머니의 종교, 교파, 교회도 이단 · 사이비로 규정되어 침몰을 면할 수 없을 것입니다. 할머니의 뿌리깊이 잠재된 의식을 엿보면 분명히 또 다른 '구원파'란 생각이 들기도 합니다. '살인하면 지옥 간다는 말은 성경에 없다'는 구원파 유병언 회장의 황당한 궤변과도 같은 그릇된 성경해석이 할머니에게도, 그리고 그를 인도하는 종교지도자에게도 자리잡고 있습니다.

잘못믿으니까 자꾸만 가짜가 생기고, 자꾸 속으니까 가짜가 활개칩니다. 속지 않으면 가짜가 생길수 없습니다.

세월호 참사를 놓고 정부는 국가개조를 한다고 나섰습니다. 정부조직을 와해 · 개편하고 '관피아' 등 고질적인 병폐를 도려내며 사고책임자를 엄단한다고 했습니다. 그러나 제도만 개혁한다고 국가개조가 되는 게 아닙니다. 국가란 제도와 국민으로 이루어졌습니다. 제도개혁과 함께 국민의식도 변해야 합니다. 대통령은 담화문에서 제도개혁을 내세웠습니다. 정치 · 사회 · 언론은 네탓만을 주장합니다. 정적政敵비판, 사회비판, 제도비판으로 자기편 실익을 차리려고 하지 자기성찰이 없어 보였습니다.

종교인과 일반국민까지 분노와 비판만 하고 있습니다. 그런 분위기가 형성된 것은 한 사람 한 사람 국민의 의식속에 근본적으로 깔려 있다는 것을 깨닫게 됩니다.

국민의식과 심성을 가꾸어 주는 게 종교라고 봅니다. 그런데 종교가 제 역할은 커녕 그릇된 심성과 의식을 부추기고 있는 듯 합니다. 국가개조와 함께 종교개조도 이루어져야 된다고 생각합니다. 국민개조가 제도보다는 국민의식이 선행되야 하듯 종교개조도 일반 신자들의 심성개발이 종교지도자와 종교를 이끌어가야 할 때입니다. 내탓임을 강조하는 국민의식이 국가를 개조하며, 인간이 세상에서 가장 소중한 존재라는 평신도운동이 종교와 종교지도자를 개조해 나갑니다. 이 제품, 저 제품의 정체를 알고 객관적 · 상식적으로 평가하는 소비자가 기업을 바꾼다고 합니다.

평신도 개개인이 자신부터 심성을 올곧게 갖춰야 종교의 바람직한 개조가 이루어질 것입니다.

하나님은 많아지고 신자는 줄고...

– 젊은이들 종교적 무관심 급증, 종교현실 반성 계기 –

하나님을 자처하고 나선 종교인은 많은 데 종교인 수는 점점 줄어드는 현상이 나타나고 있습니다. 하나님의 활동이 크게 확산됨에도 불구하고 그를 믿고 따르는 사람들이 적어지니 이상한 일입니다. 유일한 창조주신을 대신해서 심부름을 하는 종교에 무언가 문제가 있을 것이란 생각이 듭니다. 하나님의 심부름에 충실한 종교활동을 펼쳐 사람들에게 위안과 평안을 준다면 이런 현상은 생기지 않았을 것입니다. 더욱이 미래의 종교를 가늠할 청년 종교인의 수가 급격히 줄어들고 있어 앞으로 국가와 종교의 미래도 걱정하게 만듭니다.

한 신문의 보도에 따르면 한국에만 하나님 20명, 재림예수 50명이 있다고 합니다. 그밖에도 드러나지 않는 신(하나님)은 부지기수입니다. 미륵불, 정도령, 하나님의 부인이나 보혜사 성령, 혹은 엘리야나 다윗 등 선지자를 자처하는 사람이 국내에는 많습니다. 극단적 보수주의와 집단이기주의에 사로잡힌 한국의 주류 개신교에 의해 배척을 당한 소수 종파들이 아예 선지자를 자처하며 신의 반열에 올라서고 있습니다. 이는 소외와 핍박을 받는 가운데 생겨난 반작용이라 생각됩니다. 나름의 꿰어맞춘 그럴듯한 교리와 핍박 가운데 엮어진 결속력으로 세력은 커질 수밖에 없습니다. 세력을 등에 업으면 스스로 하나님, 재림예수, 미륵불,

선지자가 되려는 것입니다. 그들은 현재 각종 사회문제를 야기시키고 있지만, 나는 이들이 초심初心에서 생겨난 것이 아니라고 믿습니다. 성性 상납, 혼음, 종말 심판과 선별적 구원, 법정싸움, 횡령이나 폭력, 추행 등은 그들의 초심으로선 생각도 못할 일이었을 것입니다.

필자도 어릴 적 창조주신과의 교감을 통해 확고하고 강한 신앙을 갖게 된 종교적 경험이 있습니다. 그러한 신앙심은 순수한 것이어서 사람들을 충분히 교화시킬 수 있는 것이라고 봅니다. 다만 세력화, 세속화, 조직화를 거치며 변질, 와전되었다고 생각합니다. 그래서 처음엔 교세를 확산시킬 수 있지만, 세월이 흐름에 따라 미약해지고 새 종파가 그 자리를 차지하게 되는 것입니다. 종교가 노화되면서 기존의 교인들만 믿고 젊은이들이 외면하면 자연스럽게 퇴장하는 것 아니겠습니까?

젊은이들의 종교인구가 급속도로 줄어들고 있습니다. 신흥종교들이 대학가에 파고드는 등 교세를 키우고 있는데 반해 기존종교계의 교권, 이권다툼과 세속화에 젊은이들이 등을 돌리고 있는 것입니다. 기성종교의 진부함에 염증을 느끼고 신흥종교의 신선함에 기웃거리는 것 같습니다. 신흥종교들은 소외와 핍박을 이들에 대한 공격적 선교로 보상받고 있는 듯 합니다. 그러나 많은 젊은이는 신흥종교 역시 세력화, 조직화되면 기성종교와 같이 변질할 것이란 것을 알고 있습니다. 그래서 신흥·기성종교를 막론하고 종교에 대한 회의를 하고 있다고 필자 나름대로 분석해 봅니다.

비종교인 비율이 늘어나고 있는 것이 이를 증명합니다. 또한 비종교인들 중 90% 이상이 향후 종교에 아예 관심이 없다고 했습니다. 기성·신흥종교를 막론하고 주의깊게 관찰할 대목입니다. 종교간, 종파간 해코지가 젊은이들에겐 역겨운 모습입니다. 또한 종교의 세속화 · 권력화는 마치 정치판같이 느껴집니다. 정치적 무관심처럼 종교적 무관심이 대세를 이루고 있는 현실입니다.

필자는 차라리 무종교 젊은이들이 많아지고 있다는 것이 오히려 다행스럽게 생각되어지기도 합니다. 종교계의 현실을 반성하는 계기가 될 것이기 때문입니다. 반성을 통해 '창조주신의 심부름에 충실한다'는 종교 본연의 역할을 찾을 수 있을 것입니다. 종교가 초심으로 돌아가 진정한 종교심을 회복해야 합니다.

사람은 창조주신과 말이 통할 수 있고, 정신과 마음을 통할 수 있고, 정과 사랑을 통할 수 있기 때문에 창조주신의 형상이며, 자녀입니다. 사람은 창조주신과 일체를 이룰 수 있게 창조되었기 때문에 민물중에서 가장 귀한 존재입니다. 수많은 고민과 갈등을 안고 사는 오늘날 젊은이들에게 희망과 화평, 위로를 주는 종교가 되어야 합니다. 그들은 사회와 국가, 우주의 미래입니다. 그들을 참다운 신앙으로 인도할 수 있을 때 종교의 미래도 밝아집니다.

근본주의는 폭력이다

"나만이 진리라는 독선으로는 화합과 평화 못이뤄"

세월호 참사, 총리후보 논란 등 세간의 비판 · 논쟁과 갈등의 소용돌이를 일으킨 것은 종교였습니다. ㅇㅇ파 전 그룹 회장이 종교를 내세워 벌인 부패, 부정의 사슬이 참변을 낳았으며 그의 '종교탄압'을 빙자한 도피행각은 사회공법을 무시해 엄청난 비난을 받고 있습니다. 육 · 해 · 공군과 반상회까지 동원한 추적에도 오리무중인 그로 인해 많은 사람은 종교타락의 섬뜩함까지 느꼈습니다.

"일본의 식민 지배와 남북 분단은 하나님의 뜻이었다"는 국무총리 후보자의 발언을 둘러싼 논란도 기독교 내부의 '신학논쟁'을 일으켰으며, 급기야 국론분열과 국정혼란까지 초래했습니다. 물론 한 TV방송의 거두절미한 보도가 사회분란을 주도했다고 생각합니다. 그러나 한편 그의 근본주의적 신앙이 비기독교인들에게 거부감을 주었다고도 볼 수 있습니다.

철저한 '신앙고백'이 올바른 국정에 대한 강한 신념을 키울 수는 있지만, '모든 것이 자신이 믿는 하나님의 뜻'이라는 아전인수격 해석이 위정자로선 어울리지 않다고 본 것입니다. 자기 종교가 모든 것을 판단하는 기준이 되고 다른 것보다 우월하다는 입장은 다종교사회에서 종교갈등 · 국론분열을 일으키는 요소가 됩니다. 특히 그러한 공직자의 입장은 더 큰 파장을 키울 뿐입니다.

종교가 일으키는 소용돌이의 중심엔 언제나 근본주의 사고방식이 깔려 있다고 봅니다. 어느 불교계 인사는 "우리나라 기독교엔 미국의 근본주의적 개신교가 주류를 이루었다"고 지적합니다. 그들의 경전인 바이블을 우리말로 번역하면서 창조주 하나님의 뜻대로만 세상이 움직인다고 보며, 하나의 역사적 사실을 공식에 뜯어 맞추듯이 단순화해서 해석하는 근본주의적 사고방식이 자리잡고 있다는 것입니다. 오강남 리자이나대 명예교수(비교종교학)는 "문자 그대로 성경을 읽어 문자를 다르게 해석하면 누구나 자기가 '보는 대로' 새로운 교리를 만들어낼 수 있다."고 강조합니다.

▲ 이스라엘 병사와 필자

수많은 재림주, 하나님이 등장하고, 교주가 성경을 멋대로 해석한 후 그것이 문자 그대로라면서 믿으라고 가르치는 종파가 난립한 근본 원인에는 한국 기독교에는 이같은 근본주의가 내재해 있다고 분석합니다.

이화여대 양현혜(역사신학) 교수는 최근의 신학토론회에서 일본 기독교단이 경술국치 당시 "한국인이 일한日韓합병을 통해 특별한 국민으로 부활했으며, 이는 '하나님의 뜻'"이라고 주장한 사실을 소개했습니다. 하나님에 대한 입맛대로의 해석이 그릇된 역사관, 민족관, 가치관을 합리화시길 수도 있는 것입니다.

근본주의는 이기주의를 낳습니다. 이웃종교 심지어 기독교 내의 다른 교파를 배척합니다. 구원파와 같이 사회문제가 되는 소위 '이단 · 사이비' 종파들은 더욱 극단으로 나가 자신들의 독특한 성경 해석만이 구원의 길이라고 가르치고 있습니다. 근본주의 · 복음주의로 문제를 야기시키는 대형교회 또한 ㅇㅇ파와 질적으로 같다는 평가를 받고 있습니다. 이런 관점에서 모 후보의 발언에도 은연중 '기독교 주류층의 근본주의 사고방식'이 깔려 있다고 보는 것입니다.

자신의 종교가 유일하게 옳다는 믿음 자체가 타인과 세상을 비극으로 몰고 갑니다. 십자군전쟁, 마녀사냥, 위그노 전쟁 등 수백 차례 종교전쟁의 역사가 이를 증명해 줍니다. 전통과 문자적 교리준수를 통한 이슬람 근본주의자들의 지하드聖戰, 무장단체들에 의한 테러 등도 계속 이어지고 있습니다. 우리 모두는 근본주의를 경계해야 합니다.

지난 8월 방한한 프란치스코 교황은 최근 '종교적 근본주의는 폭력'이란 비판을 했습니다. 교황은 "아무도 죽이지 않고, 공격하지 않더라도 근본주의는 폭력이다"고 밝혔습니다. 은연중 자행되고 있는 한국사회의 종교폭력을 되새기게 합니다.

교황은 "기독교, 이슬람, 유대교 근본주의에 기반한 분쟁은 종교의 가르침과 모순된다"며 신을 빙자한 폭력은 우리 시대에 맞지 않는다고 했습니다. 또한 "역사적 관점에서 기독교도 때때로 그런 근본주의의 폭력을 자행했음을 인정해야 한다"고 고백하기도 했습니다.

창조주신은 어느 종교의 신이 아니라 모든 인류의 신입니다. 진리는 보편타당한 것이며 창조주신은 선과 사랑과 진리의 신입니다. 선과 사랑과 진리가 있는 사람은 누구나 창조주신이 함께 하는 사람입니다.

세상과 만물, 사람의 화합과 평화를 가꾸는 것이 종교의 본질입니다.

모든 종교가 추구하는 보편적인 가치를 이웃종교에서도 발견할 수 있습니다. 나만이 진리이고 정의롭다는 독선적이고 배타적인 근본주의로는 화합과 평화를 이룰 수 없습니다. 정신적, 물질적 폭력이 반복될 뿐입니다. 남을 가르치는 것이 종교가 아니라 생각합니다. 믿지 않는 사람까지도 포용해 화합과 평화를 이루어내는 것이 참다운 종교의 자세입니다.

땅밟기 기도, 가자지구 분쟁과 '땅따먹기' 놀이

2010년 봉은사, 동화사의 땅밟기 동영상으로 종교간 분쟁을 야기시키더니, 2011년 미얀마 법당 땅밟기에 이어 최근 불교 성지이자 세계문화유산인 인도 부다가야 마하보디사원 내에서도 '땅밟기 기도'가 행해졌습니다. 종교갈등 뿐만 아니라 외교적 · 국제적 분쟁으로 비화될 위험까지 드러내는 무모한 발상입니다.

'땅밟기 기도'란 개신교인들이 타 종교의 성지에서 예배를 올리는 의식으로 개신교의 배타주의 성향을 보여주는 것입니다. 이들은 마하보디사원에서 퇴장할 것을 요구하자 "하나님만이 오직 구원"이라며 "구원받지 못한 이들이 불쌍해 하나님을 전하는 것"이라고 항변했다고 합니다. 이에 SNS에서 한 목회자는 "만약 불교인이 교회에 들어가 목탁을 두들겼으면 아마 멱살을 잡고 경찰을 불러들였을 것이다"라고 개탄했습니다. 남의 종교는 안중에도 없는 극단적이고 공격적인 전도

행위이자 의식이었습니다.

이스라엘의 가자 지구 공습이 계속 이어지면서 팔레스타인의 사망자가 점차 늘어나고 있습니다. 이 역시 '땅밟기 기도'와 같은 종교간 '땅 싸움'이라고 봅니다.

현재 이스라엘의 영토는 원래 팔레스타인 사람들이 살고 있었습니다. 대다수가 무슬림이었고, 10%는 기독교도, 유대인은 4%에 불과했습니다. 1947년 유엔 총회가 영국의 위임 통치를 받던 팔레스타인의 강제적인 분할 계획을 채택하여 실행을 추진하게 된 것입니다. 이스라엘 국가 창설 다음 날인 1948년 5월 15일 아랍연합군이 이스라엘을 공격하면서 '1948년 전쟁'이 발발했습니다. 이로부터 유대-이슬람, 기독교-이슬람, 서구-중동의 갈등으로 번졌으며 현대 종교전쟁, 테러 등의 발단이 되었다고 할 수 있습니다. 팔레스타인인人들은 스스로의 국가를 세우기 위해 1969년 야세르 아라파트가 주도하는 PLO(팔레스타인해방기구)를 조직해 본격적인 무장투쟁을 전개했고, 1988년 이슬람 무장단체 하마스가 투쟁과 테러에 나섰습니다.

19세기 후반 '유대인 국가 건설'을 사명으로 하는 '시오니즘 운동'에 따라 유럽의 흩어졌던 유대인들이 속속 팔레스타인 땅을 밟으면서 싹이 튼 분쟁의 소지가 현대사회를 소용돌이로 몰아가고 있습니다.

개신교의 '땅밟기 기도'나 유대-이슬람교의 가자지구 '영토분쟁'을 보면서 예전 주택가 골목 땅바닥에서 아이들이 즐기던 '땅따먹기 놀이'가 연상됩니다. 깨진 기와조각이나 떡시루 조각 등과 석필만 있으면 시간 가는 줄 모르고 놀았습니다. 손가락으로 세 번 튕겨 자기 집으로 되돌아 오면 모두 자기 땅이 되니 흥미진진한 포만감을 느끼지 않을 수 없었습니다.

놀이가 끝난 후 석필로 그은 경계가 지워지면 모든 땅이 허상인란 것도 잊고 땅뺏기에 골몰했습니다. 그러나 '땅따먹기 놀이'가 끝난 후에는 언제 그랬냐는 듯이 사이좋은 친구가 되어 또 다른 놀이를 찾았습니다. 지나친 욕심을 가지면 도리어 땅을 잃게 된다는 교훈도 배우면서 말입니다.

종교에서의 땅따먹기인 '땅밟기 기도'와 '영토다툼'은 어린이 놀이만큼도 못하다는 생각입니다. 영원한 자기의 세계를 구축하려는데만 골몰해 갈등과 전쟁을 불러 일으킵니다. 종교의 본질인 '평화와 화해'를 잊고 갈등과 전쟁을 통해 오로지 내 영역의 고수와 확장만을 고집하고 있는 것입니다.

평화와 화해의 모범이 되어야 할 종교가 이 지경이니 이를 지켜보는 우리 사회의 이념과 주의 · 주장도 종교화된 것 같습니다. 사람 사는 사회에서 지켜야할 상식을 무참히 짓밟는 종교의 근본주의, 배타주의가 일반 사회전반에도 물들고 있습니다. SNS 세상에는 자신의 이념이나 주장과 다르면 무차별 공격과 상대를 배려하지 않는 언어폭력이 난무하고 있습니다.

자신의 이념을 벗어나면 적대감이 생기며 그러한 사람과 대상에게는 이념과 아무런 상관없는 선의의 일이나 행동까지 이념과 결부시켜 비난합니다. 막무가내식 '땅밟기 기도'만큼 섬뜩합니다. 세월호 가족들의 행동에 대한 양극단을 이룬 평가도 무자비하게 이루어집니다. 입에 담을 수 없는 욕설과 비아냥이 세월호 가족은 물론 발언자에게 상처를 입힙니다. 여론생산자의 광풍에 휘말려 일말의 배려가 없습니다. 모든 게 양

극단으로 이분화되고 있는 듯한 느낌이다. 너무나 거칠어졌고 폭력적입니다.

종교가 제자리를 찾아야 합니다. 우선 자성自省 · 자정自淨해야 맹렬한 '땅뺏기' 싸움에 교훈을 주는 '땅따먹기' 놀이로 승화시킬 수 있습니다. 그리고 종교의 사명인 '세상의 평화와 화해'를 비로소 이야기할 수 있을 것입니다. 누가 '땅밟기 기도'와 '영토분쟁'을 일삼는 종교를 신뢰하겠습니까.

교황과 추기경, '종교적'과 '정치적'

화해자 · 중재자로서의 종교인 자세는?

세월호 사건을 놓고 프란치스코 교황과 염수정 추기경의 행보가 논란을 낳고 있습니다. 교황은 "세월호 추모 행동이 정치적으로 이용될 수 있다고 생각하지 않느냐"는 질문에 "유족의 고통 앞에서 중립을 지킬 수 없다"며 방한기간(2014년 8월 14~18일) 내내 세월호 유족을 만나 진정어린 위로를 표했습니다.

▲ 이스라엘 베드로 기념성당 신부님과 필자

한편, 염추기경은 교황의 방한 행사가 잘 마무리된 데 대한 감사의 뜻을 전하는 기자간담회에서 "아픔을 해결할 때 누가 그 아픔을 이용해서는 안 된다"면서 "유족도 어느 선에서 양보해야 한다"고 말했습니다.

이러한 교황과 추기경의 발언이 엇갈린 행보라는 비판 세력의 목소리가 커졌습니다. 특히 세월호 유가족 주장과 특별법에 찬성입장을 가진 편에서의 신랄한 비판은 극단적입니다. 이들은 SNS에서 교황에겐 더할 나위없는 찬사를 보내는 반면 염 추기경에게는 입에 담지 못할 욕까지 퍼붓고 있습니다. 극단적으로 지나침은 미치지 못함과 같습니다 過猶不及. 그러면 자기 논리와 입맛에 맞춰 상대의 진정성을 아예 배제하고 곡해하기 십상입니다. 그에 따른 반작용으로 상호간의 갈등의 골은 더욱 깊어집니다. 서로의 주의 · 주장이 '절대정의'로서 무장될 뿐입니다.

교황이 '중립을 지킬 수 없다'고 한 것은 고통을 가진 사람을 위로하는데 모범을 보인다는 것이었지, 그들과 편을 같이해 투쟁하겠다는 것이 아니라고 생각합니다. 문제 해결사가 아닌 중재자 · 화해자로서의 자세를 가졌을 뿐입니다. 물론 수많은 사람에 대한 극단적이고 일방적인 불의나 폭력, 테러 등에 대해서는 단호히 대처해야 진정한 종교인이라 할 수 있습니다. 그러나 각기의 이념과 신념에 따른 주의 · 주장이 각자의 '절대정의'로서 반반으로 엇갈려 대립할 때에는 중재자 · 화해자의 역할이 중요해지는 것이지요.

교황이 일본군 위안부 피해자 할머니들을 만나 "침략으로 이용당하고 노예가 됐지만, 인간적인 품위를 잃지 않았다"며 높이 평가한 것 역시 피해자에 대한 위로와 치유였지 한일韓日 위안부 문제를 해결하려 한것이 아니라고 봅니다. 교황은 '일본'을 지적하는 말은 한마디도 하지 않았습니다. 자칫 자신의 발언이 한일간의 분란을 증폭시킬 수 있다는 것에 대한 배려가 작용했을 것입니다. 한반도 남북 대치 상황 등의 문제와 관련해서도 "남북한이 같은 언어를 쓰니 희망이 있다"는 긍정적인 발언을 했습니다. 민감한 북한의 인권문제 등을 직접 거론하지 않았습니다.

'대단히 정치적'이란 비판을 받는 염추기경도 논란의 발단이 된 기자간담회에서 "정치적 논리에 빠지고 싶지 않다"는 입장을 밝혔습니다. 그는 "예수님도 난처한 질문을 받으면 '하느님의 것은 하느님에게, 카이사르의 것은 카이사르에게'라고만 말씀하셨다"며 교황과 같이 해결사가 아닌 중재자, 화해자로서의 입장을 피력했습니다. 그러한 입장에서 '유족도 어느 선에서 양보'해야 한다는 발언이 나왔다고 봅니다. 극단적인 주의 · 주장으로 무장된 사람들에겐 이러한 말조차 용납할 수 없는 '정치적' 발언이 된 셈입니다.

실상 정부와 일본, 북한을 직접 지적하지 않은 교황의 행보야말로 고도의 '정치적, 외교적' 자세였음을 엿보게 됩니다. 어느 누구도 상처를 안 입히며 '카이사르의 것은 카이사르에게' 맡기는 '정치, 외교적' 테크닉과 배려였습니다. 진심으로 갈등과 분란을 해소하려는 고도의 '정치, 외교적' 행보가 높은 경지의 '종교적' 자세란 생각도 하게 되는 부분입니다.

추기경과 교황 모두 해결사가 아닌 화해자 · 중재자로서의 종교인 자세를 가졌다고 믿습니다. 필자가 추기경을 두둔한다고 '절대정의'로 무장된 극단적 진영의 비판이 저한테 쏟아질 수도 있습니다. 그러나 사랑과 평화를 강조하며 평생을 살아온 성직자에게 자신의 진영논리에 몰입된 사람들이 쏟아붓는 욕설에서 우리사회의 총체적 불화와 삐뚤어짐을 읽게 됩니다. 자신의 주의 · 주장에 거슬리면 용납못하는 사회가 된 것입니다. 개인, 정당, 단체, 사회, 국가간에 그런 대립이 만연됐습니다.

화해와 용서를 내세우는 종교 간에도 서로의 교리와 규범이 배치될 때에는 절대로 용납못합니다. 교황 방한訪韓 시 개신교 일각에서 교황과 가톨릭에 대한 폄훼활동을 극렬하게 펼친 것이 그 일례일 것입니다. '땅밟기 기도'나 가자지구를 놓고 벌이는 이스라엘 · 팔레스타인의 전쟁은 말할 것도 없습니다. 화해자 · 중재자가 아닌 교리 · 율법에 기준한 해결사의 입장에서 나섰기 때문이라고 봅니다.

큰 사람과 의인은 마음이 공평하고 차별하지 않고, 화평케 한 사람은 선한 사람이라 할 수 있을 것입니다. 그러나 편견없이 잘잘못을 밝히지 않고 잘못된 것을 그대로 두면 갈수록 잘 못된 것이 커지고 갈등은 더욱 커질것이며 바로 잡기 어렵게 될 것입니다. 고름이 살이 되지는 않습니다. 잘못된 것을 깨우쳐 주며 바로 지도하는 것이 사랑입니다. 나쁜 것은 자르고 이을 것은 이어서 바로 잡은 것이 선이요, 사랑이요, 진리가 아니겠습니까?

종교가 분쟁의 중심에 서선 안된다고 믿습니다. '하느님의 것은 하느님에게, 카이사르의 것은 카이사르에게' 돌리며 중재자 · 화해자 역할을 해야한다고 봅니다. '절대정의'라고 여기는 이념과 교의에 몰입되는 것은 지양해야 합니다. 일시적으로는 어느 한편의 지탄을 받더라도 화해와 용서, 사랑과 자비를 앞세우는 종교가 먼저 지향에야 할 가치라고 믿습니다. 그래야 사회가 순화되리라 믿기 때문입니다. 비록 종교가 사회적 병폐와 닮은 현실이지만 궁극적으로는 종교가 모범을 보일 것이라는 믿음입니다. 종교를 믿습니다.

계시 · 신통력, 절대적 아니다

'환상을 보았다, 계시 받았다는 사람을 경계하고 조심하라'

종교가 다양하고 분파로 갈라지는 근본원인은 경전에 대한 견해 차이도 있지만, 신神의 계시啓示로 인한 경우가 많습니다. 신흥교단은 대부분 교주의 새로운 계시에 의해 형성됩니다. 새 시대와 새 지도자 탄생을 선포하고 새 진리가 출현했음을 세상에 알립니다. 이들은 계시 받고, 환상 보고, 방언하는 것을 신앙의 으뜸으로 선동하며 목적을 위해 수단을 정당화하기도 합니다.

▲ 강화도 마니산에서 필자

기도와 금식, 철야 등 정성생활에 치중하게 만들고 표적을 내세워 미혹하고, '무조건 믿고 시키는대로 하면 성숙하게 해주고, 복받게 해주고, 죽으면 천당 가게 해준다'는 말로도 현혹합니다. 그리고 '모든 잘못은 네가 정성이 부족하고 너희 조상이 죄가 많아서 계율대로 실천못했기 때문이니 너의 책임이다'라고 윽박지르기까지 합니다.

벼의 알곡은 좋은 토양에 뿌리박고 바람과 햇볕에서 무르익습니다. 마음도 육체를 터로 성숙한다는 이치를 망각하고 육체를 무시, 마음만 우선시 하는 일부 신흥종교가 이웃과 주변에 피해를 주는 것을 왕왕 목격할 수 있습니다.

우리나라에는 자신을 미륵불, 구세주라는 사람이 200여 명, 하나님이라 자처하는 사람 50여 명이 있다고 합니다. 조직화하지 못한 구세주, 하나님은 그 수를 헤아리기 어려울 정도입니다. 영적 계시에 의해 형성된 100여 신흥교단에는 100만 명의 신도가 있습니다. 이들은 순진하고 연약한 사람들입니다. 교주를 신적인 존재로 믿는 게 특징입니다. '천국에 드는 14만 4천 명에 들어가게 해 준다', '조상 구원해준다' 등의 유혹에 넘어가 가정을 등한시하게 하고, 자식들을 버리고, 이혼하고, 직장을 그만두고, 학업을 포기하고, 평생 그 틀에서 벗어나지 못한 신앙자가 이 세상엔 많습니다.

필자도 30대에 '하나님의 계시를 받는다'는 모임에 들어가 입산 기도하고, 40일 철야기도도 했습니다. 소위 '계시받는 사람'의 말은 '하나님 말씀'으로 절대시하며 제정신을 잃어버린 경지가 되었습니다. '미친 사람' 취급받으면서도 오매불망 하나님을 부르며 살았습니다. 내 마음의 평안을 찾기 위해 가족과 이웃에게 피해를 준 것입니다. 종내는 마음의 평안을 얻지 못했을뿐더러 미망에 젖어 하나님의 참뜻도 저버렸다는 후회가 생깁니다.

이런 후회를 30대 순수할 때 깨달았으면 좋았을 걸 하는 안타까운 생각입니다. 다만 나와 같은 어리고 약한 사람들에게 나의 전철을 밟게 하지 않기 위해 조언하고 싶은 마음이 생깁니다. 그래서 이렇게 적자투성이에다 힘이 드는 〈매일종교신문〉 발행에 전력을 다하고 있는 것입니다.

성경 신명기 13장18장에는 '환상을 보았다, 계시 받았다는 사람을 경계하고 조심하라'는 말씀이 있습니다. 석가도 제자 목건련에게 '신통을 행하지 말라'고 했습니다. "신통력은 진리를 성취함에 있어 삿된 도가 되기 때문이다"라고 했습니다. 다석 유영모는 "이적은 진리가 아니므로 홀리지 말아야 한다."고 주의를 환기시켜 주었습니다.

가톨릭에서는 계시에 대해 다음과 같은 5가지 규정을 두고 신도들을 지도하고 있습니다. 첫째, 공적 진리에 부합되는가? 둘째, 그리스도교 신앙과 일치하는가? 셋째, 교도권의 가르침과 일치하는가? 체험자가 교도권에 순응하는가? 넷째, 사적 계시를 받은 사람이 모든 면에서 정상인가? 다섯째, 사적 계시가 참다운 영적 결실을 보게 하는가?

이런 관점에서 신앙인들은 종교본질에 접근해야 하고, 종교지도자들은 신도들에게 올바르게 교육해야 할 것입니다. 또한 신앙의 선배들도 주위 형제들에게 이러한 조언을 해야할 것입니다. 타락한 조상 속에서 나온 사람이 과연 누구를 구하겠습니까? 미륵불, 정도령, 신공자, 구세주라고 떠드는 사람은 가짜이고 사이비이니 조심해야 합니다. 세상을 구할 능력이 있다고 자신하면 세상을 구할 때까지 신중한 처신을 해야 합니다. 세상을 구해놓지 못하고 구세주라고 떠들면, 결국 사람을 미혹하는 기만에 지나지 않습니다.

본지가 얼마 전 인터넷신문을 통해 한 신흥교단의 활동을 소개했습니다. 기사는 다른 신흥교단과 비교하며 그 위상을 갖추어가는 모습이며, 나름대로 종교의 역할을 한다는 내용이었습니다. 필자가 읽기에 '신흥교단'을 너무 내세우지 않았나 싶었던 게 사실입니다. 많은 신자가 교주의 활동을 극구찬양하는 댓글을 달았습니다. 그러나 일부 신자들은 신흥교단의 '교주'를 교주라 한 것에 대해 그는 '교주가 아닌 하나님'이란 토를 달았습니다.

급기야 블로그 등에는 교단 차원에서 명예훼손의 기사라며 삭제를 요청했습니다. 시야를 넓게 보면 찬양일변도의 기사보다 오히려 일반인들의 인식을 좋게 할 여지가 있었는데 '계시를 내리시는 교주'에 대한 절대적 추종이 그들의 시야를 좁게 만드는 듯 했습니다. 절대적 '계시 · 신통력'을 내세우는 신흥교단의 특징으로 보였습니다. 그러나 하나님 이외에는 절대적이란 게 있을 수 없다는 신념에는 변함이 없습니다.

'당신같은 사람이 가는 천국은 가지 않겠다. 신앙인이라고 주장하기 전에 사람이 되라'는 한 신앙 깊은 친구의 말이 모든 신앙인, 종교지도자에게 귀감이 될 듯합니다. 신흥교단이든 어떤 종교든 자기만의 틀과 절대적인 추종에서 벗어나 보편타당하고 상식적인 세상과 사람을 위해 존재할 때 그 종교는 빛을 볼 것이라는 생각을 하게 됩니다.

지양해야 할 '보여주기 식' 종교이벤트

– 진리는 작고 낮고 협소한 곳에서 사람을 기다린다 –

2014년 10월 4일 북한 실세 3인방의 전격 방문으로 평화의 바람이 불 것 같던 한반도의 남북관계는 10일 대북전단 살포에 대한 북한의 총격으로 군사적 긴장이 고조되었습니다. 북한은 "대북 전단을 계속 살포할 경우 단호한 보복조치로 비싼 대가를 치르게 할 것"이라며 위협하고 있는 상황에서 10월 25일 예정대로 진행하려던 대북전단살포가 남남갈등으로 결국 무산됐습니다.

전단 살포 며칠 전 한 방송사 기자가 "비공개적으로 하면 문제가 발생하지 않을 것 아니냐?"고 묻자 관련 단체 대표는 "그렇게 하면 후원금이 끊긴다."고 답했습니다. '대북전단 살포행사는 국민사기극'이라고 말하는 사람도 있습니다. 취지는 좋으나 수단이 좋지 않다는 것입니다. 마키아벨리의 말처럼 '목적이 수단을 정당화'하는 것은 아닌지 염려가 됩니다.

이런 '보여주기 식' 이벤트는 우리 사회 전반에 걸쳐 행해지고 있습니다. 대기업의 문화사업이나 봉사활동, 국정감사장에서 호통치는 국회의원, 호화 결혼식, 고급식당에서 만찬을 즐기고 자신의 집안 곳곳을 보여

주는 여인도 있습니다.

'보여주기 식' 이벤트의 목적은 무엇일까요? 포퓰러즘, 즉 선전입니다. 자랑하려는 것입니다. '나는 이런 사람이다'고 과시하려는 것입니다. 주로 남의 눈을 의식하는 사람이 기획합니다. 당사자는 고개를 쳐들고 으쓱대지만, 보는 사람들은 손가락질을 합니다. 실속이 없고 희생도 큽니다. 중독성이 강해 다음엔 더 큰 판을 벌여야 합니다.

종교라는 허울 쓴 사람과 집단의 위험

침례교 목사이자 웨이크포리스대학 종교학 교수인 찰스 킴볼은 그의 저서 《종교가 사악해질 때》에서 "종교라는 허울을 뒤집어쓰고 활동하는 사람과 집단의 위험이 지금만큼 분명하게 드러난 적은 없었다."고 말합니다.

대형화와 권력화를 지향하는 종교지도자, 신흥종교 교주, 기성종단으로부터 이단시 당하는 교단의 지도자도 이런 '보여주기 식' 이벤트(쇼)를 즐겨 행합니다. 정치인들이 국가와 국민을 입에 달고 살듯 이들은 신의 이름으로 세계평화와 인류의 행복을 위해 지극히 헌신(?)합니다. 천문학적인 돈을 끌어들여 명망있는 사람들을 불러 모아 크고 화려한 행사를 개최하며 자신을 부각시키기 위해 안간 힘을 쓰기도 합니다. 신도들은 봉사와 헌금으로 허리가 휩니다. 그러나 시작만 요란할 뿐 하나도 성공한 것이 없습니다. 선전이 목적이었기 때문에 그렇습니다.

진짜는 진짜이기 때문에 가만히 있지만 가짜는 불안해서 가만히 있을 수가 없습니다. 그래서 '나는 진짜'다고 떠듭니다. 가짜 바람이 더 거셉니다. 겉으로 보면 진짜 같은 행동을 하니 사람들은 하나님이 역사한다고 생각합니다. 진짜는 가만히 있으니까 모르고, 가짜가 진짜라고 외치니까 진짜인 줄 알고 속는 것입니다. 진짜는 은은하고, 가짜는 목소리가 더 큽니다. 욕심 많고 어리석은 사람은 큰 데로 가고 큰소리치는 데로 갑니다.

진짜는 끝까지 조용히 있어야 빛이 납니다. 가짜는 처음에는 요란하다가 갈수록 쫄아 듭니다. 가짜가 진짜라고 한다고 진짜가 될 수 없습니다. 팥을 심으면 팥이 나오는 것이 진리입니다. 때가 되면 알게 됩니다. 팥이나 콩이 어떤 나무인지 모르는 사람에게는 팥 나무를 콩 나무라고 할 수 있습니다. 팥 나무와 콩 나무를 모르는 사람은 속습니다. 그러나 열매가 열려서 그 열매를 까보면 그 나무가 콩 나무인지 팥 나무인지 알 수 있습니다. 가짜는 그때까지 밖에 못 속입니다. 알맹이를 까보기 전까지입니다. 그래서 옛 성인은 그 나무를 보면 그 열매를 알고, 그 열매를 보면 그 나무를 안다고 하였습니다. 속일 수 없는 것이 진리입니다. 가짜가 진짜가 되지 않는 것이 진리입니다.

진리를 소문난 데서 찾으려고 하지 말아야 합니다. 진리는 작고, 낮고, 협소한 곳에서 진리를 찾는 사람을 기다리고 있습니다. 진심이 있어야 진실이 있고, 진실이 있어야 진리가 있으며, 진리가 있는 사람이라야 진리를 알아보고 진리를 찾게 되는 것입니다.

종교타락의 원인

"자성(自省)과 인정(認定)없는 종교는 사악해진다"

6년여 동안 모든 종교문제를 다루는 신문을 만들면서 각 종교의 교리와 현실상황을 접했습니다. 교리에서는 더할 나위 없이 좋은 종교심과 취지를 확인한반면, 돈과 권력으로 인한 타락 · 부패, 종교간 · 종교 내의 갈등, 사이비를 비난하며 결국 자신도 사람들을 미혹하는 사이비로 전락하고 마는 일부 종교인들 또한 자주 접했습니다. 종교다운 종교의 모습이 당연한 것인데도 불구하고 그러한 뉴스가 오히려 뜻밖의 화제와 관심을 모으는 현실이었습니다.

많은 종교지도자들도 만나 보았습니다. 독실한 믿음을 갖고 있는 그들의 신앙심과 생활 면면이 존경스러웠습니다. 최근 만난 유교의 수장인 서정기 성균관장의 말도 인상깊었습니다. 그는 2014년 8월 방한한 프란치스코 교황을 한국 종교지도자로서 만났는데 간담회 때 "사과하고 고맙다"는 말을 전했다고 합니다. 조선시대 천주교인을 박해하고 순교케 한 것에 앞장 선 유림儒林을 대표한 사과였고, 고맙다는 것은 가톨릭이 유림사상의 근간인 조상 제사를 허용했다는 것이었습니다. 당시 척화斥和는 유림으로선 뿌리깊은 신앙이었지만 그로 인한 과오를 인정하고 반성한 것입니다. 또한 가톨릭이 우상숭배라고 터부시했던 조상제사를 한국적 전통으로 인정하고 허용한 것에 감사를 표한 것입니다.

이러한 자성自省과 인정認定이 말로 종교간 평화를 이루는 근간이 아닌가 생각합니다. 물론 한 불교지도자는 "교황은 천주교 탄압을 앞세워 병인양요를 일으키고 무차별 방화와 대량의 서적 · 보물을 약탈한 것에 대한 사과부터 하라"고 주장했지만, 이 역시 '개신교인들에 대한 차별과 박해'를 사과했듯이 충분한 자성과 인정이 이루어지리라는 생각을 해 봅니다.

정치 · 사회는 물론 모든 종교가 절대적 · 맹목적일 때 그 진정성을 잃고 타락한다는 생각이 듭니다. 자기 것만이 최고 · 최선이라며 절대시할 때 상대와 부닥치게 되며 목적을 위해 죽음도 불사하는 더욱 맹목적인 이데올로기가 형성됩니다. 평화를 해치고 갈등과 분열, 전쟁을 유발시킵니다. 지상보다 천국만을 생각게 하고 기복신앙에 빠지는 등 미망과 현혹에 휩싸이게 됩니다. 자기합리화로 인해 자신에 대한 반성과 타인에 대한 인정은 점점 사라집니다. 화해와 용서의 종교적 미덕은 멀어지고 사조직, 폭력조직처럼 단순화되고 이익집단화 됐습니다.

한 신흥종단의 원로급 신도와의 대화 중에 "누구든지 내가 절대적으로 믿는 교주에게 욕하는 자는 가만 두지 않겠다"는 엄포를 들었습니다. 그는 지난날 자기가 믿는 교주에게 욕하는 사람을 혼냈다는 무용담을 자랑스럽게 늘어 놓았습니다. 그러면서 교주에게 신세졌다는 이야기를 했습니다. 또 다른 신흥종단에서는 본지가 그 종단의 마음에 들지 않는 객관적인 사실을 보도하자 '조직을 동원해 쳐 들어오겠다'는 협박성 전화를 했습니다.

신앙보다 의리 · 인정이 앞서는 이익집단화한 오늘날 종교의 모습입니다. 아무리 자기종교가 절대적이라 할지라도 그 종교를 믿고 행하는 사람이 맹목적이거나 상식 밖의 말과 행동을 한다면 오히려 자기 종교와 교주를 욕되게 하고 믿지 않는 것만 못합니다. 종교는 절대 소수의 전유물이 아닙니다. 스스로 반성하고 타인을 인정할 때 종교가 부흥하고 마침내 종교 본래의 목적을 이루는 것입니다.

하늘 가는 길은 결코 평탄한 길이 아닙니다. 좁은 길 입니다. 세상의 모든 욕심, 사심과 물욕을 버리고 가는 길 입니다. 천도天道는 정도正道가 아니면 갈 수 없습니다. 성경에서도 말 합니다. "좁은 문으로 들어가라, 멸망으로 인도하는 문은 크고, 생명으로 인도하는 문은 좁고 거짓 선지자들을 삼가라 양의 옷을 입고 너희에게 나아오나 속에는 노략질하는 이리 라."

종교가 정도正道를 지키지 않으면 그럴듯한 명분을 내세워 세勢 싸움을 벌이기가 일쑤입니다. 한 종단의 지도자는 세계평화 등의 슬로건을 내세우며 끈질기게 참석을 요청하는 데 이용되어 신도들을 유린하는 것 같아 거부했다고 합니다. 타 종단의 지도자를 '얼굴 마담'으로 이용해 주최 측의 위상을 높이고 세력을 키우는 도구로 사용하려는 것입니다. 그러나 실상을 모르는 외국인 종교지도자가 국내 어느 종단을 방문하여 '집회에 왜 참석하지 않느냐'고 해서 자신의 입장을 이야기하니, 자신은 항공비 · 호텔비 지원을 받아서 왔기 때문에 그냥 되돌아갈 수가 없다며 난감해 했다고 합니다. 종교가 정치판의 권모술수를 그대로 답습하고 있습니다.

그러다보니 믿음을 가장 중요시하는 종교에 불신과 의심이 쌓여갑니다. 종교화합을 주도하는 어느 단체의 책임자를 만난 적이 있습니다. 그 역시 '범종교의 진정성을 두루 살펴보고 이해함으로써 각 종교와 사회의 화평과 상생 조화를 이룬다'는 저희 신문에 대해 '어떤 종단의 사주를 받고 있는 것인가' '어떤 사적 욕심이 있는가' 하는 의심을 했다고 합니다. 일단 진정정을 의심하고 보는 습성이 종교계에서도 몸에 밴 것입니다. 그렇지 않고는 이용당하기 십상이라는 생각이 들 정도로 종교의 타락이 만연해진 탓일 것입니다. 그래서 세상이 종교를 염려한다는 말이 나오는 것 같습니다.

이 글을 쓰면서 침례교 목사로 미국 하버드 대학교에서 이슬람 연구로 비교종교학 박사학위를 받은 찰스 킴볼(웨이크포리스트 대학 종교학 교수)의 말이 떠 오릅니다.

그는 ▶절대적인 진리주장 ▶맹목적인 복종 ▶이상적인 시대건설 ▶목적이 모든 수단을 정당화 ▶성전聖戰을 선포하는 것을 '종교타락의 징후 다섯가지'로 거론했습니다.

〈씨알의 소리〉를 발행한 사학자 함석헌 역시 그와 일맥상통하게 ▶특정한 정치 경제이념에 예속된 이데올로기 ▶경전과 교리를 절대화 하는 것 ▶땅을 경시하고 하늘만 중시하는 천국직행 ▶무한성장 축복론과 개인숭배 ▶실질적인 돈 숭배에 빠져든 것 등을 다섯가지 우상으로 꼽았습니다.

자신의 것만 절대적으로 여기고 자성과 인정이 없는 종교는 결국 타락하고 사악해진다는 교훈을 줍니다. 종교의 진정성을 가꾸기 위해 종교지도자, 신도 등 모든 종교인들이 음미해볼 만한 교훈이라는 생각을 거듭하게 됩니다.

종교의 덕목

좋은 종교용어와 종교심은 모든 종교와 만인의 덕목이다

▲ 천도교 본당에서 필자

저희 신문사 편집국으로 각 교단의 항의성 전화나 편지가 자주 옵니다. 이미 법원 판결 등 객관적으로 드러난 사실도 신문에 게재하면 명예훼손이라며 정정과 반론보도를 요구하기도 합니다. 신앙의 잣대로 보는 것과 사회적 잣대로 보는 것과의 차이점이 있다는 것을 인정합니다. 그래서 되도록 전자前者의 견해를 반영하려고 노력하고 있습니다. 어느 종교든 뭔가 깊은 뜻이 있다고 보기 때문입니다. 간혹 우격다짐으로 협박성 압박을 가하는 교단도 있습니다. 종교심보다는 폭력조직의 공동체의식을 보는 것 같아 불편한 심기를 감출 수 없습니다.

얼마 전에는 '자기 교단에서만 사용하는 용어를 화평서신에 인용하여 불편하다'는 항의전화가 왔습니다. 마치 이슬람국가인 말레이시아에서 말레이 언어로 하나님을 뜻하는 '알라'를 다른 종교에서는 쓰지 말라는 것과 같았습니다. 하나님을 하나님으로 부르지 않고 뭐라고 부르라는 말입니까. 종교마다는 깊은 뜻이 담긴 좋은 용어들이 많습니다. 이를테면 죽음을 표현하는 선종, 열반, 입적, 승천, 승화, 성화 등 얼마나 거룩한 용어들입니까. 좋은 용어들은 오히려 확산시켜 그 의미를 사회에 심어주는 게 종교의 역할이라고 봅니다.

통일, 평화, 사랑 모두 종교적 덕목입니다. 그래서 종교들은 비록 자기 종교의 용어와 다른 용어일지라도 동서고금을 막론하고 이를 주창해 왔습니다. 그러나 아이러니하게도 통일을 주창하는 데에는 통일이 없고, 평화를 강조하는 데에는 평화가 없으며, 사랑을 말하는 데에는 사랑이 없습니다. 결국 통일이 안되어 통일을 주창하고, 평화가 없어서 평화를 강조하며, 사랑이 없어서 사랑을 찾는 것을 반복하는 게 아닌가 생각됩니다. 왜 인류 역사 이래 절대적으로 추구해온 종교적 덕목들이 구심점을 못찾고 헤매고 있는 것일까요?

통일, 평화, 사랑 등 종교적 덕목들이 자기 집단, 자기 교단을 중심으로 이루어져야 한다는 집단 이기주의 때문이라고 봅니다. 자신들이 신봉하는 말씀과 용어, 그리고 신앙으로써 규합되어야 진정한 정의라는 아집이 오히려 갈등과 불의를 키운다고 생각합니다. 자기 과시욕 때문입니다. 다름을 조화로 보지않고 한가지 색으로 해야 한다는 신념 때문에 다툼이 생겨납니다. 이스라엘 · 팔레스타인 전쟁, 이슬람국가와 탈레반의 테러를 비롯해 세계 도처의 종교와 민족분쟁들이 모두 이같은 신념에서 비롯되고 있습니다.

자기 교단의 용어와 말씀, 신념을 벗어나 종교심의 본질을 보는 혜안이 절실합니다. 2000년 전 로마의 영웅 카이사르는 "그 어떤 사람도 현실에 나타나는 모든 것을 전부 보지 않는다. 대부분의 사람은 자기가 보고 싶어하는 부분만 보게 된다"고 했습니다. 2000년 전이나 지금이나 많은 개인과 집단이 현실을 똑바로 보지 못하고 자기에게 유리한 쪽으로 보고 싶은 것만 보고, 듣고 싶은 것만 듣는 것 같습니다. 종교학의 창시자 막스 뮐러는 "한 종교만 아는 사람은 아무 종교도 모른다"고 했습니다. 편향된 교리를 무조건 믿으면 경신輕信, 맹신盲信, 광신狂信, 미신迷信이 될 수 있기 때문입니다.

필자 역시 수십년 전 공부를 한다고 미아리촌 점집, 무당집, 삼각산, 기도원, 중국 진시황이 참배했던 태산의 사당 등을 다녀 보았고, 수 백만 원 짜리 굿도 해 보았습니다. 이 역시 조상의 천도, 극락, 구원 등 내 나름의 편향된 종교적 집착이었다고 여겨집니다. 이러한 종교적 집착으로 인해 특정 종교지도자들의 구호나 선동에 쉽게 빠져들기도 합니다. 최근 들어서는 미디어의 발전, 특히 정보기술(IT)의 발달로 종교가 절대 소수의 전유물이 되지 않는 것이 다행입니다. 종교나 종교지도자가 상식 밖의 행동을 하게 되면 세상이 그냥 두고 보지를 않습니다. 그래서 세상이 염려하는 종교이지만 그래도 아직 종교에 희망이 있습니다. 요즘 화제가 되고 있는 영화 〈쿼바디스〉가 그 한 사례입니다. 우리나라 대형 개신교회의 문제점을 하나씩 들춰냈는데, 그 틀 안에 있으면 자칫 맹신에 묻혀 못 볼 수 있는 것들을 짚어내고 종교와 교회의 갈 길을 일깨워 줍니다. 틀 안에 사로잡혀 있으면 배임 사건, 성추행 의혹, 돈과 권력지향, 부동산 투기, 세습 등 종교 안의 세속화와 고질병을 볼 수가 없습니다.

모름지기 종교는 각 종교의 덕목을 인정하고 공부하며 공유해야합니다. 자기 방식만 고집하고 타 종교의 방식을 배타시하면 오히려 세상의 근심거리가 될 뿐이라는 생각입니다. 자기 종교의 혁신 없이는 어느 종교나 부패해온 역사를 되풀이 할 수밖에 없습니다.

노벨평화상 수상자이자 독실한 이슬람 교인인 이란 변호사 시린 에바디는 근래 '이슬람국가(IS)'의 테러와 인질사건에 대해 "이슬람 근본주의를 뿌리 뽑으려면 그들에게 폭탄을 던지는 대신 책을 던져주고 학교를 세워주자"고 제안했습니다. 폭력 근절을 위해 폭력과 전쟁으로 대응하려는 여론에 '핍박과 차별'보다는 넓은 교육을 시키자는 진정한 종교심의 발로였다고 생각합니다. 성탄절을 앞두고 자승 불교조계종 총무원장은 "부모와 형제, 이웃은 모두 부처와 같이 대하며 우리 주변의 아픔과 고통을 보듬어 내 자신을 예수로 살아가자"는 메시지를 발표했습니다. 부처님의 대자대비, 예수님의 사랑과 희생정신을 강조하며 종교적 덕목을 공유하자는 것입니다. 좋은 종교용어와 종교심은 모든 종교와 만인의 덕목입니다.

▲ 관불의식

현문우답(賢問愚答) · 우문현답(愚問賢答)

"죽어야 천국 가요!"라는 순수한 어린이의 현답

교회의 주일학교 교사가 한 어린이에게 물었습니다. "교회에 열심히 나오면 천국 가지?" "아니요." 어린이가 답했습니다. "엄마 아빠 말 잘 듣고 공부 잘 하면 천국 가나?" 역시 "아니요" 였습니다. "친구들과 사이 좋게 지내고 이웃들에게 착하게 대하면 가는 거지요?" 라고 하자 어린이는 살며시 웃으며 고개를 저었습니다. "그러면 어떻게 하면 천국갈 수 있나?" "죽어야 가요!"

이러한 교리문답(?)이 교회의 목사, 성당의 신부, 사찰의 스님들을 등장시키며 '천당 · 천국과 어린이'라는 주제로 인터넷에 떠돌고 있습니다. 현문우답賢問愚答일까요? 우문현답愚問賢答일까요? 분명 현문賢問을 던질 성직자들인데, 어린이의 현답賢答을 듣고 나면 이들의 물음이 여지없이 우문愚問이 됩니다. 그리고 '우답'일 것 같은 순진한 어린이의 대답이 '현답'으로 빛을 발합니다.

자신들의 천국과 신神을 내세우며 반목, 테러와 전쟁까지 불사하는 종교의 실상을 보며 어린이의 '우문현답'을 더욱 실감하게 됩니다. 어린이 현답처럼 '죽어야 천국가는 것'이지 천당에 가기 위해 세상을 살면서 뻔뻔하게 '죽을 죄'를 저지르는 종교세상이기 때문입니다. 순수한 어린이의 마음이 '천국에 가는 길'이란 생각을 합니다. 천국의 길을 찾아 나설 때는 이미 순수성이 사라진 것입니다. 천국에 가려는 욕심이 생긴 것입니다. 식욕食慾 · 색욕色慾 · 재물욕 · 명예욕 · 수면욕 등 오욕五慾보다 더 진한 욕망일 수 있습니다. 그런 욕심으로 채워진 사람들의 천국은 천국이 아닙니다. 그런 천국은 가고 싶지 않습니다. 그곳은 바로 지옥이지요. 그래서 불교에서는 탐貪 진瞋 치痴의 삼독심三毒心을 경계하고 있습니다.

한 고승에게 제자가 물었습니다. "스님, 어떻게 살아야 극락 갑니까?" 노스님이 답했습니다. "극락 가겠다는 욕심을 버리거라. 나는 그 욕심 버리는데 한 평생이 걸렸느니라." 노스님이 한 평생 살면서 다시 어린이로 돌아온 것입니다. 이에 어린애 같은 한 중생은 "아예 극락을 모른다면 욕심낼 필요가 없다"고 했습니다. 고승보다 한 수 위인 듯 했습니다. '중생이 극락을 모를 수 없다'는 반문을 하자 '극락을 안 믿는 중생'이라고 했습니다. 어느 것이 우문 · 현문, 현답 · 우답인지 헷갈립니다. 어린이에게 물어 봐야 될 것 같습니다. 그러면 '그게 뭐 중요해요?'란 현답이 나올 듯 합니다.

특정 종단과 교주가 아닌 창조주신과 사람에게 도움이 되는 일은 무엇일까요? 현문일지 우문일지 모를 이러한 소망과 화두를 갖고 지난 2009년 9월 1일부터 신문을 만들어 왔습니다. 2013년 7월 1일부터는 이러한 뜻을 더 전달하기 위해 날마다 기사를 수용하고 많은 독자들에 다가가기 위해 인터넷신문도 개설했습니다. 그 사이 화두에 대한 '현답'을 찾는 92번의 화평서신을 게재했습니다.

'하나님이 하늘에 계신다'는 구절을 그대로 믿고 하늘만 쳐다보며 하나님 아버지를 부르는 것이 일상이 되어, 뒷목을 아파했던 나를 '정신나간 놈, 마냥 하늘만 쳐다보느냐'고 할머니한테 꾸중듣던 부끄러운 신앙 고백까지 밝혔습니다. 신령한 모임에 들어가 명산들을 찾아 다니며 기도하던 일, 금식 · 철야기도하며 다니다가 지하철 계단에 쓰러졌던 일도 고백했습니다. '가라지, 쭉정이' 같은 나를 누가 알곡으로 만들어 준다는 말인가? 이런 모든 것들이 무지와 욕심에 의해서라고 깨닫게 되었으며, 나같은 전철을 밟지 않고 사람들이 미망과 현혹에서 헤어나게 하자는 취지를 담았습니다. 이후 종교간 대화, 종교타락, 종교의 덕목, 종교의 폐해, 종교개조, 종교의 초심, 종교공해론, 종교의 본질, 종교의 미래, 이단과 사이비, 종교인의 자세, 돈과 종교 등 다양한 화두에 대해 나름대로 현답을 내놓으려고 노력했습니다. 창조주신에 대한 책임과 의무를 가졌기에 경영의 어려움을 감수하고 정말 최선을 다해 힘든 작업을 해 왔다고 자부합니다. 그러나 그것이 현답賢答이었을까요, 또 다른 도그마에 대한 욕심은 아니었을까 하고 자문自問해 봅니다.

이제 도그마를 벗어나 좀 더 큰 틀에서 어린이의 마음으로 종교세상을 보기로 결단을 했습니다. 그것이 제가 발행해 온 신문의 취지를 살리고 신문을 정착시키는 일이라 판단했습니다. 더욱 넓은 시야에서 종교세상을 읽고 제 자신의 도그마에서 자유로워질 때 제가 무엇보다 열정을 바친 신문에 대한 자문도 잘 할 수 있다는 생각이 들었기 때문입니다. 그래서 발행인의 자리를 벗어나기로 했습니다. '하늘에 계신 우리 아버지여 이름이 거룩히 여김을 받으시오며'를 우리 신문을 통해 더욱 굳건히 하리라 믿습니다.

사람들이 종교에서 멀어지는 이유

"믿음의 종교가 믿음을 잃고 있다"

▲ 묘향산의 천주석

종교는 믿음입니다. 믿음은 사랑과 위안, 올바름과 그의 실천을 바탕으로 커집니다. 그러한 믿음을 주지 않는 종교는 사람으로부터 멀어져 갑니다. 종교내 교권·금권다툼, 지도자의 독선과 부패가 속속 드러나는 상황에서 사람들은 종교에서 정의로움과 믿음을 찾지 못합니다. 자신의 믿음이 최고라며 신도들을 현혹시키고 미망에 빠지게 하는 것으로 종교를 유지할 수 있겠지만 언젠가는 그 실상이 드러나게 마련입니다. 종교와 종교지도자가 스스로 도그마에 빠져 자신과 자신의 종교가 최고의 가치라는 신념이 확고하더라도 결국에는 대중의 공감대를 형성하지 못하고 맙니다. 그리고 타인과 타종교를 배척하고 혐오하며 가르치려 드는 믿음의 종교는 울타리 안에서 끼리끼리의 결속력으로 잠시 융성하겠지만 스스로의 믿음에 회의를 느끼게 되며 자멸합니다. 게다가 그러한 종교간 해코지와 다툼이 지속되는 가운데 종교계 전체가 공멸합니다.

아닌게 아니라 이러한 종교계 실상을 반영해주는 국내외 여론조사 결과가 나왔습니다. '2014 제너럴 소셜 서베이' 분석에 따르면 미국인은 2012년부터 3년간 750만명이 종교를 떠났습니다. '종교를 선호하느냐'는 질문에는 전체 인구 4분의 1이 '관심이 없다'고 했습니다. 1990년때까지 전체 인구 대비 무관심론자들은 한 자릿수였는데, 2014년에는 23%로 무관심론자가 늘어났습니다.

한국갤럽 보고서도 10년 전에 비해 우리나라의 종교인 비율이 4% 포인트 감소한 50%였습니다. 비종교인중 71%가 '종교가 본래의 뜻을 잃어버리고 있다"고 우려하고 있습니다. 종교인 아닌 일반 대중의 종교에 대한 인식이 종교인에게도 파급되고 있는 상황이랄 수 있습니다. 종교의 사회적 영향력이 축소되었다는 응답이 30년 전 68%보다 20% 이상 떨어졌으며 대부분의 종교들이 참 진리의 추구보다는 교세확장에 더 관심이 있다고 응답해 종교인 · 비종교인을 막론하고 종교에 대한 불신이 쌓여가고 있음을 증명해 보여주고 있었습니다.

SNS 등을 비롯한 미디어에 노출되는 종교의 모습은 대단히 부정적입니다. 종교의 덕목을 드러내주는 미담보다는 부정과 부패, 암투의 모습이 훨씬 많습니다. 비종교인은 이러한 행태를 더욱 비아냥거리고 종교인 스스로도 부끄러워하며 종교에서 멀어집니다. 그러나 종교는 스스로 개혁하기보다는 외부의 적을 찾아 내부 결속을 다지려 합니다. 각박한 세상에서 고달파 하는 사람들에게 사랑과 위안, 영혼 세계의 비전을 제시하기보다는 타 종교와 교파에 대한 미움과 배척으로 내부의 곪음을 미봉하는 것 같은 행태를 보입니다. 그러나 이는 많은 사람들에게 볼썽사나운 모습이며 심지어 같은 종교인들도 식상해 하고 있습니다.

근래의 '봉은사 역명 논란'과 '이단 신천지에 대한 포격' 등에서도 그런 종교의 모습과 반응이 나타납니다. 생산적이고 미래지향적이어야 할 종교가 소모적인 활동을 하고 있으며 타교파를 과하게 매도함으로써 그 역효과가 부메랑이 되어 돌아오는 것을 볼 수 있습니다. 2015년 3월 28일 개통해 달리고 있는 9호선 지하철 '봉은사역' 이름을 놓고 얼마나 소모적인 세월을 보냈습니까? 부활절 연합예배가 무산된데 대한 내부의 반성보다는 종교편파를 내세워 불교계를 질타함으로써 개신교계의 세과시를 보여준 것은 아닌가 하는 생각이 들 정도였습니다. 또한 종교지도자와 종교단체, 그리고 그들을 믿는 일부 신도들의 목소리였지 많은 신도들은 불필요한 논쟁으로 치부했습니다. 심지어 봉은사의 친일행적까지 들춰내며 비방했는데 이 역시 부메랑이 되어 일반인들이 전체 종교계를 대수롭지 않게 여기는 빌미가 됐습니다. 종교가 이 세상을 밝고 정의로운 사회로 이끌 수 있는 최후의 보루라는 믿음을 오히려 저버리게 하는데 일조했습니다.

CBS방송 등 개신교계 언론들이 연일 보도하는 '이단 신천지의 실태'는 '과유불급過猶不及', 일반인들의 종교혐오증을 더욱 유발시키고 있습니다. 게다가 신천지의 이단성을 강조하기 위해 보도한 '강제개종 교육과정' 역시 부메랑이 되어 돌아왔습니다. 폐쇄된 공간에서 위압적인 자세의 이단상담사와 부모의 감시 속에서 행해지는 개종교육이 바로 '마녀사냥', 그리고 '이단'의 모습이었기 때문입니다.

세상은 달라지고 있는데 종교는 여전히 단군, 예수, 석가, 공자, 무함마드 시대를 벗어나지 못하고 있습니다. 아직도 달나라의 산토끼를 찾고, 지동설을 믿는 미망의 시대를 헤어나지 못합니다. 보편타당성이 있는 성인들의 교리는 보지 않고 교주를 중심으로 한 세상 계도에 골몰하는 듯합니다. 믿음을 주는 종교보다 종교지도자의 권위와 종교의 세력이 우선인 듯합니다. 종교화합의 표방도 그러한 자세에서 이루어지고 있습니다. 종교는 교세와 권위보다는 사랑과 위안, 올바름과 그의 실천을 통해 이루어지는 믿음이 으뜸입니다. 그 믿음이 있음으로 종교인은 더욱 종교인다워지고 비종교인도 종교로 돌아오게 된다는 것을 직시해야 합니다.

사람을 믿지 말고 계율을 믿고 실천하라

지난 부처님 오신 날을 즈음해 승려들 몇이 호텔에 가서 술을 마시고 도박을 한 일들이 알려져 불교 신도가 많이 줄었다는 보도가 있었습니다.

석가세존께서 출가 전 왕자 지위에 있을 때 우연히 세상에 나갔다가 사람들이 너무 불쌍하게 사는 것을 보게 되었습니다. 석가는 '같은 사람인데 저들은 왜 저리 불쌍하게 살다가 죽어야 하는가?'에 대해 의문을 갖고 깊이 생각하게 되었습니다. 그는 곧 그 문제에 대한 답을 찾기 위해 집중적으로 몰두하기 시작했습니다.

▲ 바란광야에 선 필자

우리도 '인생이란 게 뭔가?' 하고 생각은 하지만 곧 잊어버리곤 합니다. 그러나 석가세존은 그 문제 하나를 놓고 명확하게 답을 얻고자 고뇌의 길을 간 것입니다. 그리하여 생로병사와 인과응보 같은 것들에 대한 깨달음을 얻었고, 그 깨달음을 설파했습니다. 그러자 그 말씀을 제자들이 받아 적어 계율로 지키면서 석가세존을 모신 것입니다.

그런데 그분이 열반하게 되니 제자들은 너무 허무하여 '스승님이 열반하시면 우리는 어떻게 살아야 합니까?' 하며 애통해 하였습니다. 그러자 석가세존은 "나를 믿고 의지하지 말고, 내가 설한 계율을 믿고 성불하라!"고 답하였습니다.

그런가 하면 성경에도 사람을 믿지 말라는 말씀이 있습니다. 애급에서 이스라엘 민족을 이끌고 귀환하던 모세가 시내산에서 하나님으로부터 받은 십계명이 그것인데, 이는 곧 '절대 신인 창조주 하나님께서 주신 계명(말씀)을 믿고 지키라'는 말로, 관점에 따라 석가세존의 말씀과 같은 맥락으로 볼 수 있습니다.

그런데 불교에서는 '손가락으로 달을 가리키면 달을 보지 않고 손가락을 본다'는 말처럼 계율보다는 사람을 믿는 경향이 있고, 기독교에서도 계명보다는 사람을 믿고 따르는 경향이 있는 것입니다.

그러다가 그 믿고 의지하던 사람이 배신을 하거나 잘못되면 충격의 파장이 엄청난 것입니다. 예를 들면 모든 정성을 다해 믿고 의지하던 목사나 스님이 세상의 시정잡배와 같은 행위가 밝혀지면 그 충격에 의해 믿음 자체를 버리는 것입니다. 그렇기 때문에 석가세존도 그러했고, 성경에서도 그랬고 '사람을 믿지 말고 계율을 믿고 지켜라' 한 것입니다.

사람은 동물적 근성이 있어서 그 본능이 이끄는 대로 움직이게 되어 있습니다. 물론 사람이 동물보다는 의식이 높지만 동물적 본능대로 사는 사람들이 있습니다. 약하고 힘없는 사람을 짓밟고 빼앗고, 약한 여자를 유린하고, 여러 상대와 관계하는 그런 사람들이 있습니다.

가끔 집에서 기르고 있는 개를 데리고 산책을 나가는데 이 개가 관심

갖는 것은 오직 한 가지 수놈을 찾는 것입니다. 여기저기 냄새를 맡고 오줌을 누면서 수놈만 찾습니다. 오줌을 누는 것은 영역 표시를 하는 것이기도 하고 수놈을 유인하기 위한 것이기도 합니다.

그 본능적 욕구는 동물뿐만 아니라 사람도 누구나 다 가지고 있습니다. 도의 길을 가는 사람들도 그 본능은 없어지지 않습니다. 그건 사람이기 때문에 어쩔 수 없는 것입니다.

창조주 신인 하나님은 실체가 없기 때문에 사람을 통해서 계율을 주셨습니다. 인간적으로 보면 석가세존이 자기 스스로 명상과 고행을 통해 깨달은 바에 의해서 계율을 밝힌 것인 줄 알지만 석가세존이라는 강력한 정신력을 가진 사람을 통해서 계율을 주신 것입니다. 사람들은 그 분이 똑똑해서 그런 깨달음을 득하고 계율을 밝혀냈다고 생각하지만 그것이 아닌 것입니다.

사람이 사람다워진다는 것은 계율을 잘 지키는 데 있습니다. 사람과 동물의 다른 점이 그것입니다. 창조주 신께서 종교를 통해서 계율을 주셨기 때문에 그걸 통해 혼을 성숙시킴으로써 창조주 신께 갈 수 있는 것입니다.

사람은 자기 속에 혼魂이 들어 있습니다. 그 혼은 그 사람이 생각하고 행동하는 것을 먹고 성숙하는 것입니다. 그럼 동물적 본능에 치중해서 사는 사람은 죽어서 어떻게 될까요? 허깨비가 되는 것입니다. 왜냐하면 혼이 성숙이 되지 않기 때문입니다.

사람이 육신을 쓰고 사는 것은 혼(알곡)을 성숙시키기 위한 것입니다. 그것이 지상에 사는 사람의 근본 목적입니다. 종교의 사명은 사람이 혼을 성숙시키는 것을 협조하는 것이지 혼을 성숙시켜 주는 것이 아닙니다. 이걸 착각하고 있는 종교가 특히 신흥종교에 많습니다. 우주 법도가 이미 그렇게 정해져 있기 때문에 이는 변함이 없다고 봅니다. 하나님이 혼을 성숙시켜 주신다면 그건 사람으로서의 가치가 없는 허수아비로 만드는 것입니다. 계율과 법도를 다 주셨기 때문에 인간 스스로가 그걸 통해서 성숙해야 되는 것입니다.

하나님과 사람과의 관계는 어떻게 되어 있는가? 사람이 살다가 죽게 되면 육신은 사실상 필요가 없습니다. 육신의 사명은 거기서 끝나고 그 사람의 혼이 하나님께로 가는 것입니다. 성숙한 혼魂을 신神이라고 할 수 있습니다.

창조주 신은 완전한 신이시기 때문에 완전한 신이 되게 되면 하나님과 완전히 하나로 접붙임이 되는 것입니다. 그러나 혼을 성숙시키지 못하면 완전한 신이 되지 못해 하나님께로 가지 못합니다.

불교나 기독교에서 '극락에 간다' '천국에 간다'고 하는데, 그건 창조주 하나님 신에게 들어가는 것입니다. 사람 몸에서 신의 씨앗이 성숙해 가지고 본신本神이신 하나님한테로 가는 것입니다.

목사나 스님 같은 성직자의 범죄 기사들이 언론에 보도되곤 합니다. 그런 일들이 옛날에는 없었느냐 하면 그렇지 않습니다. 아마 옛날에는 더했을지도 모릅니다. 요즘에 그런 사건이 많은 것처럼 보이는 것은 영상 통신기술이 발달했기 때문입니다. 몰래 카메라나 핸드폰 같은 것들이 발달해 모든 정보가 공유되기 때문에 전파력이 커서 그렇게 보이는 것일 따름입니다.

앞에서 예로 든 개와 같은 본능적 습성이 세월이 흘렀다고 바뀌느냐 하면 그렇지 않다는 겁니다. 계율대로 행하는 바에 따라서 인격이 올라가고 안 올라가고 하는 것이지, 사람이란 자체는 언제든지 그럴 수 있다는 것입니다. 언제든지 동물적인 본성이 나타날 수 있는 것입니다. 세상의 문화도 그렇고, 환경 자체가 언제든지 그럴 수 있게 되어 있는 것입니다.

달라이라마도 이성을 생각할 때가 있다는 말을 했습니다. 요즘 인기 있는 법륜스님도 텔레비전 어느 프로에 나와 보조 진행자인 여자 탤런트가 '스님은 이성을 생각할 때가 없나요?' 하고 물으니까 '내가 돌부처인가요?' 하더군요. 그렇지만 그 스님은 석가세존께서 주신 계율대로 살려고 자신을 채찍질해서 다듬어 나가기 때문에 그렇게 훌륭한 스님이 되는 것입니다.

이런 것을 볼 때, 오늘날 사람들이 의식의 변화를 일으킬 수 있도록 종교계에서 덕망 있는 스님이나 목사님들이 가르쳐야 되는데 그러지 못하고 있고, 신도들은 계율이 아닌 사람에게 매달리고 의지하니 계속 혼란이 오는 것입니다. 창조주 하나님을 믿는 신앙생활을 하지 않고 사람을 믿는 신앙생활을 하는 것입니다. 이것이 오늘날 종교계의 근본적인 문제라고 봅니다.

하나님과 사람

– 하나님 뜻을 놓고 기도한 후 자기의 사정을 놓고 기도하자 –

▲ 통곡의 벽에서 기도하는 필자

건어물 장사를 하는 저의 친척은 개신교회의 독실한 권사입니다. 그런데 지난해 가을 '이제 교회 그만 다니겠다.'고 선언하였습니다. 이유는 이렇습니다. 그동안 교회 열심히 다니며 하나님께 충성을 다했는데, 하나님이 자신의 기도를 들어주지 않았다는 것입니다.

아들이 모 호텔 세입자로 있는데 사장이 불공정하게 수차례 약속을 이행하지 않아 술마시고 화김에 기물을 부수고 종업원을 폭행하여 경찰서에 구금되었습니다. 친척은 하나님께 아들이 구속 되지 않게 해달라고 간절히 기도드렸습니다. 그러나 끝내 기도는 이루어지지 않았습니다. 친척은 단단히 화가 났습니다. '하나님께서 내게 어찌 이러실 수 있느냐?'며 하나님에 대한 분노가 마음에 가득찼던 것입니다.

세상에 믿을 분은 하나님밖에 없다며, 하나님께 모든 것을 맡기고 살던 분이 이런 말을 할 때의 그 심정이 오죽했겠습니까? 실망과 분노로

증오심이 극에 달해 있었을 것입니다. 하나님을 믿어도 아무 소용이 없다고 생각했을 것입니다. 한 이불속에서 살을 맞대고 살던 부부가 갈라서는 심정이 이와 같을 거라는 생각이 들었습니다.

사람들은 사람으로서 어찌할 수 없는 재난이 닥치거나 불행한 일이 발생하면, 으레 "하나님도 무심하다", "하나님이 원망스럽다"는 말을 많이 합니다. 불행의 원인을 하나님에게 돌리고 있습니다. 그리고는 하나님에게 불행을 행복으로 바꿔달라고 빕니다. 하나님은 사람을 보호해주고, 사람에게 복을 주는 분으로 믿기 때문입니다. 대부분 종교가 그렇게 신도들을 교육했기 때문이라고 봅니다.

그런데 소원이 이루어지 않으면, '하나님은 몰인정한 분이다', '하나님은 없다'며, 하나님을 원망하고, 농락합니다. 하나님은 영광을 받고 사시면서 자신의 고통을 외면한다는 생각 때문입니다. 저도 지난날에 하나님을 원망한 적이 있습니다.

먼저 하나님의 심정과 사정을 생각해 봐야

의외로 하나님을 원망하는 사람은 무신론자보다 유신론자가 많고, 원망의 강도도 훨씬 센 것 같습니다. 하나님을 믿지 않는 사람들은 잘못된 일이 벌어지면, 대부분 조상 탓이나 자기 탓으로 돌리며, 하나님에게 해달라는 기도를 하지 않습니다. 종교인들은 열심히 교회나 절에 다니며, 평화와 박애정신을 배우지만, 내면을 들여다보면, 자신과 가족의 안녕과 복을 비는 기복적 심성이 적지 않게 자리잡고 있음을 알 수 있습니다. 기복신앙은 신앙대상과의 관계보다는 자신의 유익을 구하는 것이 목적입니다. 엄밀히 따져보면 기복신앙은 종교의 가르침은 아닙니다.

자연과학 서적 중 인류의 세계관에 큰 영향을 끼친 책이 《종의 기원》입니다. 그 책을 써서 '기독교의 신을 자연법칙의 신'으로 대체시킨 다윈도 기독교인이었습니다. 다윈주의는 나치즘과 공산주의와 무신론에 기름을 붓고 불을 붙인 결과를 낳았습니다. 공산주의자, 독재자나 무신론자들은 철저한 과학적 유물론자들입니다. 하나님을 믿던 다윈이 하나님을 부정하는 데 있어 일등공신이 된 것입니다.

기독교인들 중에는 자신과 가족에게 불행한 일이 일어나면, 하나님께 이루어달라고 기도하다가 이루어지지 않으면 하나님을 원망하고 신앙을 버리는 사람도 있습니다. '병 낫게 해주세요.', '돈 잘 벌게 해주세요.', '자식 잘 되게 해주세요.' '이것 해주시고, 저것 해주세요.' 떼를 쓰며 하나님을 자기 종으로 부리려는 사람은 언제든지 하나님을 원망하고 배척할 가능성이 잠재해 있는 사람입니다. 이렇다 보니 하나님처럼 불쌍한 분은 없는 것 같습니다. 사람들은 하나님은 단지 허공에서 존재하는 신이고, 사람이 마음대로 대하고, 사람이 편리한 대로 이용할 수 있는 존재로 여기고 있습니다.

예수를 구원받으려고 믿거나 하나님께 무작정 달라고 믿는 사람은 하나님의 종도 아니고, 하나님을 종으로 부려먹는 죄인일 것입니다. 그 심보가 욕심부리는 거지와 다를 게 뭐가 있겠습니까? 부모는 자녀가 어릴 적에는 해달라는 대로 해주며 기르지만, 어른이 되어서도 해달라고 조르면 고통스럽습니다.

사람들은 하나님이 마음으로 무엇이든지 되라고 하면 되고, 생겨라 하면 생기게 하는 그런 하나님으로 생각하는 듯합니다. 하나님도 하나님이 자연법칙을 정해놓았으면 그에 따르지 않을 수 없는 분일 것입니다.

악도 강제로 막을 수 없고 죽일 수도 없으며, 노력 않고 얻으려고 하는 데에는 어찌 할 수 없는 분이 하나님이 아닌가 생각됩니다. 하나님은 사람과 만물을 창조한 부모이고, 우주를 주재하는 분이기 때문입니다.

하나님심정 · 사정 생각하는 신앙이 성숙한 신앙

무엇이 잘못되거나 안 되면 그 원인을 찾아서 바로 잡으려고 노력할 생각은 하지 않고 하나님을 원망하고, 하나님에게 해달라고 매달리며 하나님을 괴롭히는 것은 사람으로서의 올바른 태도가 아닐 것입니다. 우주의 수많은 행성중 하나인 지구는 사람이 편안하게 살 수 있도록 안전하게 운행되고 있습니다. 태양과 비와 공기가 지구상의 모든 생명체에게 생명력을 주고 있는 것이, 세상이 악의 세상이 되지 않는 것이, 동식물의 생명이 영속되는 것 모두가 자연적으로 그리되겠습니까? 생명의 기운을 주는 생명의 근본원인자가 있기 때문일 것입니다. 사람의 눈에 보이지 않는 창조주신 하나님의 힘에 의해서일 것입니다. 하나님은 이처럼 사람을 위해 고생하며 애를 쓰고 있는데, 하나님에게 해달라고 손만 벌리면 하나님은 얼마나 답답하시겠습니까?

자기 능력대로 열심히 노력하여 얻은 대가로 자기 분수에 맞게 사는 것이 자연의 법칙에 순응하는 삶입니다. 지구상에 존재하는 생명체 중 스스로 살아가지 않는 생명체가 어디 있습니까? 사람이 모두 대통령이 되면 누가 시장이 되고, 누가 반장이 되며, 농사는 누가 짓고, 청소는 누가 하겠습니까? 태양과 달과 별이 왜 다르며, 동물은 왜 여러 가지이고, 식물은 왜 여러 가지이겠습니까? 왜 이렇게 복잡할까요? 저는 우주 만물 일체가 조화를 이루게 하기 위함이라고 생각합니다.

하나님이 사람을 "하나님의 형상대로 창조하였다."는 말씀은 '하나님처럼 자존자가 되라'는 의미로 한 말씀이라는 생각이 듭니다. 사람이 스스로 노력하여 얻은 대가로 먹고 선하게 살면 자존하는 사람일 것입니다. 자존자가 되려면 자유와 책임이 주어져야 합니다. 옳고 그르고, 해야 할 것과 하지 말아야 할 것을 스스로 알아서 할 수 있어야 합니다. 하나님이 사람이 원하는 대로 해주고, 이래라 저래라 간섭하면 사람은 하나님의 심부름꾼에 불과할 것입니다.

효자효녀는 부모의 사정을 알고 부모가 기뻐하는 삶을 살아서 부모의 마음 안에 있는 자녀입니다. 부모의 사정은 생각하지 않고 부모에게 자기 좋게만 해 달라고 조르는 자식은 근심의 대상입니다. 하나님을 편히 모셔 드릴 생각을 하는 것이 자녀인 사람의 도리일 것입니다.

하나님의 품안에 안기려고 하지는 않고 자기 소원만 이뤄달라고 기도하는 사람은 어린아이 같은 사람이며, 하나님을 이용하고, 하나님을 부려먹으려는 사람이 됩니다. 이런 사람은 하나님이 하고자 하는 것과 하나님이 자기에게 바라는 것이 무엇인지 알려고도 하지 않습니다.

종교인들이 진실로 하나님을 믿고 하나님을 사랑하는 사람이라면, 자기 사정보다도 하나님의 사정과 뜻을 알려고 노력해야 하고, 하나님의 뜻을 놓고 기도한 후에 자기의 사정을 놓고 기도하는 것이 하나님자녀로서의 합당한 마음가짐이 아닌가 하는 생각이 듭니다.

교주 신도와 맹신 신도

– "모든 종교가 우주 종교, 모든 종교인들이 교주가 되야" –

"모든 종교가 우주 종교, 모든 종교인들이 교주가 되야"

세상만사 원인이 없는 결과가 없듯이 저는 그 원인적 주체분를 창조주, 신, 하나님으로 믿고 있는 입장에서 하나님의 실존에 관해서 최근 계룡산에 주석하고 있는 불교 종단의 원로 큰스님과 인터뷰 하는 과정에서 나름대로 소견을 피력했습니다.

그러자 "하나님이 어디에 있느냐?" "하나님은 누가 창조했는가?"하고 원로 스님이 물었습니다. 그리고 스님은 "아인슈타인이 앞으로 우주 종교가 나와야 한다. 기독교는 우주 종교가 아니다"고 했다. 아울러 아인슈타인이 한 말을 인용해 원로 스님은 종교가 보편타당성이 있고 과학적으로 입증되는 논리로 말해야 한다는 의미를 부여한 것입니다.

원로 스님은 "이미 세상은 크게 달라져서 신도가 성직자의 지식을 앞지르고 신도가 교주가 되었는데, 이런 현실을 파악하지 못하고 교주나 성직자는 특별한 영험靈驗이 있거나 능력이 있는 것처럼 행세하다가는 추락한다" 이것이 오늘날 종교계 현실이라했다. 지옥이 있습니까? 묻자. "무간지옥이 있다"고 했습니다.

현대에서 종교란 구원이나, 영생이나, 복을 추구하는 수단이 되어, 신神을 자기 필요에 따라 편리대로 이용하고 있지 않은가? 오늘을 사는 우리는 과거나 현재의 현실을 체험했고 목도하고 있기 때문에 우주종교가 절실히 요구됩니다. 논리적 사고나 과학적 입증이 결여되고 사고력이 좁고 지식이 약한 사람들은 그래도 맹신은 할 수 밖에 없습니다.

복잡하고 난해한 것은 도무지 뭔소리인지 조차도 몰라서 편하게 신을 믿는지도 모릅니다. 그런데 세상의 이치를 많이 알수록 신기하고, 신비스럽고, 완벽한 것 같은 것들이 사실은 별것이 아니며, 그것들은 아직까지 완벽하지도 않다는 것을 알 수가 있습니다.

문자에 파묻혀 있는 일부 기성교인들이나 신흥종교 맹신자들은 무지에서부터 비롯됩니다. 무지에서 비롯된 맹신은 쉽게 빠져 나올 수가 없습니다. 마약에 중독된 것과 똑같다고 보면 됩니다. 그들은 스스로가 중독되어 있다는 사실도 전혀 느끼지 못합니다.

일부 교주와 같은 신도들도 있지만, 맹신도가 훨씬 많다는 사실을 알 수 있습니다. 신흥종교 뿐만 아니라 기성 종교까지 맹신盲信을 조장하고 맹신자들을 양산하여 가정과 사회에 피해를 주는 것은 경향을 보고 있습니다.

선량한 이웃에게 피해준 것에 어느 교주나 성직자가 사과와 용서를 빈 적이 있습니까? 결국 그 책임을 하나님에게 돌리고 있지 않습니까? 어쩌면 종단을 유지하기 위해선 '교주 신도' 보다는 '맹신 신도'가 많은 것이 경제적 논리로 본다면 합당할 수 있습니다.

몇해 전 새벽에 신흥교단 건물에 괴한이 침입해 기물을 파손한 현장에 가 본 일이 있습니다. 기물이 파손된 현장에는 목사 사모가 울고 있었고, 교회 관계자들이 나와 경찰과 수습하고 있었습니다. 현장에서 난입하여 기물을 파손한 범인을 붙잡았던 것입니다.

범인은 불과 100m 거리에 위치한 이웃 교회에 다니는 신도였습니다. 사고 당일 주일날에 담임 목사가 이단 사이비라는 설교를 한 것을 듣고 행동한 것이라고 했습니다. 그의 부모와 교회에 신도가 저지른 사고에 대해 원상복구와 재발방지를 요청했으나 교회는 모르쇠로 일관했고 부모는 아들이 평소 일탈행동을 많이 해서 변상할 수가 없으니 알아서 처리하라고 했다고 합니다.

예배시간에 목사가 호명하여 앞에 세워놓고 휴학하고 전도단에 합세한 학생을 자랑하며 하나님의 뜻을 위해 헌신하는 학생과 같이 성도들도 이렇게 살아야 한다는 것입니다. 예배가 끝나고 목사을 만나 "어린 학생 지도가 잘못된 것이 아니냐"고 말했더니 "칭찬해 주지 못할망정 그런 말하면 됩니까"하는 것입니다.

그 학생을 찾아 만나보니 대학교 1학년 여학생이었습니다. "학교까지 휴학하면서 전도한다는 것은 잘못된 판단이고 오히려 하나님을 위하여 하는 것이 아닙니다. 주위에 친구들이나 부모에게 걱정 끼치는 것이다"고 조언하는 나를 그 여학생은 의아하게 생각했습니다.

'자기들이 독단적으로 규정한 이단 사이비 교회가 나라 법에 저촉한 일이 있으면 증거 수집을 하여 고발해 나라 법으로 처리할 수 있게 해야지, 경건한 예배시간에 이단을 심판하는 설교를 한다면 이런 사고는 계속 일어 나겠구나' 하는 생각과 더불어 어린 신도들을 앞세워 설교하는 목사도 사회문제라는 생각이 들었습니다.

한 통계에 따르면 한국 전체인구 중에 비종교인이 50%나 됩니다. 그런데 종교인들은 우리나라 전체 인구가 모두 종교인인 양 착각하고 있습니다. 비 종교인이 이렇게 많이 있다는 사실을 전혀 모르고 있는 것 같습니다. 그 종교인들이 50% 중에서도 가톨릭 개신교 불교 등으로 분산하고 보면 0.5%~10%도 안 되는 소수의 자기 교단이라는 사실을 자각해야 할 것입니다.

▲ 계룡산 신흥암에서 필자

10월 24일~11월 15일 인구주택 총조사가 실시됩니다. 종교계 관심사인 각 종단 교인조사도 포함된다는 것입니다. 이제까지는 각 교단에서 임의로 제출해서 종교인구가 부풀어졌다는 일반적인 견해가 있었습니다. 이번 인구주택 총조사 자료는 종교별 인구분포나 교세 등 각 종단의 실제 모습이 투영될 것이며 개별 특성까지 일목요연하게 보여줄 것입니다. 각 종교별 호감과 국민정서의 반향에 각 종교의 위상이나 교회 활동에 영향이 미치게 됩니다. 이번 총조사를 기해 보다 냉철하게 각 종단은 실체를 돌아보고 실력과 실속은 없으면서 허세를 부린다는 것을 깨닫고 사실에 바탕을 두어 진리를 밝혀 사실적 실천과 행동으로 당면한 명제에 대답해야 할 것입니다. 비종교인이 우리 사회에 더 많다는 것을 인지하는 계기가 되고 맹신자 행동으로 인해 우리 사회에 피해를 준다면 맹신자와 소속 종단이 함께 책임과 피해 보상을 하게 하는 풍토가 정착되어야 할 것입니다. 이제 모든 종교가 우주 종교가 되고 종교인들은 교주가 되어 세상을 따라가지 말고 뒤처지 않고 앞서 모범을 보여 세상을 리드해 나아가는 종교가 되어 하늘 · 땅 · 사람 모두에게 유익하게 해 주길 소망을 해 봅니다.

영계靈界

– "영계라는 곳이 있습니까? 하나님이 정말 있습니까?" –

▲ 베들레험 예수님이 탄생한 곳에서 필자

'하나님 보고 싶습니다.' 간절히 기도하니 '너희 어미 아비를 보아라'하는 음성이 들렸다. 그런데 소리가 어디서 나는지 분간이 안 되어 내 귀에 집중하여 주위를 둘러보니 또 다시 '너희 어미 아비를 보아라' 소리가 들리는 것이다. 그 음성은 내 가슴에서 나오는 것이었습니다.

가난했던 어린시절 강냉이 죽을 먹기 위해 성당에 다녀 주기도문의 하나님이 내 심성에 자리잡았는지 모릅니다. 현세에 사는 우리는 하나님과 영계가 있다, 없다로 양분되어 하나님이 있다고 하는 사람들도 두루뭉술하고 있는 것 같습니다.

육안으로 보이는 현상세계는 과학이 있어 그런대로 이해할 수 있지만 보이지 않은 하나님과 영계의 세계는 종교가 이해 시키려고 하고 있지만 우후죽순처럼 설명이 많고 주장이 많아 오히려 부작용만 보여 듣는 이로하여금 식상하고 있는 것이 오늘의 현실이라 봅니다. 전직 목사인

친구가 인사동 어느 가게 간판 아래 이런글이 있다고 보내왔습니다.

〈본 업소에서 종교이야기하는 사람은 향후 50년간 출입을 금지합니다.〉

오늘의 종교 한 단면을 말해 주고 있는 내용이 아닐 수 없습니다.

이성철스님이 입적하신지 3일째 되는 날 새벽 저에게 불교의 직책을 맡아서 일 좀 해달라고 부탁해 '저는 부처님 믿지않고 하나님 믿는데 불자도 아닌 사람이 사찰에 찾아가 스님께 이런 말하면 미친 놈이라고 몽둥이 찜질 당할것입니다.'고 반문하니 '저승에서는 경계境界가 없다'는 것입니다. 화평서신을 쓰면서 성철스님의 유지가 깃들어 있지 않나 생각이 되어 집니다. 그 후 불교사찰에 총무일 맡았던 불자의 꿈에 스님들이 저를 돕고 있는 것을 자주 보았다고 했습니다.

신령한 교회 권사님들이 모여 기도하는 곳에 갔는데 개회 기도하는 권사님이 기도중 처음 참석한 나에게 기도하라는 것입니다. 하나님께서 내가 먼저 기도해야 하늘의 문이 열린다고 한 것입니다. 양주 모 기도원에서 생활하던 두 분 권사가 저의 집을 방문하여 기도하던 중 환상에 예수님과 함께 큰 십자가를 지고 있는 모습을 보고 항상 나를 위해 기도하고 있다고 했습니다.

한국 여성과 결혼한 일본지사장 장모님이 전북 부안병원 응급실에 계시는데 언제 돌아가시겠느냐 기도해서 알아봐달라는 문의 전화가 왔었습니다. 황당했지만, 기도해서 답해 주었습니다. 응급실에 간 장모님이 돌아가시는 것이 아니고 장인이 돌아 가실 것이니 일주일후에 한국에 오라고 했습니다.

신흥교단에 간부급 동생이 있는 친구에게 갑자기 교주가 사망하니 대비하는 것이 좋겠다고 동생에게 전하라고 말했는데 그 때는 미친 말한다고 했는지도 모릅니다.

기도중 내 가슴에서 내가 나오는 것입니다. 주위를 둘러보니 우주공간에 있는 것 이 었습니다. 다시 몸으로 들어왔습니다. 나의 이런 내용들이 영계실상에 한 단면들이라 생각합니다.

사람들은 대개 신통력을 보려고 하고 알려하며 체험코자하지만 성인들은 진리가 아니고 삿된 것이라 했습니다. 성인의 가르침을 믿고 실천하여 성숙하려고 하지 않고, 신통력만 믿고 의지하여 자기 조상과 가족의 하는 일들이 잘되고 복을 얻고자 하는 믿음은 신앙이라고 볼 수 없다는 것입니다.

사신邪神과 사깃꾼은 이런 사람의 심리를 알고 닭벼슬만도 못한 벼슬로 치장하여 구세주 또는 미륵불임을 자칭自稱하고 영계를 말하며 심판공갈로 땅에 발디디고 사는 신도들를 허공에 뜨게 하여 인생을 망치게 하는 삿된자들이 있다는 사실입니다.

어떤 단체에서 분석한 것을 보면 공상허언증空想虛言症병에 걸려 있는 환자가 교주와 영통한 사람들과 맹신자에게 많다는 것입니다.

공상허언증상은 1.자신의 세계가 완벽하다. 2.이상이 높고 욕망이 강하다. 3.거짓말에 대한 죄책감이 없다. 4.평소에 붕 떠 있는 듯한 느낌이 든다. 5.자신의 말에 토를 달면 화를 낸다는 것입니다.

이제 정신건강에 대해 생각해 봐야 할 때가 아닌가 사료됩니다. 신체건강진료와 함께 정신건강도 의무적으로 검진받게 하면 좋겠습니다. 특히 교주나 성직자들이 검진받기를 권면 합니다.

영계靈界가 사람에게 주는 영향 3神 실체를 보면,

1. 자신自神(본인)

자신은 내 마음속에 누구나 내재하고 있다. 문제는 신앙하는 사람이 정성에 강도를 높혀가면 자신이 자신에게 계시 주고 행동하게 하는데 하나님 혹은 자기가 믿은 교주가 계시 주고 시키는 것으로 믿게 되고 심하면 해리성 정체감 장애(解離性正體感障碍, Dissociative Identity Disorder) 환자가 될 수도 있다. 이런 현상을 성령역사로 오인할 수 있으니 경계하고 조심해야 한다. 자신의 신은 아무런 능력이 없고 단순히 말과 생각뿐이라는 사실이다. <계시 · 신통력, 절대적 아니다(본 책 378페이지 참조)>

2. 사신邪神

사신은 육적 실체가 없고 하나님으로 또는 조상으로 자유자재로 변신하여 이용할 만한 사람에게 교묘하게 접근한뒤 계시주고 능력을 주어 조직을 만들어 사람을 틀 속에 가두어 허공에 뜨게 해서 노리개로 가지고 놀다가 싫증나거나 정체가 드러날 조짐이 보이면 버리고 또 다른 사람을 찾아 선택한다는 사실이다.

3. 본신本神

우주 만물을 창조하시고 운영 관리하시는 분인데, 육적 실체가 없고 자연만물이 자존自存하듯이 사람도 자연의 일부로써 만물처럼 자주적이 되어 양심에 의거하여 노력의 대가를 받아 양심대로 살기를 바라신다. 사람에게 계시주고 능력주는 것은 없다. 공의적으로 꼭 필요한 사람에게만 주신다.

이 세 신중에 제일 무섭고 독한 신이 자신自神입니다. 누구도 말릴수 없고 안하무인입니다. 선무당이 사람잡는다는 말이 타당합니다. 사람들은 자신自身만 알지 내몸에 내 신神이 존재하고 있다는 것을 전혀 모르고 있다는 것입니다.

사람 사는 세상살이는 아는 것 만큼 보이고 준비하고 노력 한 만큼 얻는 것이 정도正道입니다. 이 정도를 무시하고 거창한 구호와 표적을 보이며 달콤한 말로 구원해 주고 복받게 해주고, 환자와 가족에게는 병 낳게 해 주겠다며 검증되지 않은 약을 팔고 이상한 행위를 시키고 헌신과 돈을 요구하고, 추앙받고 군림하는 신이나 사람은 사신邪神이고 사기꾼이라는 것을 알고 유린蹂躪 당하지 말아야 합니다.

덕망이 있는 분이 '나에게 영계라는 곳이 있습니까? 하나님이 정말 있습니까?' 묻기에 나는 '없다고 생각하는 것보다 있다고 생각하고 사시는 것이 좋겠습니다.'고 대답했습니다. '없다고 알고 있는데 정말 있으면 낭패가 아닙니까. 어느 것이 유익합니까? 이 세상은 영계靈界의 그림자요. 사람 마음은 본상本像이요. 몸은 형상形像'이라고 말했더니 의미를 이해했는지 모르지만 눈빛에 생동감이 있었습니다.

벼랑 끝에 선 종교

- "종교인들이 먼저 회개하고 '욕심 병' 치유 기도해야" -

"세상이 말세인 게 분명해. 세상이 왜 이렇게 돌아가나.!"

사람들의 입에서 '말세'라는 말이 자주 오르내리고 있습니다. 세상에 기막힌 일들이 끊임없이 벌어지고 있기 때문이지요. 종교, 정치, 사회, 환경과 황폐해진 인간성이 한계에 와 있는 것 같습니다.

우리는 21세기 과학문명시대에 살고 있지만, 늘 불안에 떨고 있습니다. 지구촌 곳곳에서 전쟁과 테러로 피로 물들어가고 있습니다. 빈자와 부자 간의 갈등의 골은 깊어만 가고, 도덕적 타락과 범죄는 날로 기승을 부리고 있습니다. 식량난과 물 부족사태로 생명체들이 죽어가고, 원인모를 전염병의 창궐로 공포에 움츠러들고 있으며, 화산폭발 · 지진 · 해일 등 자연재해와 기후변화는 우리의 생존에 심각한 위협을 안겨 주고 있습니다.

임계점 넘어선 인간성

사람의 심성이 거칠어지고, 영악해지고, 잔인해져 가고 있습니다. 비인간화되어 극단으로 치닫고 있습니다. 수단과 방법을 가리지 않고 물질을 끌어 모으며, 인정사정없이 남을 짓밟아 인간성을 상실해가고 있습니다. 사람은 이미 우주의 질서를 파괴하는 주범이 되었고, 동족을 살상하는 마귀보다 더 무서운 존재로 변해버렸습니다. 이러한 오늘날의 세상을 낙원이다, 천국이다고 말하는 사람은 없을 것입니다.

사람이 정상적인 상태가 아니고, 세상도 정상적인 모습이 아닌 것 같습니다. 제 눈에는 예의와 도덕이 무너지고, 돈과 쾌락과 폭력으로 뭉그러져가는 요지경으로 보입니다. 상하간 질서가 없는 세상이 되어가고 있는 것 같습니다. 미래도 생각하지 않고 지금 당장 자신만 생각하며 먹고, 마시고, 즐기며 희희낙락하고 있습니다. 장차 '우리 후손들이 살아갈 세상은 어떻게 될 것인가!' 걱정하는 사람이 몇 사람이나 있을까요?

《왜 세계의 절반은 굶주리는가》의 저자인 사회학자 장 지글러는 하루에 10만 명, 5초에 한 명이 굶주림으로 죽어가는 현실을 개탄합니다. 먹을 것이 넘쳐나서 성인병예방과 다이어트를 위해 일부러 굶는 판에 다른 한쪽에선 먹을 것이 없어 굶어 죽는 사람이 이렇게 많다니 말문이 막힐 따름입니다.

오직 나만을 생각하는 세상에서 과연 남을 생각하는 세상으로의 변화가 가능할까요? 저는 그 희망을 종교에서 찾을 수 있다고 생각했습니다. 왜냐하면, 모든 종교는 '사랑하라, 자비를 베풀라, 어질게 살라'고 가르치고 있으며, 평화롭고 행복한 세상의 구현을 부르짖고, 세상의 빛과 소금, 그리고 목탁임을 자처하고 있기 때문입니다.

그러나 작금 종교의 실상은 '사람을 구원하고, 세상을 화평케 하기 위해 존재한다'는 본연의 사명을 망각하고 있는 것 같습니다. 종교 간에 갈등하고, 독선과 부패로 만신창이가 되어 비종교인들에게 손가락질을 당하면서도 기복신앙을 부추기며, 선전과 자기 종단세력 확장에 총력을 기울이고 있습니다. 신도들로부터 막대한 헌금을 거둬들여 종교시설을 늘리는데 앞다퉈 모든 것을 쏟아 붓고 있습니다. 종교가 세속화되고, 물질의 노예로 전락하면서 종교자체를 멀리하는 사람들이 점점 늘어나고 있습니다.

'세상 끝날'은 '종교의 끝날'

오늘날 종교가 사회적으로 관심을 끌지 못하는 이유는 무엇일까요? 그것은 창시자의 가르침을 제대로 받들지 못했기 때문이 아닐까요? 사람을 아끼고 사랑하며, 궁극적으로 사람의 심성을 변화시켜야 할 종교가 그 본연의 역할은 등한시 한채 세력 확장에만 급급한 것입니다. 이것은 종교가 세상 사람들을 이끌어 나갈 힘을 잃었다는 증좌가 아닌가 하는 생각이 듭니다. 종교가 내적으로 성숙하지 않으면, 외형을 확장하고 겉을 화려하게 치장하는 데만 혈안이 됩니다. 종교가 저잣거리에 나앉으면, 신에 대한 순수한 열정과 구도와 구제의 정신은 사라지고, 정치와 경제논리만 남게 될 것입니다.

종교는 요즘 금권화와 대형화, 정치 권력화, 종단 이기주의, 기복신앙, 이단시비 등의 소용돌이에 끝없이 휘말려 들어가고 있습니다. 이에 따른 사회적 병폐와 악영향도 적지 않습니다. 정도正道를 벗어난 종교는 사람에게 해로울 뿐이지, 결코 이익이 될게 없을 것입니다. 사람의 아픔과 고통, 세상의 난문제를 껴안고 함께 고민하며 해결책을 제시해야 할 종교가 신도들의 헌금과 봉사로 종교를 권력집단화하는 행위는 마귀에게 휘둘리고 있다고 볼 수밖에 없습니다.

종교가 본연의 사명에서 벗어나 신도들을 올바르게 인도해 주지 못할 때에는 예기치 못한 우를 범할 수 있습니다. 그 같은 일탈행위가 신神을 거역하고 사람들에게 고통을 줄 수 있다는 것입니다.

▲ 마가의 다락방에서 기도하고 있는 필자

왜 종교의 종파가 수없이 계속 생길까요? 자기들 생각대로 이것이 선이고, 진리라고 주장하고, 완전한 진리를 찾지 못해 변질되면서 물질에 매몰되기 때문이 아닌가 생각합니다. 종교 간에도 자기 종교가 옳다고 싸워 창조주 하나님이 종교분란의 주인공으로 전락해 버렸습니다. 종교인도 선과 사랑의 실천자가 되려고 신앙생활을 하는 것이 아니라 자기 종교의 영역을 확장시키고, 자기들 복받기 위해 하나님을 이용하는 경향이 짙어지고 있습니다.

종교에 더 이상 선과 사랑이 보이지 않는 것 같습니다. 자기 종교가 옳고, 최고라고 주장하는 욕심 때문입니다. 자기들 의견만 내세우는 종교는 힘을 제일로 여기는 단체이니 욕심 그 자체입니다. 세상과 인간을 구원해야할 종교가 사람과 사람 사이에 철판 같은 마음의 벽을 만들어 놓았습니다. 이런 관점에서 저는 말세가 세상 끝날이 아니라, 종교의 끝 날이 아닌가 하는 생각을 하곤 합니다.

하나님이시여, 어서 오시옵소서!

대부분의 종교는 말세에 구세주 출현을 주장합니다. 말세가 되면 자기 종교의 교주가 구세주로 출현하여 이 세상과 인류를 구원한다는 것입니다. 그러나 유사이래 수많은 교주와 구세주가 출현했으나 사람과 세상을 구원한 교주와 구세주는 단 한 사람도 없었습니다. 사람의 죄를 없애주고, 평화의 세상으로 만들어 놓는 분이 바로 구세주인데 우리는 아직까지 그런 분을 만나지 못했습니다. 사람이 어찌 사람과 세상을 구할 수 있겠습니까?

사람이 자기 마음을 주관하고 살면 잘못된 것을 고치기 쉽지만, 사람은 자기 정신과 마음과 몸을 주관할 수 있는 자유도 없고, 능력도 없습니다. 육체가 마음의 주인이 되어서 마음이 육체의 욕구대로 사는 거꾸로 된 사람이기 때문입니다.

저는 세상의 평화와 행복을 가로막는 최대 장애물은 사람 마음속의 욕심이라고 생각합니다. 욕심이 개인을 망치고, 가정을 망치고, 나라를 망치고, 세상을 망하게 합니다. 사람 마음속의 암 덩어리인 이 '욕심 병'을 고쳐야 개인의 평화와 가정의 평화와 나라의 평화와 세계의 평화가 찾아온다고 믿고 있습니다.

어느 누가 이런 일을 할 수 있겠습니까? 구세주는 종교와 국가와 인종을 초월하여 전체를 아우르는 분이어야 합니다. 그런 분이 사람이겠습니까? 사람과 우주 만물을 창조한 하나님이 아니고 그 누구이겠습니까? 육신을 쓴 사람이겠습니까? 하나님은 사람과 세상을 창조하신 분이십니다. 분명 구원의 열쇠도 하나님이 가지고 계실 것입니다.

오늘날 개인과 세상의 문제는 사람이 창조주하나님의 인간 창조목적을 저버리고 제멋대로 살아온 결과라고 생각합니다. 종교인들이 먼저 회개하고 하나님께 인류의 고질 痼疾 인 이 '욕심 병'을 치유할 길을 열어주시기를 기도해야 할 것입니다. "하나님은 시작과 끝이요, 장차 오실 자다" 나는 오늘도 방석을 깔아 놓고 벼랑 끝에 선 심정으로 이 말씀을 붙잡고 하나님께 매달리며 창조주이신 하나님이 어서 오시길 기도하고 있습니다.

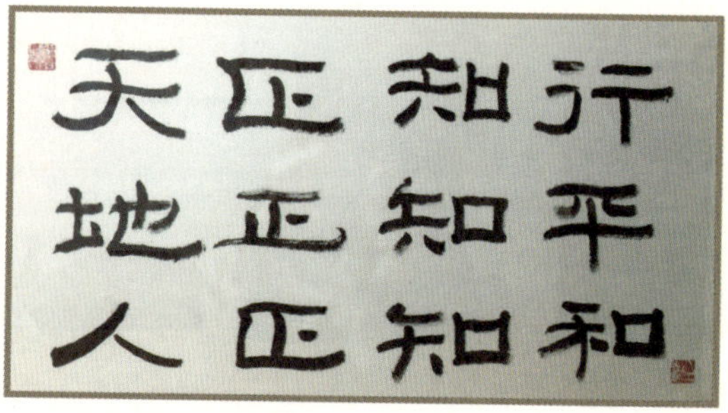

▲ 지은이: 이옥용 휘호: 서예가 전규호

天正知行: 하늘을 바르게 알고 행하고

地正知平: 땅을 바르게 알아야 평화가 있고

人正知和: 사람을 바르게 알아야 화목할 수 있다.